价值投资
实战课

启 明 ◎著

中国铁道出版社有限公司

CHINA RAILWAY PUBLISHING HOUSE CO., LTD.

内 容 简 介

作者用自己 20 年的投资经历结合实战研究成果,推出了一个系列的价值投资分析课程。本书结合其价值投资课程,从投资理念、企业分析、企业案例等多个角度做出全面的分析,是当前市场上不多见的"道""术"兼修的系统性资料,也是投资者转型路上的必备资料。

本书适合初学价值投资,从投机逐步过渡到投资的股民。通过本书读者会搞明白价值投资和投机的区别,同时也能通过 15 家企业的案例学会如何分析企业的思路,早日走上价值投资之路。

图书在版编目(CIP)数据

价值投资实战课 / 启明著 . —北京:中国铁道出版社
有限公司 , 2021.6(2021.6 重印)
ISBN 978-7-113-27616-4

Ⅰ . ①价… Ⅱ . ①启… Ⅲ . ①股票投资 Ⅳ . ① F830.91

中国版本图书馆 CIP 数据核字(2021)第 037346 号

书　　名:价值投资实战课
　　　　　JIAZHI TOUZI SHIZHANKE
作　　者:启　明

责任编辑:张亚慧　　　编辑部电话:(010)51873035　　　邮箱:lampard@vip.163.com
编辑助理:张秀文
封面设计:宿　萌
责任校对:苗　丹
责任印制:赵星辰

出版发行:中国铁道出版社有限公司(100054, 北京市西城区右安门西街 8 号)
印　　刷:三河市航远印刷有限公司
版　　次:2021 年 6 月第 1 版　2021 年 6 月第 2 次印刷
开　　本:700 mm×1 000 mm　1/16　印张:14.25　字数:240 千
书　　号:ISBN 978-7-113-27616-4
定　　价:69.00 元

前　言

　　来到股市，如何做好投资，实现家庭的财富增值，而不是来这里赌博？当你打开本书的时候，相信你不是冲着暴富来的，就让笔者带你慢慢走入价值投资之路吧。

　　自2016年开始外资加大入市比例，鼓励价值投资，以贵州茅台、爱尔眼科、片仔癀为首的价值投资的实践逐步给一些长期投资带来了很好的回报。股市中的一些优秀企业可以和投资者一起变成共赢的事业，而不仅仅是"博弈的游戏"。笔者亲历中国股市私募11年，见识了一些上市公司"眼看他起朱楼，眼看他宴宾客，眼看他楼塌了"；见识了一些机构的投机倒把、祸起萧墙、锒铛入狱；见识了"技术大师"，最终穷困潦倒。该走的、不该走的路，因为年少好奇、暴利追逐都走了。最终认识到唯有价值投资才是真谛，买企业就是买股权才是正道和大道，持有伟大企业的股权才是普通投资者可以创造更多财富的途径。

　　正如本书第一章所讲股票是生意的一部分，这也正是格雷厄姆最伟大的思想，影响了巴菲特一生。唯有优秀的企业及优秀的管理层才能使企业具有无限上涨的空间，也唯有稳定的增长才有可能实现复利的积累而创造更多财富，实现来股市投资赚钱的目的，实现家族财富跃迁的梦想。

　　笔者在互联网上看到一个叫作静逸资本的总结，很有道理，加上了自己的理解修改为如下两个核心投资理念。

　　理念一：坚持买企业就是买股权，做投资，不投机。用自有的闲置资金，买入少数自己看得懂的伟大企业尽量多的股权份额，并动态跟踪和调整，打造稳健增值的组合。

　　理念二：规划好家庭资产配置，用房产、保险、现金等其他资产为辅，构成双重稳健资产组合。耐心持有并伴随其尽量长的时间，享受溢价和分红，实现财务自由，养家、养老双无忧。

　　本书是笔者从事证券投资工作20年的经验总结，是理论结合实战、非常接地气的一本指导书。总结了伟大投资家巴菲特的核心理论并用通俗易懂的语言表达出来，适合于目前还在股票市场上慢慢摸索的投资者，是一本具有实战意义的投资书籍。虽然本书道理简单、浅显易懂，但现在股票市场上80%的"投资者"都还没有入门，如果你也属于亏损一族，那么可认真查阅本书，为自己的投资获益打开一扇窗。

　　投资之路，知不易，行更难。持续的正确方向的学习是必需的修行，也唯有如此才能改变思想并提高认知，长期积累，稳定获利，实现财富梦想。

　　本书是笔者2013年第一本书《冲刺白马股》之后的新作，有朋友问二者有什么差别：前书重在"术"，寻找业绩加速成长的行业和企业，从技术和博弈角度分析得多；本书"道"为主、术为辅，以长期稳定的价值股为主，加速的业绩股为辅，基本面分析和企业深度研究更多。本书是启明从30岁到40岁的再思考，也属于自身认知的提升过程。

　　感谢家人的支持，也感谢参与本书创作的江辉、保保、宝刚、瑜泽等好友，感谢很多朋友亲身的经历分享。一个个真实的学习过程，每个人走过的弯路，希望他们的教训能给读者提供参考，少在资本市场交学费！感谢他们为本书顺利完成做出的巨大贡献。

　　最后，真心祝愿阅读本书的读者可以从书中获益，认识到投资的精髓，并学会基本的估值及面对价格波动等内容，对投资市场上优秀企业及股权，做到心中有数，长期践行复利积累，实现普通人改变家庭及家族命运的梦想。

　　股市有风险，投资需谨慎。

启　明

2021 年 3 月

| 目　录 |○──────────────────────────

第三篇　开启智慧投资之旅

第一篇

价值投资之道——入门训练营

第一章

买企业就是买股权

听说别人在股市中发财了，很多人也蜂拥而至。要买的是什么？有些人买的是所谓的内幕消息，有些人买的是别人说的代码，但很少有人把它当成企业买，更没有把它当成股权买。把它当成消息、代码买，从一开始就是投机，追涨杀跌，最后十年回首再看投资之路，不仅不赚钱，还搭进去了很多时间。

每个人都经历过这样的过程，笔者大学主修证券期货专业，也一样听过消息，研究技术。当真正接触到价值投资，并不会马上被吸引，因为思维习惯就不一样。但是长期在资本市场会发现，最后持续获利的，是买入优秀企业的股权。这也是首先需要解决的一个问题，给大家带来一种理念，就是"买企业就是买股权"。

把有价证券当成一项生意去投资是最聪明的投资。

——格雷厄姆《聪明的投资者》

把有价证券（投资者所买卖的股票）当成一项生意去投资，这才是最聪明的，而绝大多数人追涨杀跌，其实不是买生意。我觉得价值投资和一般的技术分析、趋势投资有很大的区别。

举例分析，如果你锁定了一家伟大企业，在基本面没有变化的情况下，那么它越跌越便宜，而越便宜越应该买，因为企业未来持续的增长会带动股价的上涨。但是一般投资者，当股价跌得越便宜时，会考虑设置止损价。因为技术破位了，要避免大幅下跌。这听起来也有道理，大盘不好，我该卖了；我的钱紧张，得避免资产回撤更多。所以对于投资，很多人并不把它当成一门生意，尤其是很多机构，掌管的钱不是它自己的。国内公募基金的持有人是普通投资者，他们追涨杀跌的申购和赎回，一样导致机构追涨杀跌。

本书特别适合普通投资者，首先需要明确的是，钱是你自己的。下面用一个故事来引出话题。本故事来自价值投资者马喆先生的雪球文章，是非常棒的一个案例。

首先，聊一下"王总的案例"

2009年，王总当上了苹果代理商，投资了2个亿，9年之后赚了2个亿。拉长时间，9年时间，年化收益率是8%。虽然赚了一倍，但得摊到每一年，因此实际的年化收益率是8%。2009年，人们开始使用iPhone手机，苹果也刚刚起来。如果这时你没有拿2个亿去当它的代理商，或者你就没有2个亿，即没有资格去当代理商，那么怎么办呢？假设你同时期买了苹果公司的股票，我们对此做了一个测算：你把股票作为一个投资，购买苹果公司的股票。210美元的初始价格，同样9年之后，上涨到了1000多美元，复合收益率达到了20%。就是说，如果王总将这2个亿购买苹果公司的股票并且耐心地持有9年，那么赚的钱会比当经销商赚的钱更多，而且不需要自己招人、打广告等。

如今苹果股票收益率高达34.06%。买它的股票，其实也是股东。同样是买股票，有些人会将其当成股权，淡化波动；有些人会把这个公司股票变成一个筹码，来回买卖。

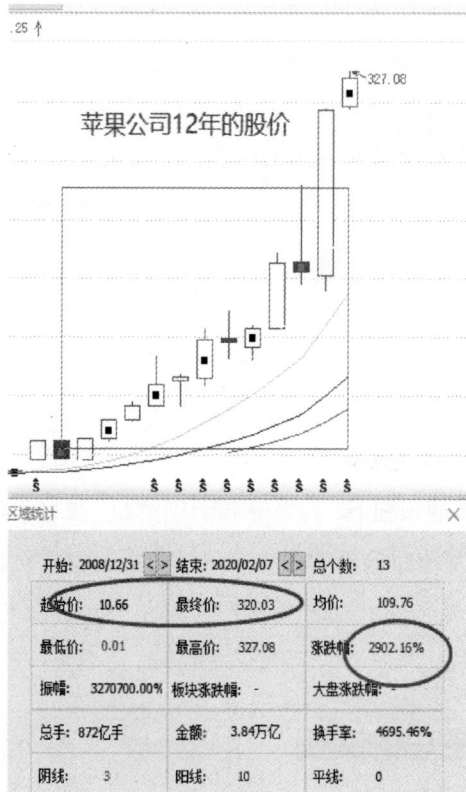

苹果公司12年的股价

为什么当股东比当经销商收益要高呢？内在逻辑很简单，每个公司都不愿意把利润大头留给代理商。苹果公司的毛利率为38.36%，税后的净利润率高达24.21%，而代理商的毛利率只有10%左右，王总还要承担房租、装修、培训、工资、税费等。

很多人其实没有搞清楚，其买的企业本身是需要成长的，更没有搞清楚，长期持有苹果公司股票是一门非常棒的生意。王总没搞明白，投资者买的其实是一家公司利润不断增长。绝大多数人会考虑假如自己买了茅台股票，作为茅台的股东，如果有几年茅台跌得惨，那么怎么办呢？人的本能就是趋利避害去选择其他企业，但实际上苹果公司也曾有过大跌。每天的涨跌幅和强势股都在吸引着投资者，但投资最终的胜利是"守拙"。

买企业就是买股权，这是资本市场上罕见的投资思路。有些人用这种思路赚了钱，有的买万科赚了钱，有的买茅台赚了钱，有的买片仔癀赚了钱。他们都是当股东，他们不看股票。所以，买股票就是买股权，而市场上很多投资者买股票其实买的是代码，买的是明天的行情，买的是涨停板，买的是概念，其有本质的区别。

在这里强调，买企业就是买股权。

有了这种心态，你才会放弃每天的追逐以及每天的热点选择，静下心来看看你买的公司。如果明天把这个公司交给你管理，能不能继续保持每天的心态。

再来看第二个故事——咖啡厅的故事

本文参考了宋军先生的《投资的本源》中一个案例，非常有代表意义。下面来看投资一家咖啡厅的3种情况下的收益状况。

假如你和9个朋友一起开了一家咖啡厅，每人投入10万元，10个人总共投入100万元。每股是1元钱，一共100万股，每位投资人占10%的股份。

年底经营结束算账，咖啡厅总共赚了15万元。将其全部分红，那么收益率是15%。因为你有10万元本金，所以你分回来1.5万元。这种情况下，以每年都分回来1.5万元计算，那么6年以后就分回来6个1.5万元，合计9万元。投了10万元赚回来9万元。我们算了笔账，你还有10%的股份，即10万元的净资产，你拿回来了9万元，你的本金还有10万元，那本金的10万元就是你的净资产。

满意吗？还行，因为大部分银行理财只有5%，现在有些理财连5%都不到，而且大趋势还是要下降的。那么，加上每年分红之后马上转存的利息，列长公式简单计算一下，你将会合计收到9.825万元。因为你的1.5万元每年也还有利息，当然排除把钱挪作他用的情况。我们按正常的利息来进行简单的计算，那么6年时间你的收益率是98.25%，基本上翻倍，年复合收益率是12.08%。这是一种传统的生意，很难扩大。这是第一种情况。

咖啡厅——情况一					
投入100万元，10个人，每人投资10万元，每股1元，100万股，年底赚了15万，全部分红，收益率15%，你分了1.5万元					
第二年	1.5万元				
第三年	1.5万元				
第四年	1.5万元				
第五年	1.5万元				
第六年	1.5万元	合计1.5×6=9万元			
加上本金10万元，满意吗？远远高于银行理财的5%。如果把分红存在银行，利息收益为5%，那么到期所得为9.825万元。					
6年收益率98.25%，年复合收益率12.08%					
传统生意，不扩大，一个店，利润稳定增长！					

第二种情况，就是也赚钱，但是不分红，继续扩大规模。每年净资产收益率还是15%，将赚的钱继续投入生意。如下图所示，第二年你的本金就变成了115万元。它继续赚15%，你的净利润就是17.25万元，虽然没分红，但是比第一种情况利润多，因为利滚利。第三年本金为132.25万元，第四年本金为152.09万元。到了第六年，本金就是201.14万元了，公司利润就达到了30.17万元。

咖啡厅——情况二					
利润留存，不分红！扩大规模，每年净资产收益率15%					
	净资产	净利润	净利润增长率	净资产收益率	每股收益
第一年	100	15		15	0.15
第二年	115	17.25	15	15	0.17
第三年	132.25	19.84	15	15	0.2
第四年	152.09	22.81	15	15	0.23
第五年	174.9	26.24	15	15	0.26
第六年	201.14	30.17	15	15	0.3
第六年利润，30.17万元利润，你占比10%股份，分3.017万元					
股份价值：第六年净资产201.14×10%=20.114万					
你的投资总收益：20.114-10+3.017=13.131万元					
6年投资总收益率131.31%，年复合收益率15%=企业ROE					
收益高于情况一：注意你的股份，要变戏法！！					

第六年分红，你的股份是10%，那么你分了3万元左右。看似分的钱少了，但是你拥有的公司咖啡厅股份的价值——第六年公司的净资产是201.14万元，乘以你的10%股份——是20万左右。第一种情况是每年赚了就分，最后本金还是10万元。而现在这种情况是赚了之后不分，利润累加了，那么第六年的时候，你的10万元本金已经值20多万元，加上你分得的3万多元，6年实际投资的总收益率是131.31%，年复合收益率是15%。

第三种情况，咖啡厅不是都赚钱的，有时候会亏损。每年都亏钱，第一年亏10%，两年亏20%，到第六年底的时候，咖啡厅只剩40万元。投资的10万元剩4万元了，怎么办? 在这种情况下，要么继续经营，血本无归，要么转让给别人。

咖啡厅——情况三			
每年都亏钱，最后本金剩下40万元!			
	净资产	净利润	
第一年	100	-10	
第二年	90	-10	
第三年	80	-10	
第四年	70	-10	
第五年	60	-10	
第六年	50	-10	
怎么办?			

A: 继续经营，血本无归。

B: 转让给别人。

这就是咖啡厅的3种情况，第一种马上分红; 第二种先不分红，滚存经营; 第三种要么搞破产了，要么包装一下转让给别人。现实生活中编故事骗人的还真有，比如，用50倍杠杆，买一个叫万家文化的公司重组转型，被证监会抓个现行。5年不允许进入资本市场。编故事把别人忽悠进去了，结果股价大幅下跌70%以上。

不好的公司、亏钱的公司才编故事，编故事的大部分是差公司。好和坏的核心标准就是到底能不能持续5~10年带来不断的现金流。讲故事的公司是投资者最该远离的，但是这种公司确实最吸引人，为什么呢? 因为它们总是短期暴利，打扮得妖娆无比，人性的贪婪总是难敌短期的涨停板。十赌九输，往往是最终的结果。

上述3种情况，大致是咖啡厅的3个故事，最关键点来了，股票怎么升值? 假如该咖啡厅变成了连锁的星巴克上市。你说:"我准备卖了，因为我要远行旅游，无论'星巴克'还是'巴星客'，我都不在意了。我就想把当初投的钱取出来。"那么在这种情况下怎么变现? 我们算了一笔账，假设每年你的股票每股分红固定是0.15元。

如果是情况一，每年分红都这样，那么你的股票每股的价格，按照15倍市盈率就是卖到2.25元。因为公司每年都给你分红，那么它就会折一定的倍数给你。

如果是情况二，就不一样。因为它每年是递增的，越往后它的增速越快，这是价值投资复利的一个秘诀。价值投资的成功者很多都是年纪大的人，因为时间是复利很重要的一个因素。

第二种情况每年是滚存的，利润到第七年的时候就变成0.345元，比第一种情况竟多了一倍还多。它的股价自然也是数倍卖，贵就卖到了5元。第二种情况的股份数量还多，10万元变成了20多万元。因为之后每年都增长，所以有人会出数倍价格，甚至会出20倍价格，当然还会有人疯狂地出100倍价格来买。A股市场大部分的上市公司股票，上市的时候要求是23倍市盈率，但是开盘时为百倍市盈率的屡见不鲜。

因为公司在不断地赚钱，所以当你卖股份的时候就有人愿意以高价去买。就像你的房子，你要卖的时候，你也会考虑每年的租金收益，把它算进去，那么将你的房子按照一定的溢价去卖。酒也是一样的，有的酒单瓶只能卖68元，有的酒如茅台单瓶就卖2 000多元，15年的茅台就卖到2 700元左右。同样是酒，为什么差这么远呢？就好比前者是小店，后者就是大店，品质好。

情况二就类似于星巴克，别小看年均15%的复利增长，对比第一种情况，股价卖3倍都不止。因为公司就是一个店，每年分红就那么多，也没有滚存，本金还是10万元。人家的本金就是20万元，虽然分红3万元没有你的现金多，但是他抱了生蛋的母鸡，你抱的是一只公鸡，所以股价贵了3倍。讲这个案例，就是让投资者感知到买股权，股权累加起来，到后面不得了。

为啥你的股价贵三倍——股市的魅力			
	分红	成交价	市盈率
情况一	每年固定0.15元	2.25元	15倍
情况二	每年递增0.345元（第七年）	5.175元	15倍
	每年还在增长	有人6.9元	20倍（平均发行价）
		有人8.6元	25倍
	疯子	有人34.5	100倍

重点：带你总结股权投资的秘密

第一，买的企业是否盈利

前面讲的情况一、二、三，最惨的是情况三——编故事。最核心的前两个都可以赚钱，第二个更好，买的企业盈利是关键。你如果去研究价值投资、学习价值投资和践行价值投资，首先就要远离那些基本面主业大幅亏损的，短期无好转迹象的企业。

2019年资本市场的暴风科技，董事长入狱，高管辞职，依然因为区块链概念涨停，其已于2020年底摘牌退市。一些概念股纯粹沦为筹码，买资产还是买筹码？你要自己思考。

第二，优质的成长企业高于一般的公司股权

要买那些复合收益高的，如15%、20%、25%，当然连续10年、25年很难，但是连续十年15%很不错，15%肯定比连续8%要强，所以对比起来，我们应该买更优质的企业。外资来中国，为什么买茅台？为什么买恒瑞？恒瑞每年增长20%多，那不就是赚钱的机器吗？如果再能利用市场的情绪买到低点，就更好了。同样是药，外资为何不买一般的原料药？因为它们不确定且波动大，今年赚钱明年不一定赚钱。确定性是价值投资的一个核心，有些企业未来两年可能就退市了，何谈价值实现？

第三，合理的买价很重要

买价越低，分红越高，再好的企业也不值得不计成本地去买入。对于好的企业一般在什么时候买呢？就是熊市的时候。在熊市时，企业股票打折得多。在牛市时人们都来了，谁都能炒股票，价格不会便宜，而没有人在的时候价格会便宜，所以合理的买价非常重要，并非完全的不择时，巴菲特也不是完全的不择时。假设你用100元钱买茅台股票，当时买了100万元，现在值800万元，那么你分的红和700元钱买茅台分的红，比例肯定是不一样的，所以说合理的买价非常重要。

截至2018年，你如果用500多元买了茅台，那么和700多元买的人比，分红差别也很大，因为你同样的钱买的股数多了。车上就这么多的位置，你买得多，你占到的位就多，当然分的钱就多，这就是股权投资的秘密。如果你现在才想明白，那么并不晚，等待好企业再给你相对便宜的价格，茅台再回100元大概率是不可能了，但看长远，依然还有机会。

未来十年贵州茅台票息=15%

2019年每股收益	每年价格增速	每年销量增速	每年复合业绩增速	期间/年	分红比例	每股分红总额
34.2357	9.00%	7.35%	17.01%	10	55%	493.62

期间/年	出厂价	年销量	期末每股收益	市盈率假设	股价	每股分红金额
1	1056.21	3.328	40.06		1001.48	22.03
2	1151.27	3.572	46.87		1171.83	25.78
3	1254.88	3.835	54.85		1371.16	30.17
4	1367.82	4.117	64.18		1604.39	35.30
5	1490.93	4.419	75.09	25	1877.30	41.30
6	1625.11	4.744	87.87		2196.63	48.33
7	1771.37	5.093	102.81		2570.28	56.55
8	1930.79	5.467	120.30		3007.48	66.16
9	2104.56	5.869	140.76		3519.05	77.42
10	2293.98	6.301	164.71		4117.65	90.59
合计						493.62

2028年每股收益	2028年股价	2019年10月21日股价	十年股价涨幅	每年复合业绩增速	2019年10月21日总市值	2028年总市值
164.71	4117.65	1168.5	252.39%	13.42%	14676.36	51717.68

注：再加上股息收益率

第四，远离编故事的咖啡厅

一定要远离那些编故事的企业。区块链概念，二胎概念，中国资本市场有无数的概念和为之乐此不疲的人。我们把资金投入垃圾公司中博弈，还是投入优秀企业中与它共享利润呢？这其实就是投资和投机的最大差别。

第五，你关注的是企业经营，而不是股价的波动

"好空调，格力造！"对于格力公司大家有分歧，但董明珠确实赚到钱了，很多投资者买入格力公司的股票，结果这些股票在持有一段时间后，价格也都上涨了。她关注的是企业经营，而不是股价的波动。她欢迎投资者、不欢迎投机者的观点是完全正确的。2019年牵手高瓴资本，吸引股东完成混合所有制改革。而绝大多数投资人都关注股价的波动，可能今天买格力，明天去买美的，甚至后天买招商银行。我们很多时候都会因板块涨得快而去选择，而不是关注企业的经营。我们团队从2017年转型做价值投资，就是关注企业经营。虽然企业经营判断起来挺难的，但是这个判断比关注纯股价的波动要重要得多，要容易得多。

本讲课程说一下重点。每节课程会有作业，这是引起读者再思考的过程，也是本书和其他书的区别。有点类似于大学课程，随后还会有一些学员的思考。大家

先熟悉买股权这个思路，只有真正想明白，未来很多的"道"和"术"你才能想明白。巴菲特和芒格都讲过，这里只是用白话的方式更简单地说出笔者的理解。

本课的重点就是在投资股票的时候，如果你能够以买股权的心态来对待，那么你的思路和买卖交易情况是完全不同的。越跌你越敢买，越便宜你越敢买，越是熊市，你花同样的钱越能买到更多的便宜货。而在买这些货的时候，货比三家，亏损的货不要，尽量买更好的货。这也是目前市场外资的主流思路。

这是价值投资之道——入门训练营的第一讲，希望读者有所收获，反复思考一句话，"买企业，就是买股权。"

本章作业

咖啡店故事带来的启示

开放式的思考，在读了这个故事之后，我们会有什么样的收获？

第二章

以实业的眼光做投资

下面进入价值投资之道——入门训练营的第二课，分享以实业的眼光做投资的内容。

在第一讲中提到重复了三遍的那句话，"买企业就是买股权。"

这与一般的投机有极大的区别。下面要讲的问题是买什么样的股权才能够有好的表现。这就是我们要解决的问题。

到底投资收益率为15%还是25%的企业更好呢？怎么去判断呢？是财务分析吗？这里要讲的就是，买股权最合理的想法就是你买的是一个生意，而我们要考虑的是你买的公司是不是一个好生意。比如，买的企业连续两年利润增长20%多，但是无法确定其能不能持续下去，下面一起来分析。

是不是好生意，是判断投资标的选择的关键。有些行业比较好，利润获取比较容易。而有些行业不好，利润获取不容易。首先来看影视行业。

迪士尼的米老鼠、唐老鸭、爱丽莎公主等都不要工资，但是拍电影的明星们片酬都非常高，仅此一点就可以确定，中国的电影行业并不适合长期股权投资。你可能会想，看电影的人越来越多，为什么不适合长期投资？

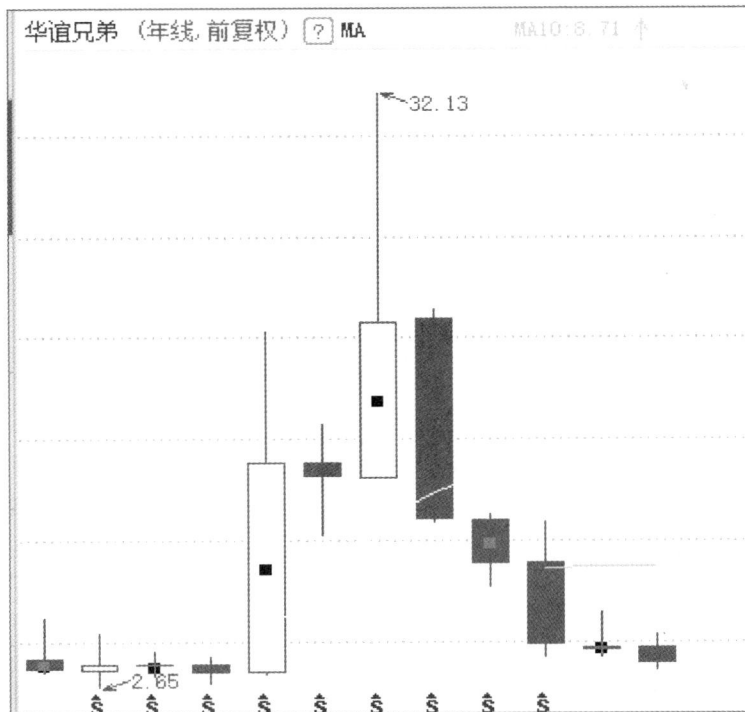

下面分析一下，电影行业需要先有剧本，然后找演员，接着开始找投资拍摄、上映，最后是分钱。当然，没听说过有赊账的。但是电影能不能上映是一方面，有些明星出了绯闻，有时所有投资都将全部作废。另外，在上市的时候，你的档期中有几个强的，导致你的排片都很少，或者几乎不播你的电影。据说，中国拍的电视剧每年有几千部，实际能上映的连十分之一都不到。还有的明星片酬比较高，而迪士尼的明星不要工资，米老鼠、唐老鸭也没有绯闻。这样一对比，就会发现国内的影视公司一般都不是好生意。比如，某公司买某导演刚成立的公司股权，花了10个亿，但值10个亿吗？最后出问题，投资失败。

2019年，有很多公司商誉大幅减值，公司市值40个亿却亏掉了70个亿。这样的公司在资本市场全部不用再看，直接拉入"黑名单"吧。

白酒中茅台酒的生意为什么好？因为除了茅台镇其他地方造不了茅台酒，而且茅台酒本质上是轻奢品，这就会出现供不应求，尤其是53度飞天茅台酒。茅台的系列酒如茅台王子酒，在超市就能买到，价格为100多元钱，但是最核心的53度飞天茅台不好买到，说茅台酒供不应求主要是指飞天。

茅台的商业模式比较好，当年的销量取决于5年前的基酒产量，这样酒本身的品质就好。入股现在的贵州茅台和重新开一家酒厂，都在茅台镇上，哪一种方法更容易成功呢？茅台镇有很多蹭品牌的"茅台镇酒"，它们是活生生的例子。

当然，现在让你建一个茅台酒厂，是不可能的，但是你买了茅台的股票，你就是它的股东，可以享受这家企业的成长。买企业就是买股权。你如果觉得自己买的是茅台的股权，那么有可能十年后，它将会涨过房价。因为未来十年，茅台企业年化15%的收益是大概率的事。

我于2018年购买的飞天茅台酒（53度）每瓶价格是1500元左右，而2019年飞天茅台酒（53度）市场价都卖到2400元。但我不卖，为什么呢？因为茅台的董事长说过一个观点，茅台是酝酿5年以后才生产出来的，拿回家再存3年，茅台酒的口感才达到最佳。所以有人质疑茅台民间存货多，本源在于酒本来就是存着喝的。那么，就我存那点货我还拿出来影响市场吗？不可能的。所以对投资者来说，要耐心地等待，同时茅台酒的收藏属性也是比较稳定的收益。

投资，首先要选择好生意。好生意有什么特征？我们认为好生意的护城河都比较宽。古代，城池因为有特宽、特深的护城河守护，敌人就不好攻进来。其实我们回头来看，北京、开封等城市的城墙和小县城的城墙差别很大，越是大城市它的城楼越高大，西安、北京的城楼就比较高大。古代护城河的作用是防止别人进攻，现代的企业其实也有护城河。那么什么是护城河呢？

第一，它做的事情别人做不了。有门槛，利润率高。茅台的门槛很高，仿效的人仿效不了。利润率也很高，它用不同的基酒做勾兑，别人勾兑不出来那个味，因为年份的基酒数量和质量有限。

第二，它做的事情可以重复做。曲奇模式可复制，销售的增速就会快。一方面保证了利润率，另一方面保证了增速。同样，如果你做的事情没有护城河，别人很快就冲进来，那么你的利润高只是短期的。巴菲特买股票也是一样，买垄断不买竞争，企业越垄断越好。为什么呢？别人进不来，这是非常重要的。较高的护城河是分析现在，不同于有些企业总是憧憬未来，而未来是不确定的。为什么巴菲特不愿意投资科技股呢？大部分原因是该行业更新变化太快，曾经的柯达、摩托罗拉、爱立信等，都没有跟上时代的步伐，而白酒品牌在中国则历经千年。

举一个例子。你想卖榨菜，但你的榨菜要想打出知名度超过涪陵榨菜，很难。你再想开店卖奶粉，要知名度超过伊利股份，同样很难。它们都是有品牌门槛的，更别说你的酒厂超过茅台。所以，这些企业本身的门槛已经很高，别人不好进来抢利润。

再举例来讲，很难预测5G未来如何发展，或者OLED屏将来是什么样子的。诸如原本研究的指纹识别，后来发现被人脸扫描取代了，技术路线就踩空了。所以，买好企业首先要看它现在的护城河，包括爱尔眼科，它的竞争对手主要是公立医院眼科，民营医院与它竞争的很少。白内障手术、近视眼手术都可以到这个医院去做。这家企业也是创业板为数不多的过去十年涨十倍的优秀企业。关键在于你要把它拿住。

十年前我就知道爱尔眼科这家企业，但是我觉得它可能会涨得慢一点儿，一直忙于炒A、炒B、炒各种概念。最后发现，一个企业，你真正当成股东拿住的时候，大的利润才出来，能够实现十年十倍。很多时候，我们可能在盲目地追逐明天的涨停板，追逐快速获利的同时，必然忽视了对长跑企业的选择。很多在投资中遇到的问题都是因为我们的短视，这也是我们停下脚步，来跟大家一起分享价值投资的原因。这不仅是讲给读者，也是对我十几年投资生涯的回顾。很多时候捡了芝麻丢了西瓜，茅台、爱尔眼科、招商银行，十几年前也都买过，但是没有坚持，所以投资的本质是"守拙"。而坚守的核心就是你认为你买的是股权而非筹码，否则诱惑你的机会天天都有。

除了护城河，还有其他选择好企业的标准吗？答案是商业模式。

在投资中，我们强调也要非常关注企业的商业模式，去选择能够赢的商业模式。比如，互联网企业京东、淘宝抢走了苏宁电器实体店的市场份额。虽然现在实体店也很努力，但是始终和京东、淘宝差一截。投资也是一样，很多人都喜欢新的东西，觉得新的东西好。

当然，"新"代表一种转变，同时我们也发现，有些新的东西并不一定好，比如风电。这曾经是十几年前爆炒的热点，当时火爆的天威保变，后来很多年都不赚钱。专注LED的京东方搞了很多屏幕，总是无法掌握最先进、最核心的技术。现在最火的是柔性屏，之前有很多的屏幕生产线建好后就慢慢地过时了，有些屏幕技术直接就被取代了。虚拟现实，人们一度认为可穿戴眼镜是取代智能手机的另外一个工具，但实际上并没有。很多时候，对于新的东西人们普遍想象得比较好，而想象得比较好的东西就比较贵，股价太高将来套牢的概率就比较大。这也是巴菲特投资买老不买新的原因。市场上长期看科技股总是很"性感"，但是持续的回报远小于消费股。

回顾第一讲，有人百倍买股票，让人觉得他脑子有病。但是很多人会这样做，为什么呢？因为有故事、有未来，同时人们买的是筹码而不是资产。有些故事的未来是虚幻的，比如网红概念等，反而是一些不断被政策调控的行业，比如银行、房地产却悄悄地赚了很多利润。内房股融创中国、中国恒大在港股市场上涨几倍，就是典型案例。高周转、高杠杆、高利润的商业模式让其成功超越了很多的国企房地产企业。

融创中国（年线，前复权）[?] MA　　　MA10:12.033 ↓

一年涨幅587%

49.550

0.008

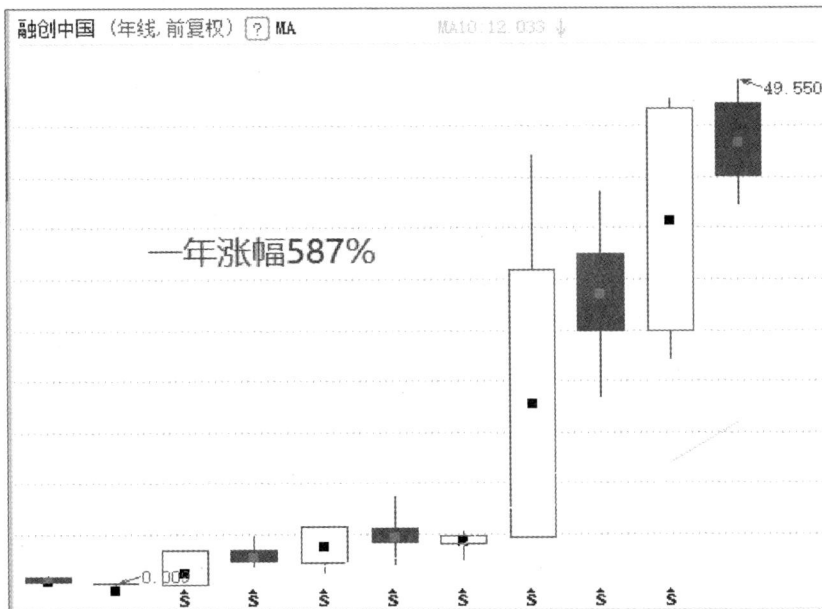

银行行业悄悄地赚钱，房地产行业虽然总是被调控，但从2003年调控到现在，依然赚钱。为什么? 商业模式好。它要买地，就去竞标这个地。竞标地之后，大家就把钱给了它，它就开始盖房子。它拿着大家的钱和银行贷出来的钱盖房子，盖好后再卖给你。城镇化的进程这个大趋势决定了过去几十年房地产的高速发展。

有些行业很赚钱，但它总是被调控。换一个角度来看，每次调控会让门槛越来越高。现在想当开发商容易吗? 在北京随便拿块地，没有几十亿根本拿不到。正是因为行业门槛高，企业的利润才有了保证。所以投资者要关注的是经济规律、行业特征、商业模式等客观存在的东西，它不容易变化。

"找到最好的公司，做时间的朋友"，这是对价值投资最好的诠释。

投资回报的本质是作为企业拥有者，获得管理团队为企业创新成长带来的价值积累。人们往往感慨，投资最贵的不是钱，而是时间。愿意付出更多的时间去研究、去持有、去陪伴企业成长，即"花足够多的时间，做最好公司的朋友"。这种长期坚持和信赖，来源于充分的理性判断和风险认知，以及发自内心的勇气和诚实。

好企业，对于美的和格力人们也有不一样的判断。

格力是以空调为主做到最强，然后衍生出去，做了跨行业的一些事情，比如手机、电动汽车的跨界，对此人们有一些争议。

美的比较低调，格力比较高调。根据每个人的性格和认知，有人会选美的，有人会选格力。所以，无论格力做什么事人们都有意见，而无论美的做什么事人们都觉得是好事。两家企业对应的就像腾讯和阿里巴巴的风格，一个低调一个高调。美的收入高，但利润没有格力高。

美的，外资买了不少。"美的集团境外持股比例达27.71% 进一步逼近28%红线"，据深交所2019年1月10日披露的信息，截至1月9日，境外投资者通过QFII/RQFII等持有的美的集团股份占公司总股本27.71%，创下新高，进一步逼近28%红线。同日，境外投资者通过QFII/RQFII等持有的华测检测股份占公司总股本26.26%，创历史新高。格力呢？外资也买了不少。截至2020年年初，两家企业的市值都约为4000亿元，曾经的王者万科和海康威视后退了。两家企业的竞争还在继续。

行业一般会有两个寡头出现，这是行业的特征。你需要做的就是找出这些核心的寡头企业来投资，去找到这些核心寡头企业最优秀的特点。我们选择一个企业，其实选择的是一个商业模式，选择的是一个活生生的企业。

价值投资和技术投机的区别在于什么呢？比如技术分析，选的是形态好的，至于是什么样的企业不重要，只要是会涨的就可以。有的人看新闻领导视察某家公司，就认为这些公司会涨，其看的是信息的及时性。有的人买涨停板，有的人用技术分析，应该说都有成功者，但是大概率的成功者，其实是围绕着企业研究的投资者。

围绕着企业，你要知道你买的企业是什么样的企业，但我相信绝大多数人对自己研究的企业过往几年的业绩以及未来几年业绩的展望都说不出来，这就是普通股民普遍的特征。更多的人炒的是消息，包括很多人每天研究各种国家政策、海外各种事件刺激、大盘走向等，其实真正该研究的应该落脚到企业这个载体本身上去做判断。一个企业好不好，盈利模式未来2~3年、长远5年甚至10年会是什么样子，当然也不可能准确地预测，但是至少能够预测一个大概的商业前景，模糊的正确很重要。

本次课程拿出了我们团队的看家本领——三年期估值公式，希望读者看得远点儿，看得长点儿，这是本书的重要亮点。

		贵州茅台				
		2019（预计）	2019（实际）	2020（展望）	2020（乐观）	2021
EPS		35.00	32.2	35.4	39.41	46.57
增速		25.00	15%	10%	22.0%	18.0%
低估	20	700	676	743	788	931
合理	25	875	805	885	985	1164
高估	30	1050	966	1060	1182	1397
极限	35	1225	1127	1239	1379	1629

茅台公司，年化15%是可能长期出现的，按照该比例线性外推10年之后茅台多少钱，这里就不说了。看看本书8年之后能否验证这个结论（2020年2月）。

再对比互联网巨头，比如京东慢慢超过了苏宁。现在互联网的流量达到了高峰，因为智能手机用户的饱和，互联网也转变成为服务用户的一种工具和平台。随着经济的发展，抖音等平台出现了，以前人们看新闻都是看门户网站，娱乐看电视台，现在都流行看抖音和头条。4G设备的更新，给人们带来了很多生活的新选择。5G时代悄然走近，人工智能、无人驾驶等也慢慢会来。所以，每一个行业、每一个企业都在不断地发生变化，而这些变化点恰恰是我们研究的一个方向，但是研究行业变化的难度显然大于消费类企业几乎是一成不变的东西。白酒还要喝,空调还要用,研究企业也是一件很有意思的事情。

投机如同打工,不能停下来,要不断地选择和热点切换。投资如同打造自己的自来水管,通过持有股权赚钱。这是一种收入方式的转变,从自己挑水吃到打造自己的自来水管,从主动收入到被动收入的过渡。当然,这条自来水管刚开始的时候很弱小,要它供应足够多的水,就必须花费你很多的时间、精力去打造,但不管怎么样,只要大方向正确,再掌握一点基本、简单的技巧,每天挖一点,每天加深一点,每天进步一点,天长日久,总有一天会建成属于自己的护城河。

在本章中以实业投资的眼光选企业。下面来学习一些知识点,伟大的企业有如下3个特征:

第一,该企业做的是一个好生意。好生意的核心就是不断地赚钱。

第二,该企业有很好的口碑而且赚钱的持续性比较强,别人不可复制,利润高。

第三,要相信规律,不相信概念。这一点也非常重要。

人们普遍相信英雄,但实际上应该相信普遍的规律。神医可以救人,但是遵循规律,才能治病。我们很多时候会听说有人得知所谓的消息发大财了,而有的人听信消息最终被深套,只是他们不愿意说罢了,这就是幸存者效应。大部分人需要踏踏实实地致富。回顾过往20年,做价值投资时买好企业股权非常重要。所以,伟大的企业有这3个特征:第一生意非常好;第二有比较宽的护城河;第三要相信规律,不要相信概念。

在我投资的生涯中,曾经遇到过很多的概念投资,比如奥运概念、PPP、区块链等。建立科创板是好事,鼓励科技企业发展,但是疯狂炒作股价,炒完肯定还是一地鸡毛。政策是好的,但你炒这些股票,不一定就能让你赚钱。但是很多人仍然愿意去相信这些概念和故事,这是资本市场比较大的问题,炒小、炒新、炒概念的模式目前正在发生改变。

对于真正带来利润的企业我们可以用现金流折现。现金流的折现就是你未来能赚多少钱。下面再来算算账,我们要买的企业能够不断上涨的原因就在于它不断地赚钱。在企业估值章节中会进行讲解,每个企业的价格都是由它每年的利润×市盈率来进行测算的,盈利是核心。某些公司不赚钱,今天拉这位来炒股价,明天拉别人来,就是不断地编故事。市场什么热搞什么,目的是炒自己的股价,然后高位减持。但是第一它涉嫌违法，第二不长久，所以不建议投资者走那条路。想一想自己走过的路，你有没有遇到过这样的企业呢？

买资产还是买筹码，其实也就涉及投资和投机的区别。下面先讲投机的难点，再讲投资的大道是什么。下文借鉴了雪球上"水晶苍蝇拍"先生和"制造核武器"朋友的一些观点，以供读者参考。

很多人总想去预测市场短期的波动，而没有耐心等待市场大趋势的到来。市场行情分为趋势行情和震荡行情。市场80%的时间都处于震荡行情之中，只有20%的趋势行情才能让我们赚钱。遗憾的是，大多数人总想抓住市场的每一个机会，总想像上班一样每天都能赚到钱，结果在80%的震荡行情中赔掉了大部分的钱。周而复始，恶性循环。

投机的几个方面

（1）技术分析：时而有效，经常无效。基于预测和指标及盘面等瞬息万变的情况做参考逻辑，效果怎样唯有自知。

（2）追击热点：此起彼伏，见风使舵。说变就变，没有清晰的脉络值得跟踪，不是散户能力圈所为。源于偶然，死在必然。

（3）跟踪主力：短期视角，也可能是"韭菜"。考核机制问题，关注短期业绩排名，难免也会陷入追涨杀跌。没有正确方向的机构，同散户一样追求短平快，只是一个投机的大款，大多也依然摆脱不了最终的"韭菜"命运。

（4）参考大盘：未必同涨同跌。受制于诸多因素，对个股涨跌有牵引作用，无决定性作用，除非极端牛熊，也有先来后到的轮动。

（5）关注时事：乱花渐欲迷人眼。纷繁复杂，信息的海洋，真真假假，影响几何说不清、道不明，公说公有理、婆说婆有理。

（6）参考外盘：有影响，但也荒谬。每个国家的经济具体情况不一样，政治和经济境遇有别，交易商品不尽相同，难免陷入指鹿为马和背道而驰的局面。

正确认识频繁换股交易

短线交易频繁换股。频繁换股的短线交易，对于高低点其实无法经常准确判断，自以为是高抛但可能会卖掉一只处于上升初段的股票，低吸则变成在半山腰"接飞刀"的鲁莽行为，而这是散户的交易常态。以至于我怀疑，散户不大可能"死于"追涨杀跌，而极有可能在所谓的高抛低吸中因"高抛"而踏空牛股，因"低吸"而套牢于熊股。

1. 高抛低吸、追涨杀跌

（1）高抛低吸是基于对未来的走势预测，而任何预测其实都是猜想而已。

（2）高抛低吸与追涨杀跌是孪生兄弟，总是如影随形。

（3）股票市场是人性的检验场，缺失的永远是理性的认知和天生的克制力。人人都自认为是"股神"，所谓高抛低吸控制回撤和风险，不过是追求击鼓传花、追涨杀跌的快感而已。

2. 逆势从众羊群效应

（1）独立思考是证券投资市场所有思想行为的根基。从众是通往"地狱"最廉价的门票。远离大多数人，跨过投资的陷阱。

（2）每天跟随波动进进出出，忙得不亦乐乎，收益与生活品质如何唯有自知。

（3）有些努力只是感动了瞎忙的自己，如果方向错了，那么你只会越努力越崩溃。

3. 需要几个核心点

（1）敏锐的洞察力，你有吗？确实有人天生具备很好的洞察力，但也离不开后天的磨炼。如果支点是建立在容易变的错误根基上，那么不会有什么好结局。

（2）及时止损的勇气，下得了手吗？壮士断腕的气魄，但都一样要流血和承受痛苦。

（3）情绪弱点控制，能做好吗？亘古不变的人性弱点，多少聪明的脑袋倒在非理性上。东山再起谈何容易！有多少机会可以重来？

（4）频繁换股，控制仓位。容易做吗？你需要无限大的能力圈。显然这不靠谱，没有人是万能的。

价值投资的探讨

投资者最终会明白，在这个市场中的胜利必定是自我人格完善的胜利。多空博弈的背后是人性的较量，所谓胜己者胜天下。在生活和投资的过程中，"勿以恶小而为之，勿以善小而不为"，在平平淡淡中恪守自己投资的规则，最后的成败输赢交给市场来评判。

选择了证券投资，也就是选择了与众不同。成功的道路从来都是不可复制的，每个人的投资之路必定携带着自身固有的特色和个性，但内涵的精髓却又如此相似和雷同，所以君子和而不同。正因为如此，真正的交流其实在于"道"的层面共鸣，"术"的层面更多的是一种灵感的激发。

股票永远不会因价格太高而不可买进，或价格太低而不可卖出。不要随便和同行讨论具体行情，这只会让你的交易越做越糟。"道"可以互相学习，但"术"只能靠自己去悟。所以下面所有的交流全部集中在"道"的层面。

1. 理解企业

（1）商业逻辑。站在企业的视角看投资，选择好生意、好企业。

（2）合理估值参考。拥有一把尺子，对价值线和价格线的偏离度进行测量。

（3）耐心持有，长期跟踪。深入了解并陪伴伟大的企业共同成长。

（4）播种与收获，及时止错。结合企业与市场的动态变化，利用波动的非理性做优化，拔掉野草，灌溉鲜花，静待收获。

2. 正确认识价值投资

（1）要想在证券市场上长期稳定获利，价值投资对大多数人来讲只会迟到不会缺席。

（2）站在企业的视角看投资，买股票就是买股权，是生意的一部分。

（3）世界上不存在所谓完美的投资方法，所以投资注定是一门遗憾的艺术。

（4）投资的窍门不是要学会相信自己内心的感觉，而是要约束自己不去理会内心的感觉，保持做正常的动作和姿势。

3. 深刻理解市场先生

（1）市场就像一个钟摆，永远在短命的乐观（使股票过于昂贵）和不合理的悲观（使股票过于廉价）之间摆动。聪明的投资者则是现实主义者，他们向乐观主义者卖出股票，并从悲观主义者手中买入股票。

（2）对市场保持敬畏，尊重常识，不用杠杆、不做空、不碰不懂的东西。

4. 成熟的心态和人性的弱点

（1）在股价大涨时不急，大跌时不慌，就说明心态成熟了。

（2）股市是人性的放大场所。贪婪、恐惧、侥幸、冲动等是不变的人性弱点，克服或控制这些固有的弱点是投资者终身的功课，成功的投资是不断修身养性的过程。你投资交易最后能达到什么样的程度和境界，取决于你内心的格局和修养。多少人多少次的失败，都是因为控制不了自己的情绪和欲望。

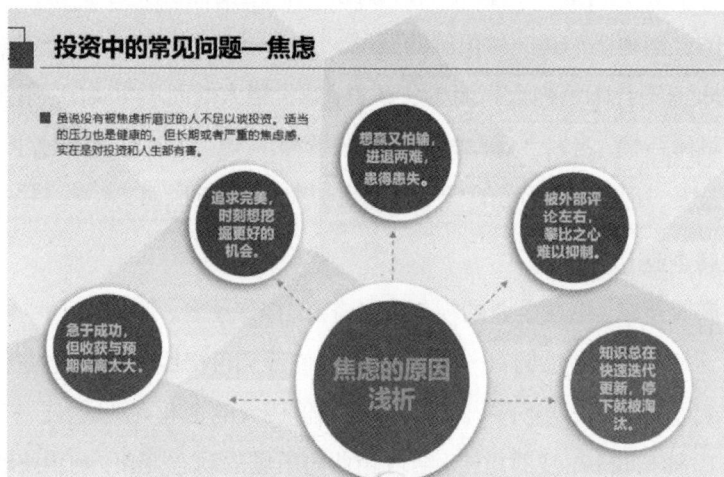

投资股票的本质就是追求大概率事件。试图在市场短期波动中赚钱，其风险远远大于收益。久战必输，他们不怕辛苦，不怕手忙脚乱，就怕休息，怕等待，怕那种无事可做的感觉。但如果你想赚钱，就必须学会等待，耐心等待大趋势的出现。有时，什么都不做就是最好的对策。只要能够坚持活下来，能够耐心地等待大趋势的到来，你就会成为股票市场的大赢家。问问自己能做到吗？

下面先说3个重点：好生意、护城河，以及相信规律，不相信概念。

再讲优秀的企业有什么特征。

你有没有买过伟大企业? 首先你要自己去思考, 哪些企业符合上述标准, 静下心来, 保持空杯状态。不要问明天谁是热点, 价值投资入门不是讲明天谁是热点, 而是需要你把这个道理搞明白, 哪些伟大的企业值得去关注。那么你买了吗? 什么时候买? 一个是你敢不敢去买, 另一个是时机的问题, 什么时候买会比较合适, 你不妨考虑一下。

希望读者对本章所讲的理念做深度思考, 咱们一起去寻找伟大的企业, 然后等待买入的时机。当然买入时机最好都是逆向的, 逆向投资很重要, 这些将在第三章中讲解, 先找到标准的企业(巴菲特的投资成功也是基于首先选择了好企业), 然后对好企业的收益率进行对比。在第三章中再讲逆向投资的问题, 这里首先找到好企业。

本章作业

---

(1) 按照好生意、护城河, 以及相信规律不相信概念, 你认为伟大的企业都有哪些?

(2) 你买了吗? 什么时候买的?

第三章

人弃我取，逆向投资是关键

前面讲了买股票就是买股权，这是价值投资的基本逻辑。这个基本逻辑决定了我们在投资中要去选择什么样的企业。同时我们会淡化一些判断的因素，比如股价的波动、指数的涨跌，将焦点放在企业上面。买好企业的股权，还需要一个好价格。那么好价格一般会出现在什么时候呢？经过研究可以发现，好价格基本上出现在大跌的时候，就是别人逃跑的时候。注意：是大跌极度恐慌的时候，而不是刚跌的时候。对这个度的把握有点儿难，这是非常重要的环节，同时会讲到在好价格出现时，恐慌是什么样的状况。对于巴菲特说的"在别人恐慌的时候我贪婪，在别人贪婪的时候我恐慌"如何理解呢？

为什么说逆向投资很重要呢？以茅台为例，2018年的买价800元/股和买价510元/股，是完全不一样的情况，而且是可能同时发生在一年以内的事情。你买的价格是800元/股，假如跌到700元/股，你还套着，那么你心里肯定不舒服。你若是股权投资者，打算长期持有，则不用担心。但如果你在2008年买在高点位置，那么可能需要八九年时间才能彻底解套。这个时间，不仅对你，对谁来说都是极为漫长的考验。

所以，逆向投资是最不容易学习的方法，它不是技能而是品格，无法简单学习，只能慢慢地磨炼。也有成功的价值投资者说，事后看2014年200元/股和100元/股，相对现在的1 200元/股没啥区别，都是"茶壶里的风暴"。如果你一直持有，期间出现50%的亏损，是否真正能够承受得了则另当别论。这样说的意思是，价值投资者只是买在短期的价格高点，拉长周期看不是最大问题，买不买才是核心。上车比一直精准估价更加重要。很多人都说茅台好，却一直觉得贵，错失了购买的大好机会。

逆向投资理解起来容易，做起来特别难。股价刚开始跌的时候，投资者都想着不会继续跌吧。当再跌时，就会想到"给孩子买东西的钱又少了""买房子钱少了""再跌下去老婆会说我的"，那一瞬间，人性的弱点"恐惧"一览无余。

悲观者总是对的，乐观者赢得未来。有一个说法叫物极必反，否极泰来，但到底哪里是"极"，没有人能讲清楚。所以，做投资，必须有一个系统性的学习过程。普通投资者大部分是听消息或听说在牛市发财而进入资本市场，在牛市买错代码都能涨停的案例也不断出现。但是长期呢？十赌九输是大概率，这个市场看似门槛非常低，谁都可以进入，但是长期成功的门槛却非常高。本书比较系统地讲解价值投资，也是笔者个人的一种探索。虽然没有达到巴菲特的水平，但是我先把我理解的东西跟读者进行交流，希望能够帮助读者，这也是一种理念的传递。

逆向投资是一种品格，无法学习，只能磨炼。

下面举一个例子——巴菲特购买中石油。虽然巴菲特买的港股中石油和我们A股买的中石油有点儿差别，但是其中的逻辑很相似。

2003年，中国石油这家企业在港股以1元钱的价格上市了。巴菲特的买价为1.3~1.4元。后期通过数据可知，他的卖出价格大概为12元（2006年），也就是说，巴菲特于2003年买入，于2006年卖出，大概从1.3元涨到12.6元，持有4年时间盈利非常高。中国石油港股上市是1元，等回到A股上市，是16.7元的发行价，上市之后价格是48元。结果很多投资者疯狂买入中石油，48元的疯狂买入发生在2007年，到2019年年底，中石油的价格只有5.78元。

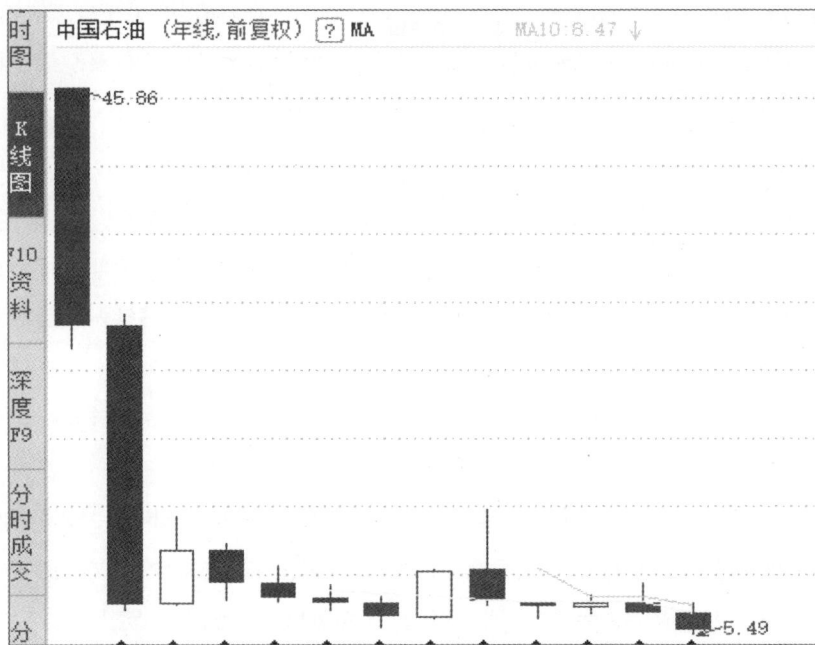

为什么人们在48元的价位疯狂买中石油？因为它有知名度。很多人可能没有经历过，在中石油上市前有一家企业叫中国神华，也是市值特别大的公司，上市之后连涨3个涨停板。上证指数也达到了6 000点附近。投资者等待着中石油48元上市之后再涨3个涨停后赶紧跑。中石油上市的时候是有光环的，当时都号称亚洲最赚钱的上市公司，那时油价还不贵，前面铺垫了连涨3个涨停的中国神华，然后，人们开始买入中石油。看看给中石油做铺垫的中国神华，从当时的84元跌到2020年年初的18元。

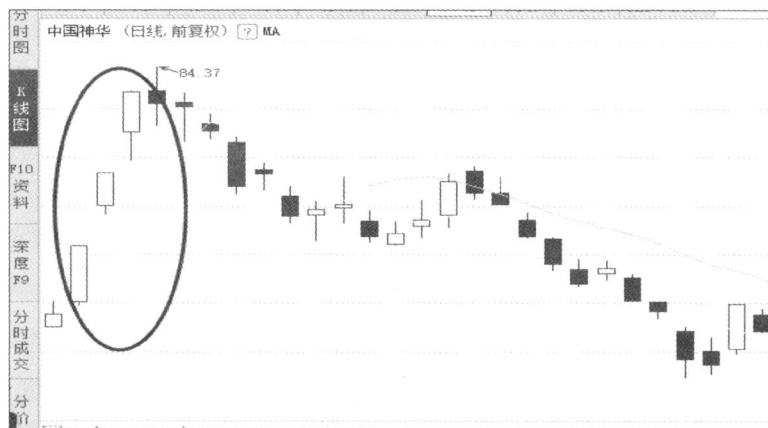

越跌越买是价值投资吗？有人说，"如果再跌，我就跌1元买1元。"可别这样，这不叫逆向投资。这种情况在中国中车上，在现在很多新股上不断地上演。逆向是一种品格。巴菲特在一元多的价位买，是算准了石油趋势以及中石油上市的资产确实值这个钱。

对于巴菲特为什么没有长期持有的问题如何理解？价值投资就是长期持有吗？错！核心是价值。预计的10年价值，3年涨够了，巴菲特也走。巴菲特于2006年以12元的价格卖出，到2007年A股以48元上市的时候，投资者都知道巴菲特卖了中石油，但是人们依然买进去，因为每个人都认为自己是聪明的，3个涨停之后可以及时离场。结果那天的高点就是历史最高点，十几年也无法解套。物极必反，否极泰来。

逆向投资很关键，它是一种品格，无法学习，只能磨炼、磨炼、磨炼。逆向不但非常重要，还得讲究方法。经过2017年、2018年，我们发现真正好的买入价格全部是在市场恐慌的时候产生的，这时候的价格比较理想，但确实是最令人恐惧的。2018年10月29日，茅台三季报业绩降速，直接跌停了。市场白马股大面积跌停，市场恐慌达到极致，而之前10月19日管理层刚刚开始喊话，10月29日白马股就崩了。现在回过头来看，很多白马股崩的地方是买点。但那种氛围吓死人，别说买了，能拿着不动就非常不错了。下面来拆解一下，那些值得逆向吗？看如下3点。

第一，对企业有没有高估？还有没有更坏的消息

意思就是避免戴维斯双杀。对于杀业绩、杀估值、杀逻辑，要分情况看。股价=EPS×PE。当一个企业每股收益EPS下滑，又赶上市场预期PE下滑，那么该企业的下跌将是成倍数的下跌。如果支持它一直上涨的逻辑也发生变化，就会更加麻烦。

看一个非常典型的例子。2018年年初，老板电器业绩从年均增长40%下滑到20%，市场一片哗然，股价大幅下跌。市场担心什么呢？市场担心是不是房地产周期遇到问题了。一线城市的房子在2017年3月见顶，在2018年年初，老板电器率先爆出"受一、二线城市房屋销量下滑影响，我的抽油烟机卖得少了，业绩预增下降20%"。而之前它是个"三好生"，每年业绩增速40%，这一下变成20%，股价连续跌停。我们看到其2018年业绩增长从40%变成20%、从20%变成10%以下，它经历业绩下滑、情绪下滑、连续下跌的过程，股价跌幅达到60%以上。

同时，家装行业志帮、欧派等厨房配套行业，包括格力、美的亦全线下落，全都受房地产影响。那么在这种情况下，即在刚跌的时候能不能逆向投资？刚跌时业绩从40%降到20%，这时不好逆向，因为它受产业周期影响。所以，要考虑还会有更坏的消息传出来，这是我们讲的第一点，即企业的成长逻辑是否遇到变化了。

第二，是短期的问题，还是长期的问题

比如煤炭、钢铁等行业，一旦进入下滑周期，其问题就不好解决。但在近两年，行业经历了供给侧改革之后，钢铁的价格大幅回升，这是一个拐点。这个拐点其实发生在两年前，国家进行供给侧改革。为了环保问题，把小钢厂关掉，我们看到天变蓝了，钢铁的业绩也出现明显上升。所以，逆向投资不仅看企业，还要看其所在的行业。有些行业甚至是不可逆的，比如商场这个行业，在被互联网冲击之后，商场的股票很多年没有被市场关注，因为没有成长性，业绩又出现大幅下滑。

第三，股价的下跌，对企业有反身性

想逆向，得看有没有反身性。2018年，一家企业爆雷，叫康得新，股价大跌。你说"我要逆向抄底"，那可别抄。为什么？因为它业绩造假，上市公司大股东都被抓起来了。还有康美股份，也被证监会立案侦查。对于康美，你说逆向投资行不行呢？在市场中，也有价值投资者在逆向投资。但我觉得在这种情况下，没有必要逆向投资，因为它存在"造假问题"。

康美、上海莱士和康得新这3家股票是比较典型的。但不排除有些企业垃圾股一被炒，大股东再换一换，股票又涨了，我觉得对此不值得去关注。还记得前面讲的咖啡馆的故事吗？一个咖啡馆经营得不好，最后编故事卖。

所以对于有些企业你压根就不要考虑，市场中真正值得逆向的公司不多。你要在跌的时候敢买，买之后又很淡定，这都源自你之前对于企业的分析。跌了敢加仓最适合的行业是消费品行业。消费品行业有两个明显的逆向投资成功案例，是价值投资在中国市场的典范。一个是茅台的塑化剂事件，发生在2013年，因塑化剂叠加其他因素，当时的茅台也是一轮大幅下跌。它大幅下跌不是因为大盘，大盘当时没有大幅下跌。这是整个行业遇到了问题，全行业出现了至少60%以上的跌幅。但这个时间反而促进茅台酒走进寻常百姓家，消费者可以买到真品了。到2020年茅台依旧一瓶难求，市场价格逼近3 000元。

如果当时你囤点茅台，那么现在可能会更加值钱，它是罕见的存货越来越值钱的企业。另一个是伊利股份遇到的三聚氰胺事件。三鹿出问题之后，伊利也受三聚氰胺事件影响，股价出现了大幅下挫。但是，如下图所示，当你拉长周期，在伊利下跌的2008年，当年是大盘大幅下跌，实际上伊利后来是10年10倍股。那一年跌得很多，后来看才知道这是一个买点。即使等全部跌完之后再买，也能赶上将近10倍的收益。

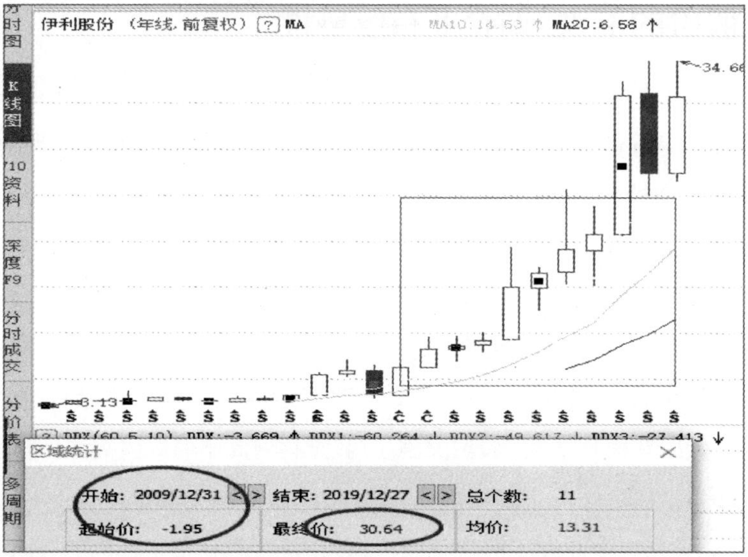

逆向提高收益率。如果你在跌的时候买，那么你的收益会更高。毫无疑问，消费品行业比较适合逆向。高估的时候，茅台也没有办法。如果高估又遇到基本面问题，就容易出现大跌。塑化剂问题出现之后，老百姓就不喝酒了吗？其实此问题短期过去了就过去了。之后，公司的股价就反弹回来了。大幅下跌对公司有什么影响吗？只要它没有质押，不影响它继续卖酒，就不影响它的口碑。

逆向投资是获取超额利润的关键，但是逆向投资这事太难。买早了，就要熬得住，但是熬得住、愿意熬的人又太少了。各个市场的价值投资都是逆向才能有超额投资利润，但很少有人能这样做。2018年，尤其在10月29日、30日大幅下跌的时候，悄悄地把别人扔掉的股票，带着怜悯心买回来，恭喜你，你的投资将走向成功。如下图所示，体会一下当时的情况。一年后茅台的价格从494元回到1 200元以上。当时有客户质问我，你看不懂那是一个顶部吗？其实是否是顶部不是你看技术就能看很准的。当10年后茅台涨到4 000元的时候，你会发现，价值投资比技术投资可以看得远、看得准。因为企业业绩的不断成长会不断消化这些顶部。

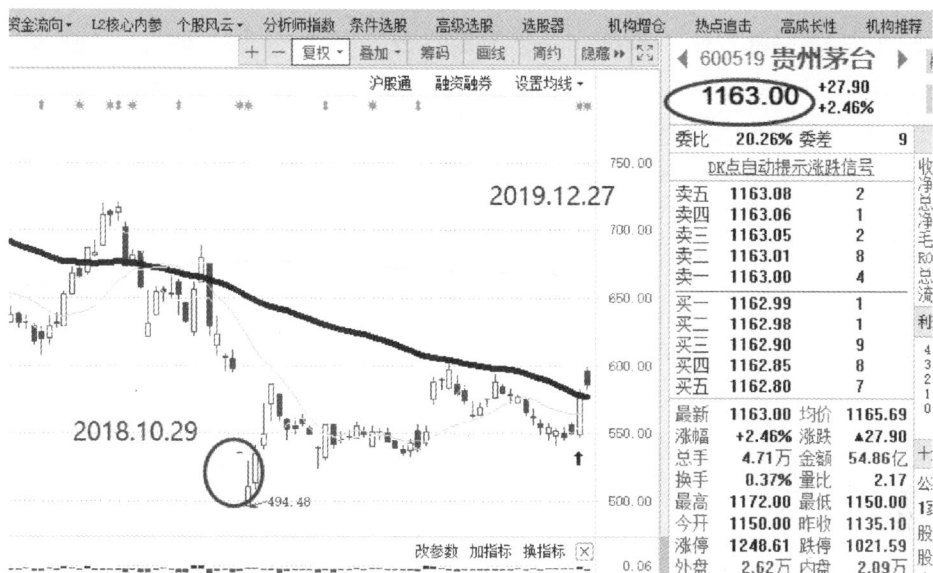

选择性逆向

　　巴菲特只买自己心仪已久的股票，不同于那种只是简单估值的机构，它们一般是批量买入价值型投资策略的企业。巴菲特则是先把股票选好了，等大家慌得不行时再跑进去买。他在美股买的可口可乐、美国运通、盖可保险、《华盛顿邮报》等都是这样的案例。一句话，买好企业，合理的价格，耐心等待。克服内心对于下跌的恐惧，需要对企业有深度的了解。跟踪好企业是我们要做的功课。我们团队也做了一些中国的好企业，比如招商、平安、茅台、格力、恒瑞、爱尔，以十年周期来看，这些都是中国比较优秀的企业。那么对于这些企业什么时候选择逆向呢？如下图所示，我们就根据它们的业绩、一致预期、市盈率推算出一个区间——低估与合理，然后按照一致预期EPS乘以PE算出合理价格。从该图中可以看到，很多好企业的价格就在低估的蓝色区。下图所示为我们内部的一个好企业估值图，回到2019年年初可以对比一下。

20190118	股票名称	现价	一致预期	PE	低估-合理PE	低估-合理价格
金融类	招商银行	27.10	3.2	8	7.5-8.5	24-27
	工商银行	5.39	0.85	6	5.5-6.5	4.7-5.5
	中国平安	59.92	6.03	10	8.5-9.5	51-57
白酒	贵州茅台	683.61	27.1	25	19-22	515-596
家电	格力电器	38.97	4.77	8	7-8	33-38
	美的集团	42.08	3.12	13	10-11	32-35
医药	恒瑞医药	59.17	1.07	55	45-51	48-55
	爱尔眼科	27.00	0.43	63	56-60	24-26
旅游	中国国旅	59.43	1.87	32	25-29	47-54
机场	上海机场	49.99	2.2	23	20-22	44-49
	腾讯控股	337.00	8.4	40	33-38	278-319
房地产	万科	25.76	3.24	8	6-7	20-22
5G	中兴通讯	19.98	1.02	20	14-17	14.3-17.3
安防设备	海康威视	29.46	1.24	23	18-22	22-27

看到这里,对比你炒股软件中的股价,看看好企业的低价格出现在什么时候。如何对企业进行估值,如何去对待企业的波动,以及如何测算EPS。

本讲的知识点如下:

(1)逆向投资是一种品质,这个品质需要不断磨炼。

(2)消费企业适合逆向,有3种情况不适合。

(3)先挑选伟大企业,选择性逆向。

本章作业

(1)消费股中谁是逆向投资的成功案例?

(2)回顾自己恐慌中卖错的案例有哪些。

第四章

买得便宜是硬道理——安全边际

探索企业内在价值与市场价格的差异，然后坚持以60美分或者更低的价格买入价值1元的东西——巴菲特。

巴菲特早期跟随价值投资创始人格雷厄姆学习价值投资。简单来说，其核心理念是6折买入1元的东西，没有过多考虑1元是否能够升值到2元，因为他处于大萧条时代。我爱人就特别喜欢买品牌打折货，比如购买奥特莱斯产品，品牌打折的时候，可以用比较低廉的价格买到质地比较优良的产品，无非是错过当下最新流行的时尚，而大部分人并不特别在意时尚。投资也是一样，我们买好企业，也要选在打折的时候。

首先有选择，然后是逆向，千万不要买一堆垃圾股、概念股，你在它们身上逆向，最后可能会血本无归。比如乐视网、暴风影音等都会有这样的问题。那么2020年年初的东阿阿胶是不是一个逆向呢？值得思考。价值投资者已经开始逆向，认为其销售渠道会逆转。但是我站在产品被市场喜欢的角度，还是不太认可阿胶，其疗效无法确定，价格也不便宜，将其作为礼品的人还是少数。没有谁对谁错，每个人的认知不一样。看好的人，如果真的等来一轮牛市，多少也会涨点儿。不看好的人，涨对我们来说也没有损失。

企业的内在价值可以简单地定义如下：它是一家企业在余下来的时间中，可以产生的现金流流量的贴现值。举一个最简单的例子，你的公司如果一年能够产生的利润是1 000万元，别人要买你的公司，你绝不会以1 000万元的价格把它卖掉。因为这个生蛋的"鸡"明年就会又生出来1 000万元，所以一般会加上市盈率倍数，也就是未来5~10年的利润折现，如果是10年，就相当于10倍市盈率买了你的企业，那么你的卖价1个亿，买家是很容易接受的。搞明白这一点很重要。

只要你买得便宜，就可以卖出好价格

看看义乌小商品，商品很便宜，几分钱、几毛钱，但是卖出几块钱，利润都很高，如果按美元计价，就更高了。买得便宜，能够有一个安全边际的价格——确定自己亏损概率低，未来的盈利概率高，就会呈现一个高赔率的点，那就非常好。比如，2020年年初，有些价值投资者选择320元附近的腾讯控股，26元一线选择万科，70元一线买宁德时代，都是针对企业的估值做出的逆向选择。虽然买得便宜，但有一个缺点要考虑，就是时间问题，你不知道它们什么时候会被重新重视起来。

比如，2019年年初，我们选择了两个企业进入双突破股票池，一个是宁德时代，一个是亿纬锂能。宁德时代整整等了一年才爆发，股价一直在我们给到的65~74元区间徘徊。所以对于价值投资有时候强调闲钱，就是这个原因，市场认同需要时间。宁德时代上涨的催化剂是特斯拉业绩大增加上宝马使用它的电池。反之，亿纬锂能却从2019年的一月份开始了戴维斯双击的过程。

宁德时代--交易计划表	
基本面	
1. 为啥现在买？是EPS提升还是PE提升	EPS三季报明显得到提升，企业质地在公司层面是电池板块的龙头，质优+绩优，参考标的比亚迪
2. 估值合理吗？	目前估值稍高，成长股属性。目前的动态市盈率50倍，高！
3. 是否逆向	否，属于顺向交易
4. 是重大机会吗？放弃小仓位，短线和纯技术选股	是重大机会
5. 大势如何？	60日线下，大致是底部震荡区域
博弈面	
6. 板块情况如何？	最近明显业绩拐点开始呈现，宁德时代、亿纬锂能业绩纷纷超预期
7. 技术验证：远离60日线吗？中枢的位置	60日线=74元，中枢74-65元
不利因素	次新股估值高，市场弱势，20倍是市场底的走线。成长股想的太好要警惕 目前从大的数据上来看，还体现不出来行业已经转暖，所以宁德时代还不能确定按照长线来持有，第一，新股发行之后股价快速上涨，市盈率过高；第二，前几年电动汽车主要是靠政府补贴，尽管净利润不错，但是扣非之后并不好，而这个过程的扭转需要一定的时间。需要逐季度跟踪财务数据以及行业销售数据的变化
交易计划	A方案：75一线作为主要买点区域，短线突破或者60日线支撑，左侧考虑短期止损（　　） B方案：等待65一线，市场要调整到2300才可能出现，价格相对低好企业，值得长期跟踪，短期价格不便宜

对比一下两个企业的走势：

下图所示为宁德时代的走势图。估得很准，但是起涨点却需要时间来验证。

宁德时代

选择点

算准估值，
需要等待时间的验证

↑169.89

估值65-74，最低63.86

起爆点，事件刺激

) ↑ MAVOL2:1151010.600 ↑

区域统计

开始: 2019/11/01	结束: 2020/02/14	总个数: 15
起始价: 71.02	最终价: 149.90	均价: 103.14
最低价: 68.38	最高价: 169.89	涨跌幅: 111.07%
振幅: 148.45%	板块涨跌幅: 9.76%	大盘涨跌幅: 13.29%

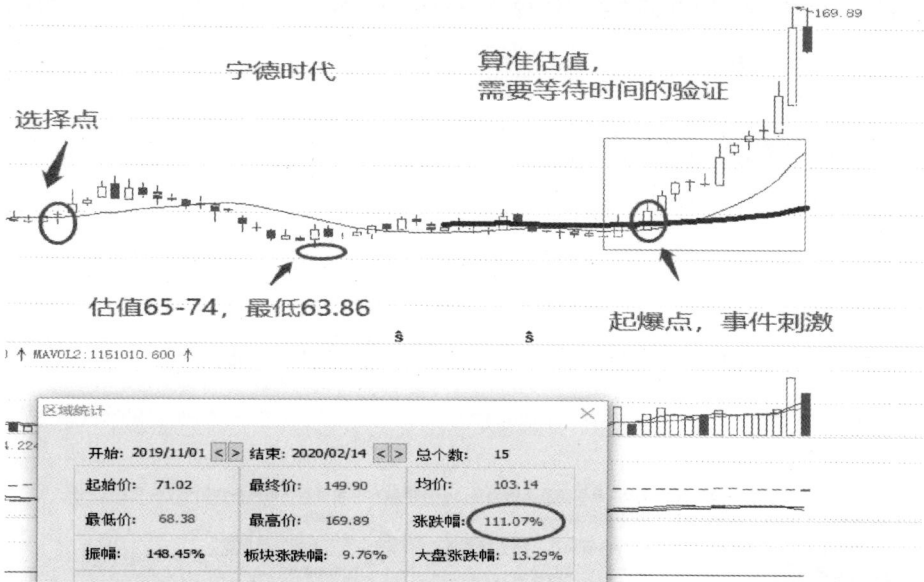

亿纬锂能的走势图：这家企业股价低调且不断上涨，在电池产业链不断地横向扩展。这也是估值无法计算的，因为企业的成长总是超出预期。单纯便宜的价值投资，会很早地下车。这也是巴菲特和芒格合作之后，不把价格放在首选，而把企业质地放在第一的原因。

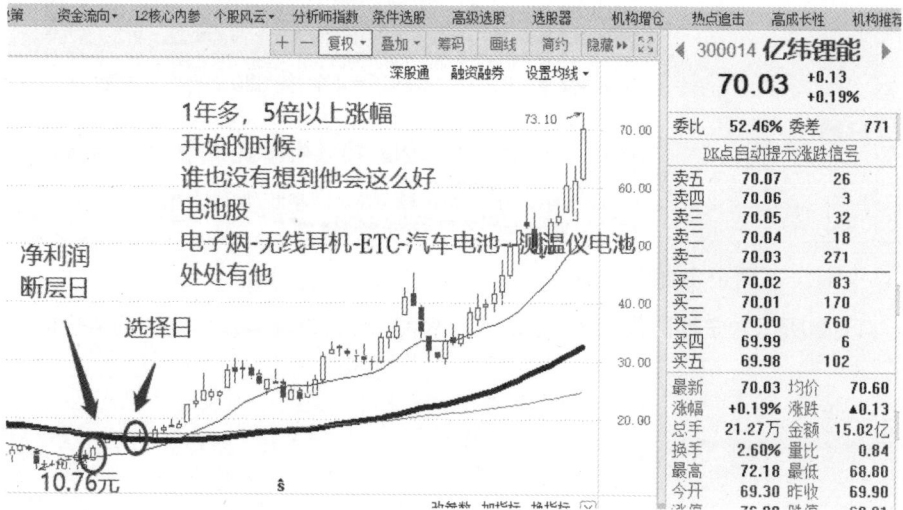

策	资金流向	L2核心内参	个股风云 ▾	分析师指数	条件选股	高级选股	选股器		机构增仓	热点追击	高成长性	机构推荐

十	—	复权 ▾	叠加 ▾	筹码	画线	简约	隐藏 ▸

深股通 融资融券 设置均线 ▾

◀ 300014 **亿纬锂能** ▶

70.03 +0.13
+0.19%

1年多，5倍以上涨幅
开始的时候，
谁也没有想到他会这么好
电池股
电子烟-无线耳机-ETC-汽车电池-测温仪电池
处处有他

73.10

净利润
断层日

选择日

10.76元

委比	52.46%	委差	771

DK点自动提示涨跌信号

卖五	70.07	26
卖四	70.06	3
卖三	70.05	32
卖二	70.04	18
卖一	70.03	271
买一	70.02	83
买二	70.01	170
买三	70.00	760
买四	69.99	6
买五	69.98	102

最新	70.03	均价	70.60
涨幅	+0.19%	涨跌	▲0.13
总手	21.27万	金额	15.02亿
换手	2.60%	量比	0.84
最高	72.18	最低	68.80
今开	69.30	昨收	69.90

决定价格涨跌的因素：估值+流动性

　　估值核心是情绪的问题。市场的流动性，简单来说就是钱多的时候，大家都在疯狂抢，股价都会高点；钱少的时候，股价都会低点。比如2017年的资产荒，大量的社会融资去追逐各种企业，但是当金融去杠杆之后，到了2019年，P2P倒下，风投类的资产立刻融资困难，因为资金流动性大幅下降了。这是价格的两个影响因素，最关键的是便宜。

　　估值有点类似于遛狗理论，有时候狗（价格）跑在人（价值）前面，有时候狗（价格）跑到人（价值）后面。完全衡量一个企业的价格到底应该是多少，是很难的。芒格曾经告诉大家，他从来没有见巴菲特拿着计算器算一算一个企业值多少钱。但巴菲特一定是毛估出来企业值多少钱的，而且看好几年。我的理解是，巴菲特在看生意的时候应该已经估算出了企业未来的平均增长速度。比如，投资茅台的投资者，心中把茅台的年均增长放在15%左右。多余的部分都是超预期的因素，比如提价、提销量、改变经销商渠道等因素。

　　当然，外资的加速入场也提高了这家企业的流动性，情绪高了，买的人就多了。与2015年股市下跌的时候道理一样，上市公司加杠杆炒作自己的企业股价，价格非常高，但是当资金去杠杆之后，企业没有业绩的实际增长，股价还是要回到自己的价值。如下图所示，当炒作结束之后，价格就会重回价值，这也是我们不能只选择股价便宜的原因。

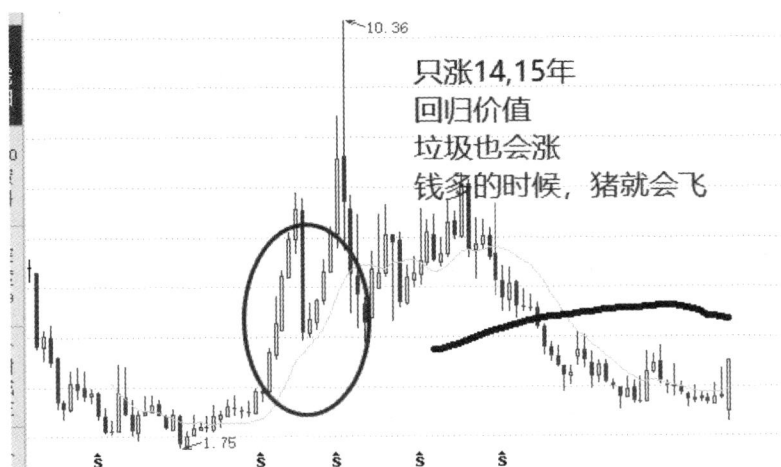

只涨14,15年
回归价值
垃圾也会涨
钱多的时候，猪就会飞

投资必须具有安全边际的3个优点

1. 为企业估值, 尤其为高估提供缓冲地带

举一个例子, 我们跟踪的一些好企业, 比如中国国旅, 2019年年初我们给的合理价格是54元, 但当时价格是57元, 大家就很着急想买进去, 没有耐心等到它回到54元。无论是54元、57元, 还是60元买, 本质上都是你看好这家企业, 但是它的估值打的折扣不同, 相当于不同的"缓冲地带"。当然辩证地看, 当股价为98元的时候, 几元钱差别不大, 但在买的时候差别还是大的。

比如坐火车, 我的风格是, 半个小时之内的时间我可以等, 超过半个小时我就不会去那么早。但我爱人就喜欢早点儿去, 这就是她给一件事情留出的安全边际。在投资、生活中是否考虑留出更多的安全边际呢? 多留安全边际, 会让你更加从容。有些朋友借钱来做投资, 就很难给自己留出安全边际, 你当然是高度关注股价的波动。做价值投资也不易, 买了长期不涨, 也会承受不了。

2. 较低的买价将提供较高的投资回报

价格在100元买的茅台和200元买的茅台, 长远来看没什么区别, 但是它的分红回报率却有很大的区别。这就是安全边际, 如果买的价格够低, 当然就更安全。2018年, 在800元买入茅台和500元买入茅台的心态也会差别很大。所以对于我们认为的好企业, 当短期贵的时候你可以等, 至少不要马上重仓买入。因为好

企业调整20%～30%也是很正常的。成长股的思路是，在好的基础上找更好，成长的持续性是很关键的。芒格所倡导的伟大企业要以合理的价格买入，我想说的就是这个道理，既要上车，也不要以过高的价格上车。

3. 戴维斯双击（经营回报+市场回报）

先来看一个非常重要的公式：

$$股价P=每股收益EPS×市盈率PE$$

一个企业的股价为20元，是由每股收益2元乘以它的市盈率10倍得出来的。至于每股收益2元是怎么得出来的，PE是怎么得出来的，什么样的PE比较合理，会在本书的第十一章之后进行深度的讲解。明白股价是根据每股收益EPS和PE进行测算的，这是读者要学习的第一步。

3年后的每股收益$EPS=2×(1+10\%)^3=2.66$元；

3年后的股价$P=2.66×10=26.6$元（戴维斯单击）。

如果市场钱多了，情绪上来了，那么15倍的市盈率，3年后的股价$P=2.66×15=39.9$元（戴维斯双击）。

举我遇到的一个例子来说明这个道理。有一个人在北京卖房子，如果一个人来买他的房子，那么价格上不来。他把10个想买他房子的人都约在下午5点见面，这样购房情绪就起来了。10个人要比价，这就好比市盈率，本来一个人就是10倍，没人抬价，但是忽然来了10个人，其中有人直接出比别人更高的价格，给了15倍，那就成交了。这是卖房子的一个技巧，也是典型的戴维斯双击，人为制造情绪的提升，和股市的涨停板很类似。

股价的上涨是由EPS和情绪PE组成的，但EPS非常重要，它决定了一个股价上涨的高度。股价长牛的背后是该企业业绩长期的增长，即不断的现金流折现，这是价值投资的核心。一定要搞明白戴维斯双击，对应也就明白戴维斯双杀。

很多书中都讲过安全边际，但这部分的论述都是有限的。其实很简单，你能以6折买一个好企业是最为重要的事情。下面来讲解快乐投资。

首先做一个测试：

你的钱? 输得起吗?

你的年龄? 输得起吗?

你有基本的投资知识吗？

你是在冲浪还是驶向彼岸的航船。

第一点，你的钱输得起吗？你的钱是借的钱还是急用的钱？如果是借的钱和急用的钱，那么你输不起。

第二点，年龄上输得起吗？原则上30、40岁稳定投资都没问题，20岁也可以冒点风险，但当你45岁以上，已经到了输不起的时候，就不要再每天追涨杀跌，去追逐涨停板了，因为那些股票杀起来也很厉害，也不要买那些庄股，每个庄都是老庄，股价下杀起来也不要命。康得新、康美、上海莱士哪个不是曾经的大白马，到最后有些管理层都锒铛入狱了，庄家自己都爆仓了，跟庄的就会很好吗？

国内的价值投资者都有两大爱好，第一锻炼身体，第二研究好企业。为什么要锻炼身体呢？他们特别爱跑马拉松，当一个人的寿命足够长，他的复利才足够大。生命（时间）与复利有很大相关性，巴菲特和芒格都已经八九十岁了，这也是他们能够赢的原因之一。

第三点，你有没有投资知识。什么都没有，就开始进场了吗？有一位朋友学习了我的价值投资入门训练营，才知道原来还有这样分析企业和股票的方法，觉得自己更要学习了。因为他脑海中都是各种技术分析。

第四点，你是在冲浪还是感觉自己已经走上了驶向彼岸的航船。冲浪的意思就是你还在"猎庄"，还在追涨杀跌。你还是觉得只要坚守这样的好企业，客观做选择就能赢。这是你自己的选择，有时候选择大于努力。

价值投资会带你走向快乐投资之路。在第五章中，会讲到巴菲特成功投资的7层塔，有几个关键的内容已经讲过了，再跟大家分享一遍。思路参考了价值投资者任俊杰先生的观点《奥马哈之雾》。

第一，将股票视为生意的一部分，这是价值投资的一个基石，其需要长期投资和定期体检。

第二，在买入价格上面留有安全边际，降低本金损伤的风险，提高你的投资回报。

第三，将股价波动视为朋友。这是讲如何理解市场。核心是盯住比赛而不是积分牌，你盯住的是你研究的企业，而不是它的股价波动。股价的涨跌，简单来说，就是大涨之后给你提供卖的机会，而大跌之后给你提供买的机会，这和趋势投资完全不一样。

第四，集中投资有长久优秀竞争力的企业。

第五，逆向投资并在时机到来时加大赌注。真正的价值投资者，"静"的时候远多于"动"的时候，你有大把的时间锻炼，而不需要看盘，因为你是股东，你选择的是企业。

第六，有一个有所不为的边界，这样会降低你犯错、特别是大错的概率。

第七，低摩擦成本和递延税赋，将复利效应发挥到极致。真正的长期投资不是一个频繁交易的投资，税赋也是要降低收益的。

投资路上有这个7层塔，如果你搞好了，就离快乐投资越来越近了。

本章的知识点：

回顾你的收获点在哪里？也许你感觉很疲惫，也许你感觉很有收获、很兴奋，但我们希望你一定有收获，记住如下核心点：

（1）买得便宜很重要。

（2）安全边际的思维=留有余地。

（3）价值投资才能带你走向快乐投资之路。

本章作业

（1）戴维斯双击搞明白了吗？

（2）深度思考，如何投资才能快乐？

第五章

巴菲特成功投资的7层塔

本章挖掘一下价值投资的核心要点。

巴菲特的投资7层塔来自哪里呢？它是任俊杰先生的一个总结，摘自《奥马哈之雾》，而并非巴菲特本人的总结。非常经典，所以值得和大家共享。再次感谢国内一些爱分享的价值投资者传播真知，比起那些传播追涨杀跌、吹嘘三连板、核按钮（涨停到跌停）的高手，个人认为这些才是投资的根本。

先来看一下7层塔的第一部分，将股票视为生意的一部分。

买股票就是买股权，这是读者必须记住的一个内容。

买股票就是买股权

第一层塔，我在第一章中已经反复地强调。笔者的强项在于语言表达，文字水平尚需加强。相较于李杰老师《股市进阶之道：一个散户的自我修养》的辩证文章，本书的特点是把"干货"通俗地讲清楚。

对于第一部分不再赘述，再次强调，买股票就是买股权，买的不是一个筹码。

第二层塔，正确地对待股价波动。这是重点，因为在前面4章中，没有过多地谈到正确对待股价波动的问题。

第三层塔，安全边际。在前面章节中也讲过，如何在买股票的时候留有一定的安全边际，避免你因冲动给出过高价格。同时提到以0.6元买入1元东西的理念，这是格雷厄姆的一个核心思想。但我们更喜欢巴菲特现在的模式，而不是追求纯粹的低估。

第四层塔，对超级明星股集中持股。前面没有过多提到对超级明星股集中持股的问题，后面会进行详细讲解。

第五层塔，选择性逆向。曾在第三章中重点分析过，当我们做选择的时候，要有逆向的思维。我们要在别人恐慌的时候贪婪，在别人贪婪的时候恐慌。

第六层塔，舍得，有所为有所不为。这是中国的大智慧，舍得的核心就在于此。巴菲特讲的"能力圈"，"只跳一米，不跳七米的栏杆"也是同样的道理，有舍有得。所谓的能力圈，其实也是大致围绕着有所为有所不为展开的。股市的诱惑何其多，每日的涨停板都很多，加之大部分人来到市场都是追求获利的，所以能做到"有所为有所不为"，需要人自己的觉悟。

经常听投资圈里的朋友说，对于熟悉的、自己有把握的才做，超出自己能力圈的行业、个股不碰。价值投资常常定位于市场大多数人认可的医药、消费，因为过去长牛的股票也是这些行业，好像不买这些或者已经成长起来的"月亮级"企业就不算真正的价值投资者。而现实世界中，各行各业之所以存在，都是因社会需求所在，都有其社会价值和经济价值，只是价值有大有小、有高有低而已。个人能力圈就是对企业的价值判断能力，单纯从这个角度来理解无可厚非，但这个能力并不是个人真正的能力圈，只是能力圈的一个具体事物的映射。

一个人的真正能力圈是发现万事万物最本质运行规律的能力，这才是本质。而万事万物的本质规律往往都很朴素地存在于我们身边，无时无刻不在左右着我们的生活。

来看看最基本的哲学，矛与盾，阴与阳，任何事物都包含着内在矛盾，矛盾双方又统一又斗争推动事物的发展。生老病死，春夏秋冬，是事物发展的不确定性与周期性。还有万有引力定律，能量守恒定律，事物发展的波动性、曲折性等规律。

生活中的投资哲学如下：

（1）物极必反。

（2）孤阴不生，独阳不长。

（3）沉舟侧畔千帆过，病树前头万木春。

（4）不识庐山真面目，只缘身在此山中。

（5）树欲静而风不止。

（6）一花独放不是春，百花齐放春满园。

（7）身在五行中，跳出三界外。

（8）审时度势，顺势而为。

（9）有所为，有所不为。

（10）一年四季，春夏秋冬，周而复始。

（11）万物皆有命：生长、旺盛、衰病、死亡，谁都跑不了。

（12）出来混，迟早是要还的。

（13）人活一世，草木一秋。

（14）道法自然，抱拙守朴。

所有这些都是智慧结晶。投资也是生活的一种方式，而很多哲学精华都是生活的大道理，是万物存在最根本的道。只有用最朴素的哲学思想武装自己，才能发现市场、行业、企业、股票乃至时运、国运大势，或者投资真正的本质，这才是一个人真正的能力圈。

简单一句话，发现万事万物本质特征的能力才是个人的能力圈。

第七层塔，摩擦成本下的复利追求。塔层七其实是建议投资者不要频繁地追涨杀跌和交易，这会在下面的讲解中跟大家做交流。

我们给大家画了一个塔，这是中国式的传统塔。塔的塔基是什么呢？股权。

买企业就是买股权，这是核心。将股票视为生意，投资者买的是一个生意，买的是茅台企业一部分的股权，而不是用600元钱买了茅台股票，赚到650元就走了，跌到530元就止损了。这种属于买筹码，赚点筹码的利润。只有拥有股权的思维，投资者才会越跌越买，在企业基本面没有变化的情况下，会在更低的价格买入。关键是价格的曲线，当它低于内在价值的时候，继续买入为最好的选择。

比如，2019年年初的茅台价格，515元、512元乃至530元、540元都是低估。有人考虑在左侧还是右侧买，其实本质上，价值投资不分左侧还是右侧，这还是一种博弈的思维。当你感觉市场走好了，它没有问题的时候，价格已经到了700元，虽然也可以买，但是从生意角度来说，你买贵了。当然，即使买贵了，也是可以的。价值投资的一些基金做大波段，它回避了系统风险，同时也回避了最合理的价格。2018年但斌先生的茅台卖出交易，应该就是基金的特点所导致，即使最看好的企业，也会有卖出的避险动作。个人投资者乐趣先生在跌多时继续买，因为他的钱是他自己的，而但斌的钱是别人的，决定权在别人。下图所示为茅台近几年的估值参考，读者可以换个角度来看。这属于短期的估值思路，如何看得更长远呢？

贵州茅台		2019（预计）	2019（实际）	2020（公司展望）	2020（乐观）	2021
EPS		35.00	32.2	35.4	39.41	46.57
增速		25.0%	15%	10%	22.0%	18.0%
低估	20	700	676	743	788	931
合理	25	875	805	885	985	1164
高估	30	1050	966	1060	1182	1397
极限	35	1225	1127	1239	1379	1629

贵州茅台基酒产量与实际销量

	出厂价	零售价	指导价	基酒产量	理论成品酒产量	实际销量
2000	185	220		5379		
2001	219	260		7317		4057
2002	218	280		8640		3984
2003	268	320		9257		5100
2004	268	350		11522		5651
2005	268	350		12540	6219	7368
2006	308	400		13839	7344	8127
2007	358	500		16855	7868	9480
2008	438	650		20431	9794	8970
2009	499	800		23004	10659	10195
2010	563	1000		28284	11763	10930
2011	619	2000		30026	14327	13700
2012	819	2300		33600	17366	15188
2013	819	1519		38425	19553	17415
2014	819	900		38745	22341	19165
2015	819	1199		32179	25522	20065
2016	819	1299		39258	28560	22918
2017	819	1500	1299	42771	32661	30206
2018	969	1800	1499	49672	32933	32464
2019	969	2200	1499	49922	27352	34562
2020					33369	39312
2021	5年前基酒产量决定5年后的理论成				36355	
2022	品酒产量				42245	
2023					42433	
复合增长	9.1%	12.9%				

如何正确看待市场的波动

下面针对如何对待市场的股价波动问题，进行讲解。

关于市场的波动，巴菲特是这样讲的：市场有一位叫"市场先生"的人，此人情绪不定，但又很执着。这位先生，我们可以把他也想象成为两个交易员，一个叫"买买买"先生，另一个叫"卖卖卖"先生，都是市场先生。

"买买买"先生只买股票，"卖卖卖"先生只卖股票。每天早上，两个交易员都会去找你，他们互相之间不做生意，但都想和你做生意。"买买买"先生会问你："你愿意用今天的价格把股票卖给我吗？"而"卖卖卖"先生会问："你愿意用今天的价格买我的股票吗？"他们都在和你做生意。很显然，你不可能同时和这两位先生做生意，除非你的逻辑混乱。你最多只愿意和其中一个人做生意。也就是说，每天股价都在波动，就好比有一个市场先生在跟你谈。

　　每天，甚至每时每刻都给你出价，买不买，卖不卖。如果你的脑海中是在做交易，不是做股权投资，那么每天都会不断徘徊。当然股权投资也会面临这样的问题，只是频率要低得多。如果你做投机，那么遇到这两位先生的频率会更高。每天当中的4小时交易，你都在考虑买卖，就像有两位先生一直在谈价格，崩溃的肯定是你。

　　应该遵循的原则是，最多和其中一位先生做生意，而且是非常痛苦而不是喜形于色的那一位。这是区分恐慌和贪婪的标志。下面举一个实战案例，见牧原股份2019年下半年的走势图。我们给这家企业估算的合理价格为70元，63元算是一个低估值。结果低估的那天，"卖卖卖"先生把该企业卖跌停了。你应该和这位卖出的先生谈生意，在跌停的时候买。反之，一个月后涨幅50%，股价为100元的时候很多人买，"买买买"先生非常开心，喜形于色。这时你卖给他最好。其实企业基本面没有变化，但是看客的情绪变化却很剧烈，加以利用很重要。

　　那么换个角度来看，如果股价又卖到70元，你是该高兴还是该恐惧呢？如果是价值投资者，那么看好企业未来行业集中的逻辑，是高兴的。如果是短线客，那么技术面破位，赶紧割肉走人是大多数人的想法。

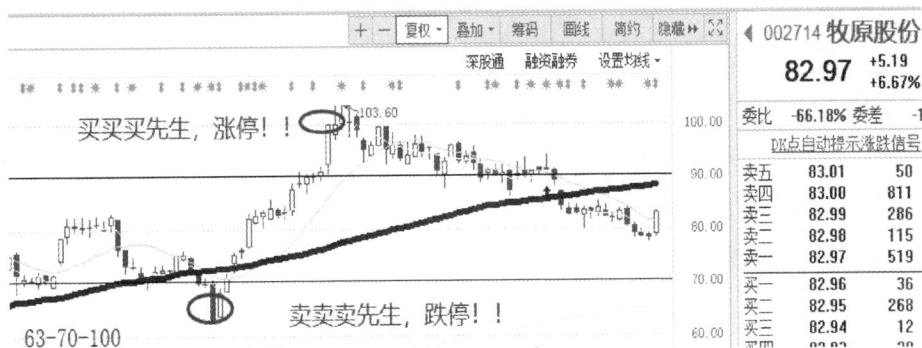

　　牧原果真再给了一次这样的价格。读者在看到本书的时候，不妨看看牧原股份养猪的走势。此时价格为106元，未来呢？我们认为其价格会到130元左右。

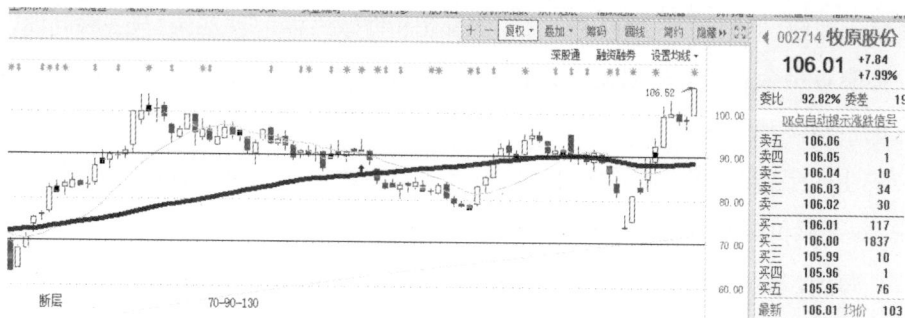

为什么这么看好养猪板块呢？有人说它不是价值投资，而我认为，只要我们分析的角度是企业，是股权，就都算是价值投资。养猪行业的逻辑，我们是这样看待的，如下图所示为2020年2月10日的计算值。机构短期看118元，最高的看142元，最终这些价格都可能会跨过去。那么我们这时是和"买买买"先生做生意，还是和"卖卖卖"先生做生意呢？我想说，整体趋势没变，我们以买入为主，那就是与"买买买"先生做生意，不卖。对于"卖卖卖"先生，就不要理他。即使跌停时他嘲笑你，也别理他。

猪猪板块 1. 行业集中度提升，是最大的逻辑。环保+猪瘟导致行业供需失衡，猪的生产有周期 2. 商业模式有差别，自繁自养的工业化养殖成为长期的大趋势，谁的成本低未来利润高 3. 上述内容仅供分析，不作为买卖依据，详情看公众号启明 (qiming9977)									
核心亮点 (公众号qiming9977)	年报利润	增速	利润断层	财易帮 2020估值	市值	机构持仓 外资+内资	机构 目标价	目标 比例	最高
牧原 自繁自养，成本最低，2020=2000万头	60亿~64亿	1053 1130	2019.10.8	75~83~116	2187	2.93+9.36	118	19	131~142
新希望 后期新秀，综合平台，2020=800万头	48亿~50亿	181~194	无	20~30	860	2.39+1.53	30	47	32~35
温氏股份 公司+农户，猪+鸡龙头，短期保守	138亿~143亿	250~260	无		1713	3.59+7.31	51	60	56
正邦 很激进，掉队了	16亿~18亿	727~830	无		358	1.57+3.29	29	101	34
天邦 数据总被质疑，掉队了	1.1亿~1.6亿	119~127	无	财易帮	114	2.69+2.8	无		
天康生物 新疆小猪，弹性大，利润高	6亿~7亿	91~103	2019.10.28		114	2.13	无	74	22
益生股份 养鸡龙头，繁殖周期快з猪	22.5亿~23亿	152~996	无		152	1.78+2.3	无		

几年前我认识一对夫妻。我们在聊到关于投资的问题时，他们说特别喜欢去买烂尾楼，尤其是经济危机开发商遇到问题的时候，帮他把烂尾楼买了。他们就是在企业遇到问题时以极低的价格去买，别人还要感谢他出手相救。融创当时买了万达的楼盘，结果大赚。反过来，一个亲戚过年回老家县城，说想买房子，发现开发商将价格卖得比平常都高。我说现在不是买房子的最好时机，因为开发商知道很多人都在这时回家，就选择此刻卖房子。你应该和哪一个人做生意呢？当然不要和那个特别高兴的开发商做生意。

通过上述两个故事，我们可以得出结论。当你要买的时候，碰上一个开发商面临倒闭，在这种情况下他非常痛苦，你买的价格就会很低。反过来，当你非常高兴准备回家过年的时候，"卖卖卖"先生喜形于色，他（开发商）会非常开心地拿你的钱买下酒菜。所以，你买哪一个呢？显然你在过年的时候去买入，价格一定买得不低，而在他崩盘的时候买入，那么你买的价格一定非常低，当然还有一个前提是房子未来要盖起来。那么还是要选择大开发商困难的时候，而不是小开发商。

这个道理衍生出两个实战案例。融创中国在乐视网遇到问题的时候出手，结果自己的百亿资金打了水漂。所以，对于企业价值还是要重视，不是倒闭就可以买。融创中国在万达集团出售资产的时候又大量接手，最后赚了。房地产的资产和互联网的资产完全不一样。因为房地产资产属性更好，而互联网这个东西更虚。

大多数时候，你既不愿意和"买买买"先生做生意，也不愿意和"卖卖卖"先生做生意，但他们都会给你报价。既然价格不能吸引你买入，也不能吸引你卖出，你就对两位先生说声抱歉，然后不理他。大多数时间，你不是每天都在想买卖的。

他们其实也不会失落，第二天还会带着报价来找你，这就是我们讲的市场先生。两个交易员"买买买"与"卖卖卖"先生，简单形象，便于你记住。希望你在做投资的时候不要时刻去跟他们做生意，他们每天都在引诱你、误导你，你的交易成本会很高。

巴菲特提到价格波动的最大意义是什么

价格波动有两个意义，当价格大幅下跌后给你提供买的机会，当价格大幅上涨后，给你提供出售的机会。

这句话非常非常重要，对此解释一下。当价格下跌后给你提供买入的机会，因为这时股票便宜了，这与左侧和右侧没关系，而是一个核心的思想。下跌之后给你买入机会，这将颠覆你在市场所有学到的趋势性投资，但其实它是一种物极必反的安全边际，是一套不同的思维系统。

当你学完价值投资时，会觉得与你传统的投资思路有冲突，这个适应期对有些人来说很短，对有些人来说很长。你需要想明白这个问题，否则涨你也不敢买，跌你也不敢买。本书价值投资入门课重点在于理解，像上学时一样，在这个阶段首先学的是会写字，知道这个思想，比如英文先学单词而后才能学句子，所以别着急，它是一个循序渐进的过程。

如果你没有把握比市场先生更清楚的衡量企业价值的方法，最好别玩这种游戏，也就是如果你算不准该企业的价值大概是多少，你就先不要玩这场游戏，这是我们提到的观点。

对超级明星股的集中持有。

简单来说，其实是巴菲特提到的一个观点，叫卡片打洞，他在一次讲课中提到，一生只打20个洞。

第一，少决策，做大决策。就是对超级明星股集中持有。绝大多数的价值投资者，交易企业的标的数量并不是特别多，国内一部分价值投资者就是坚定地投资茅台，不卖且一直买。"少决策，做大决策"，这是集中投资的核心，它和分散投资是完全不一样的。有人说分散投资可能会分散风险，但集中投资也未必就把风险集中了。因为你在分散的时候，下跌的话都跌，也是一样的。慎重的决策、长期的思考反而有利于获得更好的收益。

第二，机会到来时，对于心仪已久的股票不仅要重仓持有，而且要长期持有。这是巴菲特和芒格的核心思路，也就是我们提到的超级明星股集中持有。需要注意的是，国内真正值得长期持有的超级明星股数量不超过100家，非常少，因为大部分企业只能说是优质甚至普通，还有骗子企业需要你区别开。短期市场是投票器，长期是称重机，这是巴菲特的导师格雷厄姆的核心经典名言。我们在判断短期时需要判断别人是怎么投票的，而判断长期时则考虑一个企业到底有多重要。所以，卡片打洞20个，少决策，做大决策。这就是巴菲特7层塔中的一层，叫超级明星股集中持有。

"有所为有所不为。"什么叫有所为有所不为？巴菲特称其为能力圈。成功的投资者不仅在于做了什么，还在于没做什么。下面参考巴菲特合伙人芒格的一些观点。

哪里可能会遭遇失败，我就避免到哪里去——芒格。

段永平说搞清一家企业等同考一个本科，如果那才叫能力圈，那么市场上99.9%的人都不能说有符合标准的能力圈。对于能力圈，每个人的定义都不一样，也不准确。很多人包括我们很多时候都自以为是地认为有能力圈，其实不然。在你通过不断学习和提升后会发现，所谓能力圈就是懂得你所投资的行业、企业背后的商业盈利模式和发展逻辑，能够抓住该企业的主要矛盾点，同时掌握很多关于投资、市场、人性等的规律与智慧，能够看透事物本质并追求看透事物本质，不再像年轻人一样容易被浮华的外在吸引和迷恋，凡事图个明明白白。正如芒格所说，40岁以后才有真正的价值投资者。因为人生只有经过量的累积才能达到质变，所以才会明白很多人生智慧、规律和本质，也相应地形成了投资中模糊的能力圈。对于某些东西不建议投资。有舍有得，大舍大得，小舍小得，不舍不得。如果你基于投机的目的买入和卖出，那么长期下来的结果肯定不好。

第一，基于投机的目的买入和卖出（不含经过认真计算风险收益的套利交易）。雄安概念、VR概念等都属于这种以投机为目的的交易。

第二，基于任何短期预测，所谓的波段操作。很多时候我们说大盘大涨了，赶紧买。其实当大盘涨的时候，好企业的最低合理买点已经过去了。因为在大盘涨的时候恐慌已经过去了，而急跌的价格大致出现在恐慌时刻。更何况大盘长期在3 000点，我于2000年开始研究资本市场，到现在21年了，那时候大盘2 200点，现在在3 600点附近震荡。我们赚的不是指数的钱，而应该是企业成长的钱。

第三，买入自己不了解的公司。很多散户买入企业主要靠消息和技术分析，对买入的公司是干什么的都不知道。如何不败呢？股市投资看似门槛很低，其成功的门槛却很高。

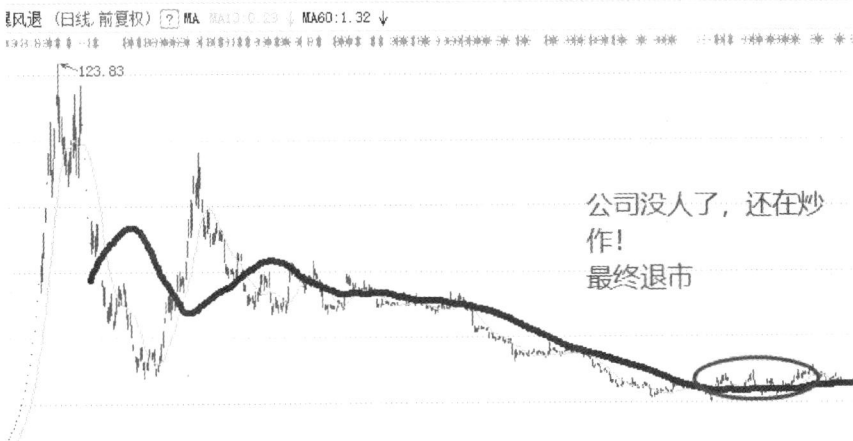

第四，频繁交易。这样很容易把自己的股票变成筹码，买来卖去。A股每天的涨停跌停很多就是这样的原因。

第五，对市场趋之若鹜，旅鼠般的跟随。别人炒什么你也炒什么，大概率是有问题的。回看当年的雄安概念、科创板概念，最后的跌幅都在50%以上。中国中车、中国石油，每一个曾经疯狂的企业背后都是投机者无数的损失。同样，2020年春节后A股开盘当天，3188家企业直接跌停，但那天外资买了199亿元，这就是反差。很多时候，大众都是慌不择路如旅鼠般跟随。

第六，以股票的升跌而不是公司经营的好坏评估企业投资。对此需要深入地讲解。以前，我也觉得股价的涨跌表明了公司背后有事，比如股价涨就觉得公司有好事，股价跌就是有坏事要发生。后来，当我接触很多人后，我的思想被彻底颠覆了。因为即使公司没有质变，它依然可以给你拉3个涨停。你觉得公司有事，实际什么事也没有，反而把你给套进去了，筹码游戏就是这样。所以，我觉得股价的升跌并不代表企业的发展，只能代表短期有些人在投票。人为拉升其实是一种投票，向上的投票或者向下的投票，而这样的游戏只能是短期骗人，长期还是要跟随企业的利润增长。

第七，摇摆不定的投资理念和操作策略。当你学完价值投资，你在很长的时间内都会陷入选择当中，是以趋势为主还是投资为主，或者二者结合。其实价值投资和趋势投资是有很大区别的，非要将其结合起来，难度挺大。

第八，拔掉鲜花而浇灌杂草。卖出了好企业，买入差企业，就属于拔掉鲜花而浇灌杂草。

第九，以投资的主要部位冒险。就是重仓进行冒险，重仓买创投股、概念股。

第十，在高速行驶的推土机前不要捡5分的硬币。美国的长期资本贝尔斯登和雷曼兄弟都是因出现这样的问题而倒闭了。在风险极大的情况下加大杠杆，这样不好。

有所不为，上述简单列举10条，你不一定要记住，但是你得知道能力圈，有些事情要做，有些事情不要做。

第一，永远不要亏损。第二，永远记住第一条。这就是巴菲特提到的有所不为。

找到适合自己的系统非常重要。简单来说，适合普通投资者的系统是这样的：不断利用市场的机会，用闲置的自有资金买入你看得懂的少数优秀企业，持有尽量多的股权份额，构建一个动态，调整出一个稳健均衡的优质组合。以现金、保险、房地产等资产作为辅助，耐心持有，并陪伴其更长的时间。用尽量多的闲钱并利用市场的波动，这时可以便宜地买入。你看得懂的，注意不是别人看得懂的，少数的优秀企业（不是一般企业）尽量多地买入股权。

上述把巴菲特的"7层塔"内容都涵盖进去了，并且做了一些完善，尤其是提到构建投资组合，并辅助其他的资产，比如房产、保险等。

下一章会进一步论述这个系统，在此读者先有这样一个概念。

【智慧投资者的投资理念】
理念一：坚持买企业就是买股权，做投资，不投机。用自有的闲置资金，买入少数自己看得懂的伟大企业尽量多的股权份额，并动态跟踪和调整，打造稳健增值的组合。
理念二：规划好家庭资产配置，用房产、保险、现金其他资产为辅，构成双重稳健资产组合。耐心持有伴随其尽量长的时间，享受溢价和分红，实现财务自由，养家、养老双无忧！！！

闲置自有资金　　自己看得懂　　优质股权组合　　耐心长期陪伴

贝索斯问巴菲特："你的投资体系那么简单，为什么你是全世界第二富有的人，别人不做和你一样的事情？"
巴菲特回答说："因为没人愿意慢慢变富"。

机构投资采用估值进行波段交易，读者可以参照下图。他们普遍在低估价格买，比如招商银行，在33元附近买，将来涨到41元附近卖，这就属于估值系统交易，后面对此也会再深入交流。讲到7层塔之后，我们引出了两个交易系统，都可以用。一个适合普通投资者（上图），另一个适合机构投资者（下图）。

价值20估值表

价值20估值表	12.22			2019年			2020年		
名称	现价	当前PE	低估-合理-高估PE	eps	增速	低估-合理-高估价	eps	增速	低估-合理-高估价
金融 招商银行	37.54	10	7-8-10	3.62	14%	25-29-36	4.11	14%	29-33-41
中国平安	85.53	11	8-9-12	7.86	34%	63-71-94	9.50	21%	76-85-114
白酒 贵州茅台	1146.30	33	19-21-30	35.00	25%	665-735-1050	41.26	18%	784-866-1238
五粮液	129.10	29	14-17-30	4.50	30%	63-77-135	5.48	22%	77-93-164
食品 海天味业	105.89	55	35-40-50	1.94	20%	68-78-97	2.30	19%	81-92-115
家电 格力电器	64.51	13	8-9-12	4.90	12%	39-44-58	5.52	13%	44-50-66
医药 恒瑞医药	84.90	71	40-46-65	1.19	30%	48-55-77	1.53	29%	61-70-99
爱尔眼科	39.00	89	45-55-70	0.44	33%	20-24-31	0.58	32%	34-42-51
片仔癀	103.14	42	33-39-55	2.45	25%	81-96-135	3.06	25%	101-119-168
迈瑞医疗	176.05	47	33-40-45	3.75	25%	125-150-191	4.60	21%	152-184-207
药明康德	92.50	66	43-60-70	1.40	1%	59-83-97	1.74	24%	75-104-122
旅游 中国国旅	87.69	36	25-29-38	2.41	52%	60-70-91	2.90	20%	73-84-110
机场 上海机场	79.11	29	20-22-28	2.75	25%	55-61-76	3.07	12%	62-68-86

重温一下知识点:

第一,七层塔很重要。

第二,如何利用市场先生"买买买"和"卖卖卖"?大涨之后你是该买还是该卖,大跌之后你是该卖还是该买。

第三,有舍有得,小舍小得,大舍大得。3个字:能力圈。

第四,适合自己的系统最为重要。这里提供了两种参照系统:一种结合估值做波段,另一种以选伟大的企业长持为主。具体哪种适合自己,与你的认知、资金性质都有关系,不要盲目照搬照抄。

本章作业

(1)哪个系统适合你。是个人投资者系统还是机构投资者系统?机构投资其实增加了波段,效果怎么样?有得有失。

在初级阶段你可以采用波段试试,长期持有可能会承担半年或一年的调整。因为个人投资的资金是自己的,有这个优势,可以考虑组合选择优秀企业。我们作为机构投资者难度比你大得多。

(2)集中投资,分散投资,对此你是怎么理解的?今天主要讲集中投资的好处,对于分散投资你也想想。

第六章

复利这个工具

在前面几章中，先后讲解了"买股票就是买股权""逆向投资的重要性""巴菲特的7层塔"等内容，价值投资就是买好企业，但这些好股票的上涨速度相对来说会显得非常慢，对比每天的涨停板来说，1年、3年下来一点儿也不慢。我们都知道龟兔赛跑的故事，兔子就好似投机者追求股价快速上涨的企业、三连板，而优秀企业乌龟般的上涨速度总是缓慢的，让人感觉很不过瘾。但结果呢？伟大企业十年的涨幅远远超过短期大幅上涨的企业。在投资的过程中，价值投资是一个知不易、行更难的过程，因为它是反人性的。慢慢变富的心态最终会让你的财富大幅升值，不断追求大幅获利，反而到不了你想去的彼岸。

复利的效应

10万元的复利10%就是1.1万元，1.1万元再乘以10%，它就不是1.2万元了，这隐含着"复利"。简单来说，7.2年，10万元钱就可以翻一番了（七二法则）。有人说自己的房子赚了很多钱，核心是钱在贬值。如果房子每年涨10%，那么7.2年就会翻一番，2012年到2019年你感觉房价翻一番，其实每年涨10%就够了。20万元在7.2年之后就会又翻一番。你买了房子，已有15年，那么它翻两番也是正常的。只不过对于房子投资，首付30%，相当于我们加了杠杆。其他的投资品种杠杆不好控制，但是买房子需要首付30%、60%，这种杠杆相对来说，一般人是敢于去实施的，效果也是好的，堪称你向银行借款的最佳手段。所以，我们提到复利，首先要拉长一个周期，同时要不断地增长，后者非常重要。因此利用复利这个工具，可以使钱生钱、利滚利。

投资早、长期、持续

复利实现的三大条件：本金、时间和收益率。复利的投资要早，而且要长期，要持续。投资越早越好，投资是一个长期持续的过程。不是这两年投了，过两年就不投了，这会影响复利的发展。

再就是持续问题，巴菲特财富净值如下图所示。巴菲特的财富增长从50岁开始启动，到了60多岁加速，该图中红柱比例越来越高。有人说，价值投资是40岁起步,至少活到80岁,复利效果才能出来。开始积累的速度慢,但是后面积累速度是越来越快的。

很多价值投资者都比较喜欢锻炼,只有身体棒棒的、压力小小的,才能越老越有钱。很多时候,到老的时候,我们才会明白一些道理。对于投资,40岁、50岁起步都不算晚,你的目标是80岁,哪怕你现在70岁,那么10年的复利还能翻一番。但绝大多数老年人在退休之后,除正常的一点养老金外,没有其他收入。所以,投资是越老越值钱的行业,一定要加紧。

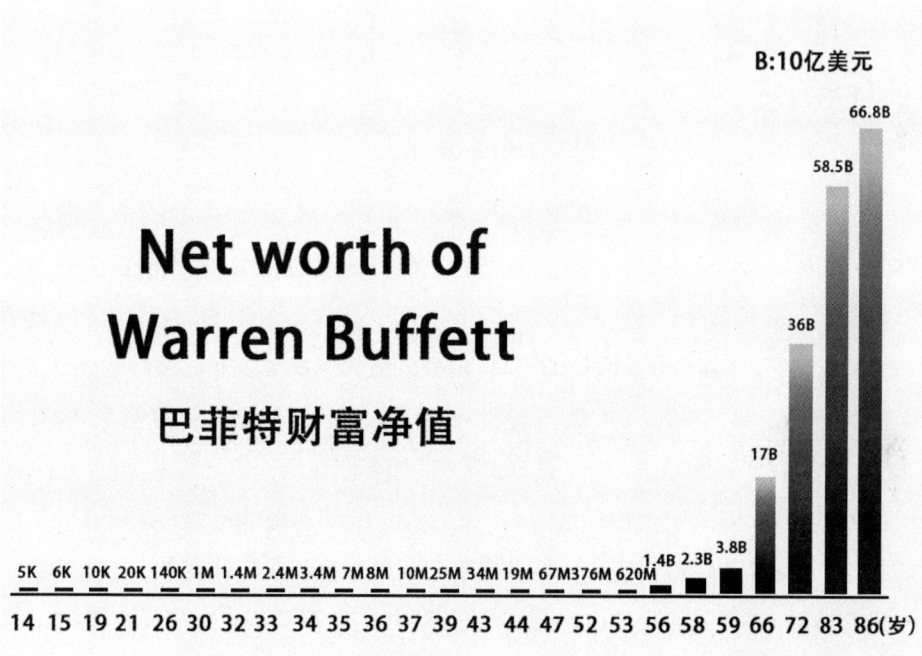

Net worth of Warren Buffett
巴菲特财富净值

B:10亿美元

频繁交易不可取

频繁地交易会产生很多损耗,与复利的效果一样,复利是每次赚一点,不断地积累。同理,每次亏一点,也是不断地积累损耗。

十年十倍,找这样的企业。

站在投资的角度,怎么复利?我们必须找这样的企业——每年都在增长的企业。按照年复合盈利26%,操作10年,即可完成十年十倍。假如我们找到一个企业,每年的利润也增长26%,那么会得出什么样的结论呢?

第一年，是1.26（本金为1，年复合盈利26%为标准，第一年为1.26）；

第二年，在1.26的基础上乘以1.26得1.59；

第三年，1.59再乘以1.26得2.00，翻一倍。

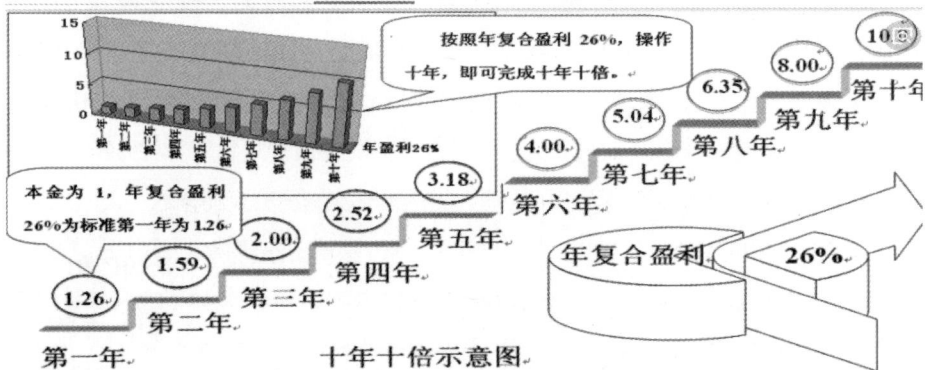

十年十倍示意图

文章开头提到10万元，每年增速10%，7年翻一番。如果你找的企业增速是25%、26%，它不断地增长，那么资产翻一番的速度会更快。A股市场上有没有年复合26%增长的企业呢？其实这个26%的增长比例是很高的，A股市场年复合10%增长的有，年复合15%增长的也有，但我们要去寻找年复利比较高的企业。如果你买一个企业，它在3年中每年增长26%，那么它在3年之内就翻番了。像中国国旅，从2016年开始，它每年的增长非常高，如果你在两三年之前去买它，那么到现在就翻番了。选择一个每年增长40%的企业，但那不可能持续，更别说十年都如此，没有这样的企业。而我们要寻找的企业是年复利比较稳定的，这就是我们投资的类型。外资买的股票也是这样的思路，他们就是买年复合增长率和ROE比较高的企业。巴菲特曾说过，"人生就像滚雪球，重要的是发现很湿的雪和很长的坡。"很湿的雪，就是稳定的收益；很长的坡，就是能够持续。

投资这件事，宜慢不宜快。每年增长26%，虽然没有两个涨停板刺激，但持续下来，你不仅感到投资很轻松，收益还很稳定。这也是外资进入A股市场首买茅台的原因。茅台公司（年报）增长目标是15%左右，每年目标15%就已经是伟大的企业了。茅台偶尔会加速到60%，即使放慢增速，还有20%~30%。外资买入企业非常重要的标准就是ROE稳定，他们特别强调复利的效率。恒瑞医药、爱尔眼科在过去几年中都达到了这样的目标。看看恒瑞的三年期业绩增长，年化26%以上，这不是3年要翻一倍的节奏吗？

有人问芒格："你提到，在你的一生中保持理性是多么重要，那么我们可以采取哪些步骤来变得更加理性？"

芒格这样回答："这是一个漫长的过程。任何人都不能指望别人告诉你，大喊一声'理性'，然后你就得到一个好结果。理性是一种慢慢得到的东西，存在变数，但有比没有好。"

恒瑞医药				
		2019	2020	2021
EPS		1.19	1.53	1.89
增速		29.8%	28.6%	23.5%
低估	40	47.6	61.2	75.6
合理	46	54.7	70.4	87.0
高估	65	77.4	99.5	123.0

频繁地交易和长期持有

前面提到不建议频繁地交易，频繁交易会导致低摩擦下的损耗，少频繁交易就少损耗。下面看一下赌场的故事。赌场遵循一定的概率，比如押大押小，押大（总点数为11~17）的赔率是1赔1，押小（总点数为4~10）也是1赔1，还有围骰赔率是1赔150，再有全3颗骰子都一样，是1赔24，那么，买大买小的胜率不是50%，而是48.61%，开围骰的概率为2.78%。赌场的胜率高出一点点，但大量重复后就建立了确定性。

下注	说明	赔率
大	大：总点数11至17（遇围骰庄家通吃）	1赔1
小	小：总点数为4至10（遇围骰庄家通吃）	1赔1
围骰	投注指定的围骰（如1围骰），一定开出3颗所注的骰子	1赔150
全围	3颗骰子都一样	1赔24

买大买小的胜率不是50%，而是48.61%，开围骰的概率为2.78%。

赌场的胜率高出很小的一点点，但大量重复后就建立起了确定性。

赌场是在投资，赌徒是在投机。不怕你赢，就怕你们不赌。

赌场是在投资，赌徒是在投机。简单来说，你并不是逢赌就输，站在单次的角度不一定输，但长期来说你一定是输的。绝大多数的赌徒倾家荡产，因为一是控制不住情绪，二是大数概率决定了必输。

下面的数字告诉你，只要你每天坚持比别人多一点点，那么你的人生将大不同！每天增长一点点是1.01，每次扣掉手续费，哪怕你赚一点，积累365天，你就能赚37.8。如果你每天亏一点点，一年365次交易就亏没了。这告诉我们，积跬步以至千里，积怠惰以至深渊。频繁地交易不好，你做100次，对了49次错了51次，看似还行，基本对半，但是长久下来，你就必输无疑了。频繁地交易和长期持有是不一样的，长期持有本质上是买企业、买股权，不是频繁止损。

我投资的初期也有一套交易系统，买入后不行就做止损，即使抓住3次大涨，但止损五六次，结果也是挺惨的。假设投资胜率是一半，你买一只股票，先亏一次50%，100万元亏成50万元，然后你再赚50%，结果还有75万元，你还是没回本。即使第一次先赚50%，资金从100万元到150万元，第二次亏50%，那么150万元再亏掉50%，资金还是在100万元以下。所以这不仅仅是概率问题。频繁地交易不利于投资，而且税费相对比较高，和长期持有是不一样的。建议读者在做投资的时候，必须搞明白频繁交易和长期持有的关系。

个人投资的体系——理财

适合个人投资者的投资体系

不断利用市场的机会，用闲置的自有资金买入自己看得懂的少数优秀企业尽量多的股权份额，逐步构建并动态调整出一个稳健均衡的优质股权组合，以一定的现金、保险、房地产等其他资产为辅的资产配置，耐心持有并伴随其尽量长的时间。部分内容参考了静逸资本的一些思路，加以完善。

第一，建议投资者买优质企业的股权作为家庭的必要配置。你留给孩子的，可以是房子，可以是现金，也可以是股权。试想，如果你留给孩子的是未来茅台的股权，假以时日，孩子在四五十岁的时候，茅台的股权依然会越来越值钱。优质的股权是你留给家庭的最大财富，我们现阶段还停留在炒股票，买买卖卖上，没有股权概念。实际上家庭财富的延续，需要考虑优质企业的股权。当然让孩子有正确的理念也很重要，2018年股东大会，我带着孩子去茅台参观，也是希望给他留下一个对企业的印象，从小培养正确理念。建议读者给孩子设置一个专门的账户，做长期价值投资，和孩子经常交流，使其增加财商。

第二，闲置，最好终身不动用，避免亏损卖出。随着企业发展，国内基金普遍遇到的问题就是钱不是他的，对资金没有"完全自主权"（客户常有认购权和赎回权）。所以，每当市场大幅回撤调整的时候，客户就赎回，基金是扛不住的。而你的钱在下跌的时候也不用，长期就会回来。假如茅台从800元跌到500元，恰好你要用钱，500元就卖了，那么这笔交易是亏的。但你未来的3年不会用这笔钱，甚至5年都不用，终身就留下来了。这和买保险是一样的，闲置的钱哪怕不多，但留下来也是好的。

这里讲一个小故事，在网上看到一篇文章，文章中提到一个人，他总是建议孩子买房子，这20年买下来，家里资产丰厚。后来就有人问他，为什么他总是建议孩子买房子，而且贷款买房子。他说，他们家在清朝就爱买宅子，现在是延续这个习惯。简单来说，买房子就是买资产，留给下一代。这是一种理念，理念是可以传承的。

好比买股权一样，中国再经过50～100年，人们会有买股权留给下一代的意识，但不能以48元的价格买中石油，那太贵了，这估计是国内股民留给孩子最多的一只股票。高价买了中石油，然后留给孩子，这不对。中石油不具备消费股的特征，没有持续的业绩增长和不断的分红。

第三，自有，没有杠杆。因为波动会让你失去本金，所以投资最好是用自有资金，没有杠杆，这样波动也不害怕。如果你不是自有，是有杠杆的资金，那么你在意的是波动而不是企业。每时每刻都要盯着股价。

第四，买自己看得懂，不是别人看得懂的企业，固守能力圈。有朋友买了国旅，问怎么看它的护城河。如果你还这样问，那么说明你买的是别人看得懂的，不是你看得懂的，当它跌的时候，你就会承受不了。所以你要买你自己看得懂的企业。你看不懂茅台，那么你看得懂伊利吗？消费股是最容易看懂的，榨菜、海天味业你看得懂吗？你想搞人工智能，那么人工智能是什么？看得懂吗？如果看不懂，就算了吧。

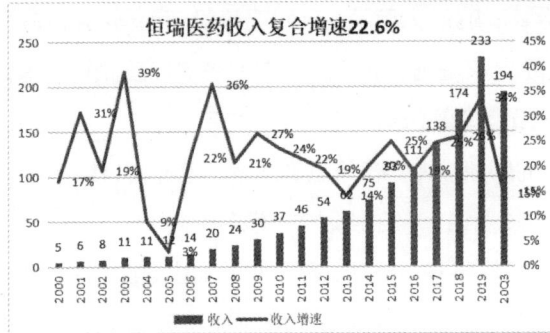

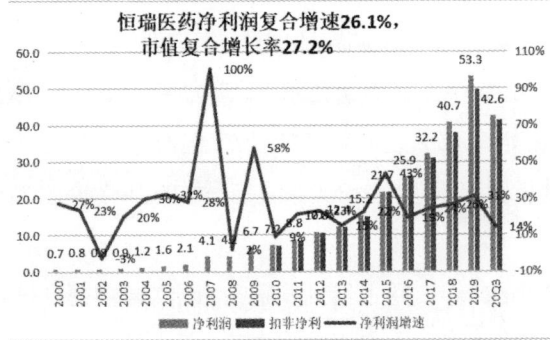

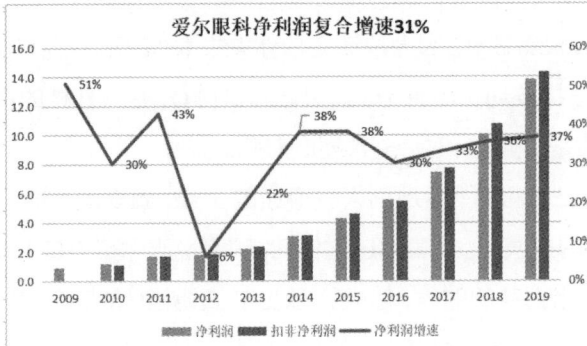

第五，我们要选择的是少数优质企业。外资来买茅台，外资进入中国尤爱买消费股，这是为什么？因为这些股票在国外买不到，是少数的。很多科技股是在美股上市的，人家不需要来A股买用友软件、中国软件、科大讯飞等企业。人家在其他市场可以买到中国的优秀互联网企业，腾讯、阿里巴巴、京东、拼多多、百度等都在其他市场上市。所以少数是必然，人生大机会其实不多。

第六，尽量买优秀的乃至伟大的公司，企业的持续业绩增长才是股价上涨的动力，而不是概念，概念很快就会消散。

第七，尽量多，只有在极度恐慌、价格低的时候，你同样的一笔钱才可以买得多。你拿100万元买茅台，750元是买，500元也是买，哪个价格时买得多呢？显而易见，在恐慌的时候买得多，这也是价值投资提到的选择性逆向，不是不逆向，而是选择性逆向。

第八，尽量长，股权思维，优秀企业的所有者。只有持有尽量长时间才能拉长周期。有人想按照机构的方法进行估值波段操作，初期可以，但长期并不好。为什么呢？因为你不一定能够准确地从A跳到B，从B跳到C。你高点卖出招商，低点买入茅台，再高点卖出茅台，低点买入平安，这只是"理想状态"。投资，尽量是一个组合，持有时间尽量长，跌多了，你去买，买得尽量多，然后拥有股权思维，耐心持有并伴随其尽量长的时间。

第九，其他资产。现金保证其他资产，保险避免小概率事件，房产聚人加升值。2018年年底就有一个客户因为出了车祸，而三者险买得少，被迫卖出茅台股权支付赔款。适当的保险是需要的，人生还是要预防小概率事件。如果你借钱，或者把家庭的全部资产都放在了股市中，续费还要炒一把再交，那么你的心态肯定是着急的，而不会等待慢慢变富。

人生的上半场：努力进取，实现事业不断进阶，积累本金。

人生的下半场：理性投资，实现财富不断进阶，享受人生。

所以回到复利的3个要素，本金、时间和收益率。我认为年轻人还是要找到自己适合的工作，不断地在人生上半场积累本金。一开始就准备拿1万元炒股变成巴菲特，难度太大了。

同时，真正的价值投资者门槛也是很高的，为什么这么说？有些价值投资者持有茅台4年不涨，万科4年不涨，虽然之后大涨很多倍，但是一般的人很难承受这样的长期不涨，需要投资者本身就有资金的积累。不怕慢，只是需要一个持续的积累过程。所以芒格说，40岁之前很难有真正的价值投资者。因为本金、阅历、经验的积累都还不够。人生上半场干好上半场的事情，下半场才是财富加速的过程。急，适得其反，反而容易走入浮亏的生涯。

这里为什么提到理财呢？做投资，很多人可能把很多或全部的钱放在股市，家里生活的钱都需要从股市上赚，这其实是极其错误的理财方式。这会导致投资者的心态变化，心态焦虑，其做的不是投资而是投机。

2015年股市大幅下跌之后，很多操盘手、庄家纷纷离场，回避债务。投机前面对9次都没问题，只怕之后一次亏得倾家荡产。到那时还有东山再起的资金和勇气吗？

正确的投资资金配置

10%的钱——我们生活要花的钱，不要投进股市；

30%的钱才是用来"钱生钱"的钱，这是你最重要的，即放在股市的钱，应该是全部个人资产的30%（假如你有500万元资产，那么有一部分可能是房产，大概40%是房产，然后30%即150万元在股市做投资，还要有50万元用于生活）；

40%是保本升值的钱，包括养老金、教育金、债权和信托；

20%是保命钱，可以用来买一些保险，专款专用。

这是比较合理的标准普尔家庭资产配置。保险避免小概率事件；人要有房子，房子不仅有居住的功能，也是比较稳定的资产；还要有现金，前面（朋友的情况）提到茅台跌到500元的时候，要用钱，没办法只能卖，但如果有了现金，就可以保证你股票资产的安全，也可以保证你房产的安全，也不用抵押房子或者卖掉房子，现金保证了其他资产安全。保险避免小概率事件、房产稳定家庭，所以现金、保险、房产和股票是一个组合，千万不要将资金全部押在一个上面，这样不安全。再仔细看一下上述适合个人投资的体系，其实涵盖了很多的东西。

标准普尔家庭资产象限图

10% 要花的钱

3~6个月的生活费

40% 保本升值的钱

养老金、子女教育金等
债权、信托、分红险
本金安全、收益安全、
持续增长。

30% 生钱的钱

股票、基金、商品房产
等投资≠理财，看得见
收益就看得见风险。

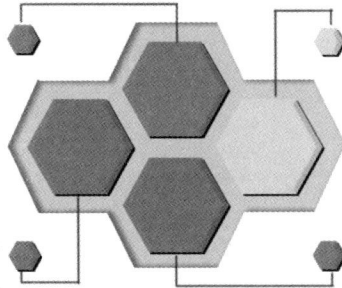

20% 保命的钱

专款专用，以小博大
解决家庭突发的重大
开支。

知识点：

（1）追求复利是投资的重点。

（2）频繁交易损害你的财富。

（3）适合个人投资的体系。

本章作业

（1）你计划未来5~10年的复利是多少呢？

（2）股票投资在家庭理财中的比重。

第七章

价值投资的种类与误区

价值投资还有不同的种类？以巴菲特的投资生涯来看，其实也经历了3个阶段。

格雷厄姆式：低估投资方法。早期师从格雷厄姆的经历，让巴菲特比较重视企业价值和安全边际，愿意用6毛钱买价值1元的公司。当时的背景是格雷厄姆生活在1929年美国大萧条时期，企业选择安全边际高的。好比一个投资者进入股市的时候就是熊市，比如2004、2008年，这些年份的好企业也都是打折的。巴菲特购买的伯克希尔哈撒韦（早期是一个纺织公司），就是这样背景下的交易。当然，企业可以按照净资产估值，这应该是格雷厄姆对于价值投资的最大贡献，奠定了研究企业的核心思路，后期的流派属于衍生出来的不同认知。

15%的费雪成长股思路。巴菲特描述自己的投资有85%是格雷厄姆的思路，有15%是费雪成长股思路（选择业绩增长速度比较高的行业和企业）。这种思路也是目前国内主流机构的思路，2019年买入复苏的苹果产业链、电动汽车产业链都是这样的思路，医药行业的创新药思路也是成长股思路。特点在于关注短期的业绩增长重于企业本身的质地。

芒格帮助巴菲特开启"伟大企业＋合理价格"模式。这是巴菲特最终大成的一个阶段，伟大企业的合理价格买入，长期持有，比如可口可乐、吉列、苹果等，尤其苹果是2019年巴菲特的第一重仓股。之前巴菲特不买科技股，现在认为苹果是消费股，也成为自己第一持仓。他并非很早就买了苹果公司的，买时只能说是合理价格，随着企业的不断成长来获利。这就解释了很多人探讨的问题："对于茅台、恒瑞、爱尔这些好企业别人都知道好，我买了，还能赚钱？"其实核心是企业在不断赢利。

价值投资需要坚守，但最怕的是坚守了不该坚守的。下面学习一下邱国鹭先生在《投资中最简单的事》中对价值陷阱的一些描述。

在2008年的金融危机当中，很多美国的价值投资者，把55元的花旗银行坚守到1元钱，受不了了。如何避开价值投资的陷阱，这一点非常重要。价值投资的核心是利润的可持续性。利润不可持续，公司就遇到问题，遇到问题的公司就失去了坚守的意义。在2008年的股市下跌中，著名的价值投资人但斌也遇到了茅台大幅下跌，客户无法理解的情况，后来他就强调回避系统风险的问题。茅台于2012—2013年大跌，当时中小创涨得疯狂，这就是轮回。

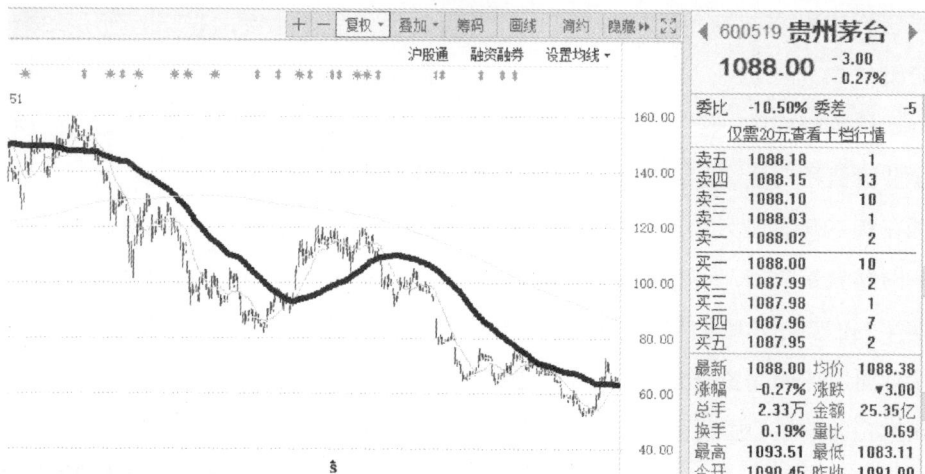

公司容易遇到利润不可持续的几类问题

第一类，被技术淘汰的公司

还记得柯达相机吗? 现在变成古董相机了, 它的股价从90元跌到了3元, 这就是标准的价值陷阱, 所以价值投资者对于技术变化比较快的行业是比较谨慎的, 也是巴菲特不太爱投资科技股的原因——搞不明白。曾经微软的老板向巴菲特推荐新出的电脑, 巴菲特说: "我不用你的电脑。请问, 不用你的电脑, 影响不影响我吃口香糖?"答案是不影响他吃口香糖。巴菲特喜欢投资口香糖公司, 不喜欢投资变化特别快的公司。A股这样的公司也不少, 最典型的是四川长虹, 很多人说这是价值投资失败的案例。其实它算不上失败, 只是时代变化了, 手机几乎已经取代了电视。白酒行业从古代至今, 不容易被取代。反之, 科技类企业被淘汰很多, 波导、小霸王、杀毒软件等很多随着时代发展被淘汰。下面这家企业, 人家微信, 它飞信, 现在有人用吗? 2019年亏损14.5亿元, 真是疯狂。

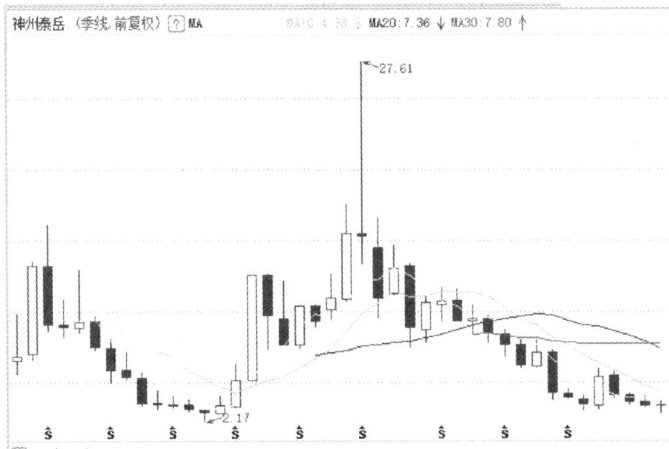

第二类，赢家通吃行业里的小公司

行业老大、老二抢老五、老六的饭碗。在全球化和互联网时代，很多行业的集中度越来越高。龙头企业在品牌渠道、客户黏性上都有明显的优势，那么其他的小企业就不值得投资。互联网企业尤其明显，曾经辉煌的人人网、校园网等几乎算是告别了历史舞台。新浪的新闻功能几乎也被微博的社交、微信的互动、头条的定制和抖音所取代。微博也只剩下了新浪，腾讯、搜狐都慢慢退出江湖。茅台的利润超过了整个行业，读者可以猜一猜，牧原股份利润何时超过整个行业。让时间去验证吧。

名称	营业总收入（亿）	营业总收入同比%	归属净利润（亿）	归属净利润同比%
2019年三季度白酒上市公司营收和净利润数据				
1 贵州茅台	635.0	15.5	305.0	23.1
2 五 粮 液	371.0	26.8	125.0	32.1
3 洋河股份	211.0	0.6	71.5	1.5
4 泸州老窖	115.0	23.9	38.0	38.0
5 古井贡酒	82.0	21.3	17.4	38.7
6 山西汾酒	91.3	25.7	17.0	33.4
7 口子窖	34.7	8.1	13.0	13.5
8 今世缘	41.2	30.1	12.9	25.7
9 顺鑫农业	111.0	20.2	6.7	23.9
10 水井坊	26.5	23.9	6.4	38.1
11 迎驾贡酒	26.5	8.7	6.0	20.6
12 舍得酒业	18.4	16.0	3.0	10.9
13 伊力特	15.1	0.8	3.0	4.4
14 老白干酒	28.2	16.1	2.7	11.2
15 酒鬼酒	9.7	27.3	1.8	14.3
17 金徽酒	11.1	14.6	1.6	1.3
18 青青稞酒	8.3	-13.2	0.3	-68.3
19 金枫酒业	5.7	-1.8	0.2	-30.6
20 兰州黄河	3.6	-12.2	0.2	149.1
21 金种子酒	6.9	-13.1	-0.7	-4507.3
合计	**1852.2**		**631.0**	
茅台占比	**34.3%**		**48.3%**	

第三类, 分散的、重资产的夕阳行业

有些行业, 利润、规模不再增长, 资产又比较重。这类企业在建厂之初, 需要先买很多的地, 建好工厂之后才能产出东西, 由于前面资金投入太大, 这些重资产的行业复制起来就没有轻资产公司容易。对于煤炭股我们都十年没有关注过了, 如果与一位煤炭研究员交流, 那么应该和他聊什么呢?

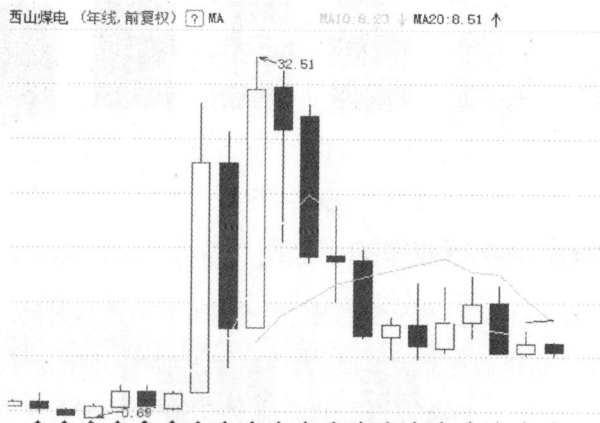

第四类, 景气顶点的周期股

最典型的就是券商行业。在每一轮市场高点, 不论是6 000点还是5 000点, 它的业绩都非常好, 开户炒股的人又非常多, 利润很高但其实很危险。因为它未来的利润不可持续, 到了熊市, 股民被套得都晕了, 就不交易了。龙头企业中的中信证券, 基本上是涨1年, 跌4年。

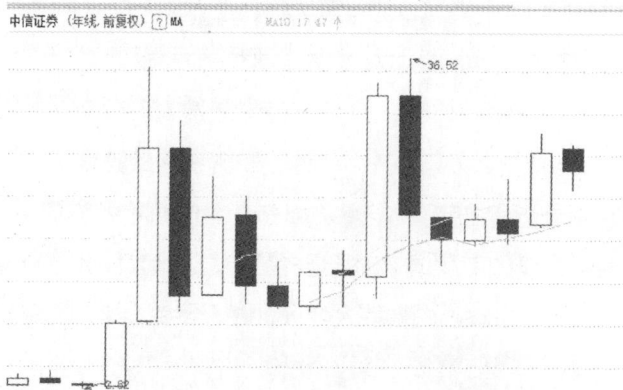

第五类，会计欺诈

这类"陷阱"通常不会被价值投资者所持有，因为价值投资者要深入研究企业，被会计欺诈的概率比较低。但是在2018年去杠杆背景下，也有一些大家理解的白马股出现问题，典型的是康美药业和康得新，价值投资者也大受影响。这两家企业并非完全不透风的墙。笔者之前就把康美药业列入怀疑系列。公司完全不透风的难度也是很大的。康得新的膜产品，质量堪比3M，但在生活中我们很少看到它的产品。投资者在做强势股、成长股、热点股的时候，更容易被欺诈。当前A股惩罚机制导致这类企业不少，一定要谨慎，多少财富灰飞烟灭。企业还有壳价值，而老百姓的钱就麻烦了。

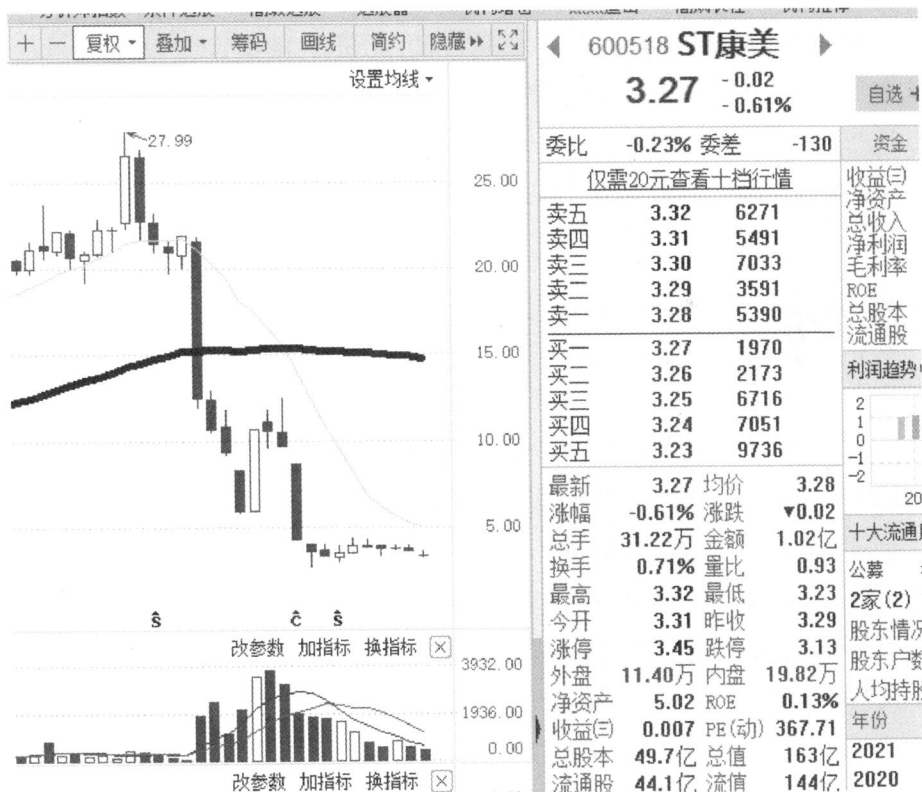

这几类价值陷阱都有一个共性，就是利润不可持续。目前的便宜只是表象，当基本面进一步恶化之后，它就不便宜了。国内价值投资者，投资茅台是一批人，投资银行是一批人，但是很少发现价值投资者投资钢铁、煤炭行业——就怕基本面的不确定性。如果避开了这些陷阱，那么投资可以轻松找到便宜的好公司,买入并持有,直到股价不再便宜或者公司的品质没有投资者想象的那么好的时候,卖出。笔者想说的是,在资本市场真正值得投资的优秀企业连100家都不到,而值得长期持有的企业连30家都不到。所以,好企业的数量真不多,不要总是抱着找到下一个茅台的思路。

利润不可持续,其实也说到一个问题——"金玉之堂,莫之能守"。门槛比较低的行业,陷阱就比较多。比如一个行业内的"金银财宝"非常多,致使你的公司高增长、高利润,但其他企业"看上"你了,分分钟把你的"赢利模式"学走,而且有些企业还有大量的客户赋能。

所以你必须要有"壁垒",如果没有壁垒,那么你做出来的新东西就会被别人"抄袭"。高增长必须对应高门槛——品牌、渠道、规模、资源、资质、核心技术等。茅台好模仿吗?拿100个亿去茅台镇再建一个茅台,能建成吗?娃哈哈试过,失败了。所以,不是很好建成的行业,其门槛就高,但卖鸭脖的,就很容易被模仿,包括"来伊份",都不难被模仿,只要有足够的资本,有高的利润吸引,其他竞争者很快就会进入这些行业,这铺子那铺子一建成,前者的利润就下滑了。

成长陷阱

买股票,很多人认为就是买未来,这是硬道理。但是很多时候,高成长股总是比低成长股的收益还要低,就是因为成长陷阱比价值陷阱更多。

对于创业板,甚至包括科创板,很多人惊叹:"哇,中国科技要天翻地覆!"但那不是一天两天的事。还记得诺基亚吗?成长多快,最后也遇到困难,所以成长陷阱挺多的。这是我们在买好企业、高成长企业时要注意的。2018年,老板电器业绩从高成长预期40%变成20%,预期崩塌了,股价大幅下滑。茅台业绩短期成长不及预期的时候,也会出现跌停。对于成长陷阱有如下几个问题要注意。

1. 估值过高

最常见的陷阱就是估值太高,估值高的背后是高预期。国旅当初被普遍认为增速是60%,中期认为是40%,结果连40%都没到,最后只达到20%,别管它调不调报表,这就属于成长不及预期——前面投资者想象业绩好,实际它没有那么

好。茅台当时跌停（20181029）也是这样——增长放缓就送你跌停板。预期越高
失望越大，人也是一样的。做投资，你预期每天都是涨停板，那么你每天都是失望
的。做价值投资，你想着踏踏实实赚每年15%的收益，也许最终给你的回报比这个
要高得多。2019年，茅台、恒瑞等慢牛涨幅都在100%左右，远超概念股。

2. 技术路径踏空

这与前面讲的技术被淘汰稍微不一样。举一个电动汽车行业的例子，锂电池
作为电动汽车的动力源，也分为盐酸锂电池和三元锂电池。冬天，采用盐酸锂电
池的车就不太给力，老是没电。技术路径一旦踏空，影响的将是企业发展方向。再
比如手机的触摸屏也出现过这种情况，有采用指纹识别的，有用影像识别的即直
接刷脸的，你准备大力发展指纹识别技术，可人家已经使用刷脸技术了，显然你
的技术路径踏空了。这是很多行业普遍存在的问题。

3. 无利润增长

无利润增长就是完全没有利润，只是烧钱。众所周知的某共享单车，没有利
润，疯狂增长，最后倒闭。这样的公司，发展初期是通过牺牲利润来实现赢家通
吃的，看似非常高明，但是如果后期转化不过来，那么就完了。乐视网也是一个
典型。很多环保企业大订单不断，最终结果并不太好，就在于最终没有把利润赚
回来。

4. 成长型破产

看到业务有利可图，就快速扩张，在人员、工资、存货、广告方面大量投入现
金，造成现金流为负。增长越快，窟窿越大，最终导致资金链断裂。例如，一些开
发商拿地太多，资金跟不上，自己把自己搞崩。就像股票做庄的庄家，做一个不
够，非要做三四个，自己做崩了。还有一些开店过快的直营店，都是这种情况。回到
二级市场，很多上市公司在2015年大力融资并购，最后也出现了类似的问题。

5. 盲目多元化

一个公司发展到一定程度，它会有多元化的需求。本来是干传统行业的，忽
然搞影视，十有八九会出问题。还有一种是互补的多元化，这些公司则另当别论。
盲目多元化，例如一个公司有三四个主营业务，即使有两个也麻烦，更别说有三四
个了，对于这一类，我们一定要警惕。格力是一家伟大企业，但是朝着手机等行

业方向发展就被有些人认为是不务正业。对此需要辩证地看，企业在主业稳健发展的时候寻找新的增长动力，可以说是未雨绸缪，也可以说是不务正业，看你如何理解。笔者认为格力的行为是正常的，因为发展手机的初衷是想将其作为空调的智能设备入口，还有要搞的芯片，对于格力这种级别的企业都算是正常的。

6. 树大招风

有些行业门槛低，但一旦成功，很快就被竞争者"抄走"。当年很火的团购，后来也不过如此。共享单车成功后，出现各种相同模式的单车。

7. 新产品风险

成长股要成长，必须要有新产品、新管理层，但新产品如果投资失败就麻烦了。科技股企业费了九牛二虎之力开发的新产品不被市场认可，医药股企业的新产品开发周期太长，投入巨大资金，然而最后失败了，这些都无法预测，所以新产品也会有风险。

8. 寄生式增长

苹果产业链的公司，就是寄生式增长的典型的例子。它们靠给苹果公司供应配件增长，信维卖给苹果几块钱的天线，欧菲光给它做屏幕，等等。但是，一旦苹果公司不要你的产品，就麻烦了。对这类公司来讲，就是毁灭性的打击。2018年，它们的生意被立讯精密抢走很多，立讯精密变成了大牛股。苹果供应商产业链政策一般是储备两家供应商，只能说苹果公司更值得投资。

9. 强弩之末的公司

有些公司在行业发展到了尾声时进场，即行业的黄金期都过去了，企业再进来发展，就费劲了。

10. 会计造假

对于会计造假和上述提到的会计欺诈，都需要注意，一旦遇到这种公司，就直接淘汰掉。

前面提到的各类价值陷阱，共性都是利润不可持续，而成长股的陷阱是成长不可持续。前者是不能赚钱，后者是没你想象的赚那么多。成长是好事情，但人人都想得太好，想要的人太多，结果价格就高了。而人性总是把未来想象得太美、预期太高，再好的东西被过度拔高也容易让人失望，失望之后就变成了陷阱。成长本身不是陷阱,但人性的弱点——对未来的成长习惯性地过高预期和过高估值是不折不扣的陷阱,公司并不值那么多钱。

企业评估清单

通过企业评估清单,来针对各种陷阱做一些分析,这是非常有必要的。最后解决两个核心问题——"好不好"与"贵不贵"。

以中国国旅(2018年12月28日)为例,国旅好不好?好!国旅贵不贵?动态看!

贵和便宜与时间点有关。如果是买入优秀企业并长期持有,我们看3年,国旅在2021年可能会到143元的高价,那么当时的60元不贵。哪怕短期跌到50元,站在2019年初60元的位置看也还算正常。2020年初,受到疫情影响,国旅跌破66元了吗?也没有看到。所以,好企业的低点就是在恐慌时候出现的。那么,你在2020年初以93元买入的时候,已经做好了下跌的准备,是不是就不慌了?所以,看长、看远是很有必要的。我们也参考机构的6~12月估值,后来证明,机构看得太近了。

EPS	2018年	2019年	2020年一致预测	2020年推算	2021年
	1.59	2.41	2.65	3.01	3.76
增长速度	40%	52%	11%	25%	25%
中国国旅					
低估25	39.75	60.25	66.3	75	94
合理35	55.6	84.35	93	105	191
高估38	60.4	91.6	101	114	143

中国国旅2019—2021推算值

我们对比了高瓴资本持仓的一些优秀企业,国内机构的目标价和我们给的3年期估值判断,显然我们的更有帮助。对于短期的波动你要参考当时发生的事情,谁也无法预测,但好企业震荡向上却是常态。以药明康德和泰格医药这两家企业做对比。你能看远点、拿得住,可以看到更高的价格。

	券商机构目标价	空间	最高价
药明康德	115	5%	118
泰格医药	80.43	2.46%	80.85
爱尔眼科	44.84	9.07	60
恒瑞医药	98.54	8%	118.13
格力电器	66.9	6.65	81
美的电器	71.4	32.86	75.8
海螺水泥	58.67	11.08	68.54
宁德时代	140.6	#####	165
公牛集团			
良品铺子			

药明康德			
EPS	2019	2020年	2021推算
预计利润	23	28.5	36.1
	1.38	1.74	2.2
增长速度		26%	26%
低估43	59	75	95
合理60	83	104	132
高估70	97	121	154

泰格医药			
	2019年	2020年	2021年
预期净利润（亿）	8.5	11.5	15
EPS（元）	1.13	1.53	2
净利润增速	80%	35%	30%
低估 43倍	45	61	80
合理 60倍	56	76	100
高估 70倍	68	92	120

对于好生意如何分析。按照我们给的列表项，从国际视角、供需格局、行业所处的阶段来判断它是不是好生意。自己对比所买的企业，一条一条地看，先把书从薄读到厚。读到厚之后，解决上述4个问题，尤其是对于前两个问题你得搞明白，那么这个课你就没有白学。第一是买好行业，第二是解决企业的品质问题。我们从企业战略（国旅是免税龙头）、商业模式（高利润）、核心竞争优势、企业素质、上下游分析、行业潜在进入者门槛、主要竞争对手等来判断企业好不好。如果不好，觉得会计造假或者行业门槛特别低，具有寄生性，就淘汰。

对于好价格解决贵不贵的问题，通过财务分析（杜邦分析体系）和估值来判断。结合历史估值倍数，国旅低估25倍，合理值是29～35倍之间，40倍也出现过，但那是必卖的位置，也是上图给出的低估、合理、高估的推测值。

同行业可对比的企业不多，那么国旅未来的成长空间，一是靠国运，二是依托海南做强，以及大城市的免税店和国人免税政策的推出。随着2019年一季报业绩的恢复，股价就慢慢变得不高了，这就是好企业股价随着业绩成长会不断上涨的原因。好价格是需要动态来看的。下面摘自芝士选股的一个重要功能，高过历史估值就不要买了，跌到太低估值就可以买入。这算是一种线性外推，是假设企业没有问题的情况下。

78 .

中国国旅　…… ◉

< 返回 | 芝士选股　Q 搜索股票或代码

PE/PB Band 最近3年 ∨

PE	PB

● 股价 ● 49.20x ● 43.18x ● 37.17x
● 31.16x ● 25.15x

2017-02-15　　　　　2020-02-14

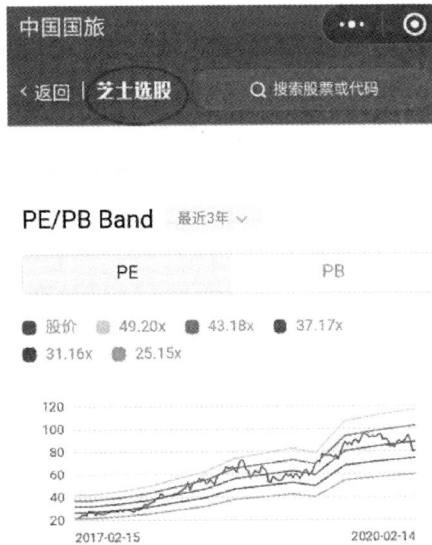

买卖时机的问题。什么时候买? 是在基本面跌不动了还是在盈利超预期时买,或是基本面出现拐点时再买。我们还要考虑空间(未来它的目标)、博弈因素、风险因素等,按照企业评估表,逐一对照,避免陷阱,能做多少做多少,这就是投资。不要听别人的消息就买了股票,认真分析才最重要。

中国国旅　2018.12.28

核心亮点 好行业	好生意	1.国际视角	1.好不好: 免税行业的垄断优势,好! 2.贵不贵:贵,高于合理估值。 3.会不会更好? 4.会不会便宜? 国人海外购物规模年均1万亿元以上。对应国内免税消费3‰的比例。消费回流是大趋势。对标韩国免税业务公司,占全球免税业务的6.6%
		2.供需格局	竞争优势明显　海南离岛,机场免税
		3.行业所处阶段	逐步垄断
好企业——品质	企业战略 商业模式	高利润模式/高周转模式/高杠杆模式	世界免税龙头 高利润
	核心竞争优势	核心竞争力	垄断,国内7家免税拍照。中免最强,整合日上之后更强
		SWOT分析	优势:越大成本越低 劣势:人民币升值影响成本 机会:中国消费回流的需求 威胁:经济下滑,消费增速
	企业素质	管理层过往计划及长远眼光	国内二线世界前三
	上下游分析	上游	奢侈品牌。销售越大竞争优势越明显
		下游	普通消费者,议价能力差。打击代购有利于企业发展
	行业对潜在进入者的门槛	行业壁垒	牌照优势,不是谁都可以干的 个人代购正在被控制 海免集团的51%股份将会注入上市公司,由竞争变成合作
	主要竞争对手		日上,海免都相继被公司收购。目前的主要竞争对手为全球化的对手
	产品差异化	品牌美誉度	日上的优势在机场,中免海南海棠湾的免税店也成为三亚游的必逛景点
		回头客	
		单价	高
		转换成本	
		服务网络	

好价格——时机	财务分析	产品销售半径	来海南岛旅游的人，飞机，船和火车。机场的进出口航班
		全景图	
		资产负债表	
		利润表	
		杜邦分析	
	估值	历史纵比	29~40倍PE波动，多次40倍见顶
		同行业比较	可对比的不多 国运，海南最强，大城市的市内免税店。
		未来成长空间	
		估值	今年EPS变化，从20%的增速到40%，一季报到60%，三季报到40%，最终24%

买卖时机	跌不动了	
	盈利超预期	稳定为主，经济下滑和业务增长同时，渡过危机，好企业总是会给我们惊喜
	高管增持	无
	基本面拐点	2017，日上注入， 2018，旅游业务剥离
	新订单	离岛免税额度提升，游船免税店开放，新的机场店等
	市场题材炒作	海南概念，消费概念
空间	现价	
	6-12月目标价	65元（35PE）
博弈因素	估值提升 业绩提升	业绩目前稳定，估值目前稳定，行情不好大幅提升概率低 还要小心利空
综述		好行业，好企业，目前的价格不是特别好。不便宜，不低估
风险因素		业绩低于预期 市场系统风险

更多的研究是为了更少的决策，如果仅仅看6个月的估值，就看丢了，对于投资还是要看长看远。

投资者最重要的是要认识到自己的能力边界，在自己擅长的领域做到极致；同时通过持续地学习，不断拓展擅长的领域。更多研究的目的是减少决策次数，并提高决策的准确率与含金量。

投资最后可以简单总结为4个字：择善固执。如果要延伸一下，就是以合理的价格买入伟大的公司并长期持有。如果再延伸一下，就是与时俱进，抓住最具确定性的时代趋势，用合理价格买入划时代的优质龙头核心资产组合，牢牢拿住。

知识点：

（1）价值的投资关键是利润的可持续性。

（2）成长股的陷阱是增长不可持续。

（3）企业评估单来把关。

本章作业

（1）学习了本章内容后你的收获是什么？

（2）企业评估清单——深度研究一家企业。

第八章

价值投资的知不易，行更难

前面讲解了买企业就是买股权的核心价值投资思想，下面要交流的内容是，价值投资，知不易，行更难。道理很好懂，可为什么能做到的人很少？一起探讨一下。

首先，送大家8个字：知道、悟到、做到、得到。

通过学习前面的课程，你已经知道价值投资的主要内容，系统化的交流是我们和其他书的区别。有了入门培训的基础，再去看巴菲特和芒格的原著，就更能体会其中的原汁原味。对很多人来说，虽然知道这些价值投资的核心理念，但很难做到。

我们希望通过这一系列的交流，首先让你得到真知，真正地知道，还能够悟到。你说："我知道，我也悟到了，我就是做不到！"逆向选择确实很难，逆向是一种品质，必须通过不断锻炼，哪有那么容易就做到的？但是我们希望开启读者的智慧投资之路，逐步地做到，最终才能得到。这8个字我用了19年，现在也只能到达第二步，并没有到达最后一步。我的交流以及我表达的观点，是希望更多地给读者分享这个正确的思路，同时不断地完善并互相督促、互相帮忙，一起走到彼岸。就好像我带领大家站在一艘价值远航的船上，虽然现在还没有发现新大陆，但我们知道一定会有新大陆，让我们一起去努力。

先来聊如下两个问题。

第一，知不易。

什么叫知不易？你觉得价值投资容易知道吗？字面意思很容易知道，但是认同买股权而不是买筹码这个道理，有些人1分钟就明白，有些人把巴菲特的书看一百遍也不一定明白。容易吗？笔者认为不容易。为什么讲不容易呢？因为价值投资就相当于龟兔赛跑，你要相信乌龟能跑赢兔子，慢慢变富。但是绝大多数人不相信，核心的问题是反人性，为什么反人性呢？因为没有人愿意慢慢地变富。这就是价值投资如此难的原因，虽然非常合乎道理，但是反人性。

人不愿意慢慢变富，喜欢追逐快速获利、喜欢追逐暴利、喜欢听消息等，这些都决定了知本身就不容易。因为只有你知道了，你才知道有所为，有所不为。股市每天都有无数的热点板块，区块链、直播概念、游戏概念等。但是对此知道很难，做到更难，所以价值投资就是一个难的过程。

没有认知，没有根基。当市场剧烈变动的时候，你的信仰就崩塌了。当茅台跌停的时候，你就不再相信价值投资了，因为在你认知的世界里，茅台不能跌，更不能跌停。还有一点也很重要，你的认知是别人的认知。别人将这些知识讲给你，你知道但不代表它是你的，你没看懂，跌的时候你不但质疑茅台，你还质疑别人。只有你自己真正看懂了这家企业如何优秀，下跌的时候你才不会埋怨别人，慢慢等待买入时机。

大部分人学习巴菲特，但是几乎没有人能够到达巴菲特的境界，这不是问题，因为我们投资的初始目的都是希望自己家庭实现财务自由，我们学习的是巴菲特的思想。知道人家的投资理念和思想后，才能慢慢悟到、做到，最终你才能得到。价值投资其实知不易，更主要的是人们在心理上没有真正地接受，也没有人愿意慢慢变富。如果你接受买企业是买股权的思维方式，那么一个企业每年增长15%，能持续增长7年，已经是非常棒的企业了。可是一般的投资者希望明天买到的就是涨停板，后天继续涨停。这就是散户为主的市场的特征。现在外资不断买入正在改变市场的生态结构，一些机构也在逐步转向价值投资为主的思路，这毕竟是投资的真正核心。

我们看到电视、媒体、互联网中到处讲天天涨停板，你觉得能做到吗？如果他能做到就不需要收取你任何费用，他已经富可敌国了。价值投资这条路才是真正的正道和大道，我们要去价值远航。巴菲特和芒格是价值投资中最成功的一类人。价值投资者其实也分为不同的类型：格雷厄姆、费雪以及芒格和巴菲特的方式。

芒格和巴菲特这一派是做到最极致的，或者说是集大成的，为什么呢？巴菲特的逻辑就是：以合理的价格买入优秀或伟大的公司，胜过以低的价格买入平庸的企业。这是我们看到的巴菲特的逻辑。巴菲特说他想明白这一点，就好比人类从猿进化过来一样。其实他放弃了老师格雷厄姆的"烟蒂投资法"，转而买入好的企业。高概率成为他投资的核心，高赔率和高效率被放到了其次的位置上。

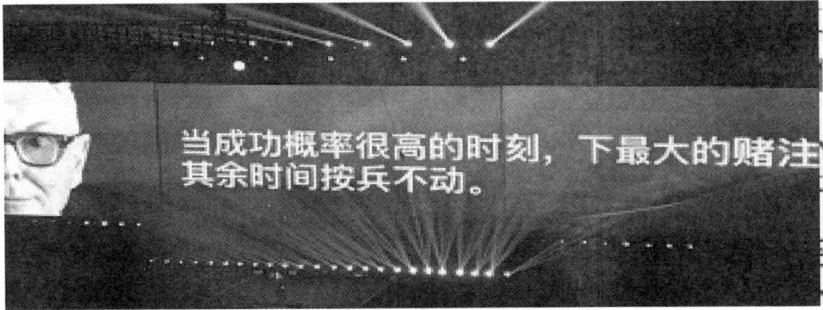

以前巴菲特买便宜的，哪怕是差企业，后来他转向买好企业便宜的时候，这是巴菲特的一个转折。巴菲特也研究了十年技术分析，最终还是选择与企业一起成长，值得我们学习。当然，巴菲特之前每个环节做得都很不错。

资金越大博弈层面越难，所以很多投资人在资金量小的时候收益率很高，但是资金量大了以后，很多投资思路都需要推倒重来，而价值投资对于企业的研究则是一个长期积累的过程，从博弈到和企业共赢，从买筹码到买股权。企业研究是价值投资的核心，但这里的核心就是知不易。也有价值投资认为，得真知行不难。这样是对的，关键还是知。

有些人在泛泛看了我的文章后，认为讲的只是大道理。其实，最后支撑投资者走向成功的正是这些"道"的核心内容，"术"都是其次的。做正确的事，重于正确做事。为什么投机长期不成功？因为那件事不正确，你很难做正确。10个人炒股为什么7个人长期是亏损的，2个人打平，1个人赚钱的？投机可能永远不会是长期赚钱的那一个，那一个留给了价值投资者。

第二，行更难。

知道、悟到、做到、得到，做到就很难。为什么"做到"这个环节特别难？

前面讲解了知道和悟到。有人会说："老师，我早就知道，十年前就知道巴菲特。"我说："我18年前进股市的时候，我也知道，但是为什么现在才皈依价值投资，做企业深度研究？"因为我觉得"知道"很难，"做到"更不易。价值投资首先是大道，做到难，难的是一些心理上的障碍或者放不下的东西太多。

放不下投机的思想

在长期的投机生涯中, 你会考虑大盘、考虑热点、考虑那些涨停的妖股和庄股, 这是你内心放不下的赚快钱想法。所以, 你就做不到价值投资, 拿稳那些好股票以及在它们跌的时候买进, 因为你不知道要等多长时间。你知道招商银行好, 但是买进需要等待的时间, 根本就不确定。因此, 认为"行更难"的第一点就是放不下投机的思想。若天天看盘, 则更放不下。有舍有得, 你要放下盘面, 放下价格, 把焦点聚于企业层面。有些机构也因为投机心, 只聚焦在企业的短期业绩波动和消息提前知道上面, 集中抱团炒作, 所以一些以机构投资为主的股票, 股价波动就会很大。反之, 外资进入A股购买的都是如上海机场、长江电力等业绩长期优秀的企业, 而有些机构根本就看不上它们如乌龟一样缓慢的业绩增长。A股股市为什么投机心重? 看一下股市参与者的画像。

A股人物画像: 99.78%是散户, 八成股民月入不足5 000元。

来自数据宝的调研数据显示:

(1)散户规模突破1.5亿人, 仍占投资者多数。

(2)月收入在5 000元以下的工薪阶层占据绝大多数, 占比达到76.91%; 月收入3万元以上的人群占比最小, 仅为2.49%。

(3)大学学历股民占比超过40%, 高中及以下学历者占比接近50%。

(4)A股股民仍以男性为主, 男性股民占比接近75%, 是女性股民的3倍左右。

(5)A股40岁以下股民占比超过八成, 60后老股民仍在坚守, 占比为5.48%, 年轻一代崛起, 97后股民已经进入股市, 占比超过15%。

(6)投资经验少的人群占比达到48.34%, 追求短期收益的人群占比为88.79%。

放不下波段操作的思想

为什么放不下波段操作的思想? 如果你买了一家酒厂的股票, 对于该酒厂你会每天买来买去吗？不可能。有人说茅台如果以800元的价格卖了再以500元的价格买，那多棒。如果真的如此，你就是高手了。但实际上800元你也舍不得卖，那时你想等它涨到1 000元，而茅台跌到500元，你也不敢买。所以，波段操作的思想，包括完全避免大的回撤，都是反人性的。你本来赚了100万元，后来回撤50万元，心理上的被剥夺感无法避免。

在2019年的行情中，格力回撤过40%、50%，腾讯也回撤40%、50%，茅台回撤了30%多，其实好的企业都会回撤。如果你是买股权的心态，假以时日，你会觉得这些震荡都无所谓。如果总想着波段操作，那么焦点是企业还是股价？大概率你会每天格外关注股价。因为企业变坏卖出，就不需要考虑明日的涨跌，你认为变坏了就坚决卖出。短期的波段操作想法会影响我们对于股权的认知，只会把焦点放在股价的波动上。包括机构投资者，他们在估值波段交易，一样会把企业做丢。为什么？因为好企业总是超出大家的一致预期。比如格力，你提前不会知道它要与高瓴资本合作，当人家一公布合作，股价就上涨20%，你的估值体系相应就要变化。但是一直当股东的人就不会这样忧虑，好企业总是超出你的预期。看看格力的年K线，想想每天的追涨杀跌，累不累？

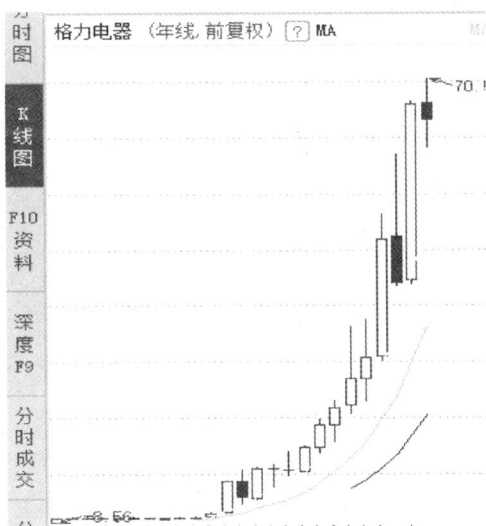

下面看几个好企业下跌时候的例子。

（1）2018年底，中国国旅一片负面之声，"三亚没人去了""销售惨淡""免税牌开放"等，市场还有"白马股雷"，其股价不仅长期横盘（3个月），还常常均线破位，向下趋势明显，怎么看都是前景暗淡，消费股不行了（与之相比，同期科技股大幅上涨）。但现在，业绩没见差，股价依然奔向新高，国内消费也依然继续火爆。

（2）想想格力，好像也是如此，不分红、收购银隆、做手机、搞芯片也是一片负面之声，股价下跌趋势似乎已成。然而，过一段时间，管理层依然强势，产品一如既往，业绩依然不错，引入高瓴资本，股价再创新高。

（3）转眼看茅台，虽不乏抱怨之声、批评之声，皆因"业绩"，可业绩难道不是"过往的"吗？投资者不应该着眼于"未来"吗？从2020年开始，茅台之后几年的"量增"是妥妥的、实打实的，涨价只是调味剂。多么优秀的企业，只是因当前股价下跌就引来谩骂、诋毁。2020年的基建如果影响茅台报表，那也只是暂时的。我相信，随着时间增长（2021年），随着业绩稳步增长（量增），茅台的股价会像前述"国旅""格力"一样，体现企业应有的价值。

放不下股价的波动

有一位朋友曾问过我一个问题，"价值投资和趋势投资有冲突吗？"实际上是有冲突的。为什么？因为趋势投资是涨起来追，跌下来割，这也是趋势投资的精髓——跟随趋势，找到向上和向下的变化点。

价值投资是什么呢？它首先锁定一个好企业，也许你会发现这个企业早就涨过好几倍了。比如，你现在发现茅台时，它已经从40元涨到了700元左右，但是茅台还要往后发展，那么此时你买是便宜的吗？这只能按照估值来动态计算，而不能按照过去的涨幅来计算，只有结合估值和企业的未来做判断才是客观的。2019年年末，当茅台最高达到1200元的时候，你会认为700元也不贵。

本质上价值投资是希望在大跌的时候以500元买入，因为便宜，动态市盈率只有17倍，但是趋势投资者在500元反而不敢买，因为技术走势破位了。其实公司还是那个公司，只是业绩的增长速度变化了。价值投资本质上是希望买得便宜、卖得更贵，甚至以低价格买入优秀企业股权留给下一代。就像你从2000年开始一直买入北上广深的房子一样，只为留给下一代，那么你还考虑房产的价格波动吗？

所以,我认为价值投资和趋势投资,本质上有冲突的地方。

那么对应的话,我们来看价值投资是不是不卖呢?

价值投资也有3个卖点

1. 企业发生了坏的变化

如果你买的这家企业出问题了,那么要不要卖?答案是要卖。

有人会问:"老师,这个也卖,那么它是不是波段操作?"我们讲把伟大企业当生意做,当这个生意有问题的时候,肯定是要卖的。当你的生意转好了,也就是我们所说的生意没有大问题,只是短期股价波动或者市场情绪引起的波动,那么我们就不卖。

举例来讲。你的生意是开商场,该生意在互联网冲击下利润下降得太厉害,你打算不干了,行不行?可以。你开了一家店,今天下雨了,你打算不干了,行不行?肯定不行。这就是我讲的,重点要看它发生了什么样的变化,一天两天下雨没人来,这是正常的。与门口修地铁导致没生意的影响是完全不一样的。所以,关键是有无发生影响利润的事情,这一变化是让公司倒闭、不赚钱了,还是增速大幅下降,彻底改变企业的利润,如果是这样,那么你就要小心了。这可以算波段思想,但是又不算波段思想。你买的企业如果没有问题或者只是存在短期问题,你就长期持有,把它当成股权。

2. 太贵了

你本来计划,如果这家企业每年增长15%,那么增长5年股价就翻一倍了。结果某一年货币放水,就像杠杆牛来了,把公司炒得特别贵,那么跑不跑?享受完泡沫,当然要跑。茅台历史上最高达到过75倍市盈率,最低8倍。招商银行历史上也达到过50~60倍的市盈率,在2006—2007年超级大牛市的时候,当然要跑,因为它需要很多年增长,才能把这个高市盈率给消化掉。所以笔者的看法是,太贵了也是要走的。太贵的标准,股价至少透支了未来2~3年的业绩增长。有时候透支一年也很容易涨上来。

3. 有更好的选择，价值投资也是可以换的

这一点挺难的。前两个卖出点是基于企业发生了变化或太贵了，在这种情况下你需要做卖出决定。"有了更好的选择"这个问题，在实战中也有。2018年，有一些价值投资者卖出了茅台，买入了养猪股。从结果上比较，这期间茅台从700元涨到1200元（涨幅不到一倍），而买的养猪概念股，由于抓到了行业大变革，获利2倍。其中的一些投资者说了一个观点，"买其他股票赚的钱都是为了买更多的茅台。"当然，也有价值投资者以500元的价格卖出茅台换入银行股，显然涨幅落后于茅台。茅台是所有企业的机会成本，很多价值投资者的成功，核心在于其投资组合中茅台占比较高。当然，这也可能是茅台最近几年涨幅之后的幸存者效应。有人说乐视网、暴风科技的长期投资者钱没了，无法表达声音了，但从实际上看，乐视网、暴风科技即使在顶峰时期也无法和茅台业绩的确定性、持续性对比，它们根本就不适合价值投资。

从知不易到行更难。我觉得价值投资必然会面对这两个核心问题。简单来说，就是8个字：知道、悟到、做到、得到。

如何才能走向价值投资的成功

走向价值投资的成功，需要如下几个重要的步骤：

第一，你要有责任感，你要想赢，就要有责任，担负这份责任。

你要制定一个目标，比如价值投资，很多人把目标定为年化15%，这是一个很不错的目标，只要持续下去是能做到的。2017年大部分投资是赚钱的，2018年投资者大部分是亏钱的，2019年这些伟大企业的涨幅在50%~100%。3年下来，真正的价值投资者虽然坐了过山车，但获得年化15%不难。而投机差企业可能一直跌了3年，跌幅50%的比比皆是。所以，投资看着慢的，实际上是快了。看着快的，实际上是慢了。

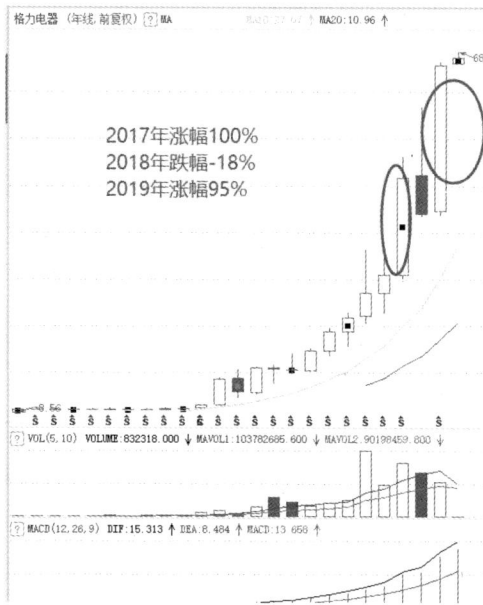

第二，保持好的心态。有了一个目标之后，你就不会想获取暴利，你的心态就变好了。投资需要的能力，是10%的投资知识，30%调查研究、实事求是的能力和60%保持情绪稳定、心平气和的能力。保持好你的能力圈，下面来看投资大师段永平的一些观点。

段永平：看懂一家公司不比读一个本科容易。这种心态就很好，做自己看得懂的，不需要问别人。

没看懂的公司比较容易鉴别，就是股价一掉你就想卖，涨一点你也想卖的那种。看懂的公司，大概就是怎么涨你都不想卖，大掉时你会全力再买进的那种。

我自己能看懂的公司也是非常少的，看不懂当然只能放弃了。看懂一家公司不比读一个本科更容易。不过，花很多时间去看那些看不懂的公司是不合算的。我在巴菲特那里学到的非常重要的一点就是先看商业模式，除非你喜欢这家公司的商业模式，不然就不要再往下看了，这样能省很多时间。

我从来不认为我投网易是逆向投资，我投苹果或茅台也不是为求稳。我投资的标准非常简单，就是在我自己能理解的范围内找长期回报较高的公司去持有。

我不推荐人买股票。我认为，如果你需要问人该不该买，就还没到你能买的时候。

第三，你要有一个行动方案。那么怎么去做？投资的成功需要一个反复的训练过程。价值投资，你买一下试试。2018年，我建议我的客户一人买一手茅台，那时一手茅台需要6万元钱。目的就是让他们试试，体验一下只关注企业，不关注股价波动、技术破位等因素。结果一轮下跌，只有不到10个朋友还有茅台，大部分被震飞了。为什么？经不住震荡。茅台是先从600多元跌到500多元，再涨到1200多元的。

茅台不是垃圾股，你要相信好企业会回来，因为企业不断地在给你赚钱。所以，有责任，有目标，还需要方案，需要训练，当然还需要团队工作。投资是一个很个人的事情，又是一个团队的事情，而这里所说的团队，是指你需要有一批志同道合的人，他们都在研究价值投资。当然，不是说必须研究茅台，也可以研究其他企业。但你需要这样的人，一种价值远航的人，看到了企业的高成长，看到了企业的护城河，淡化股价的波动，长期实现利润的持续。你身边也会存在另一种人。他会告诉你，从600元跌到500元，你不知道先卖吗？从600元涨到800元你不知道止盈吗？大盘大跌，白马要暴跌，白马股上涨不是牛市，等等。我有消息，你听不听？还有人告诉你，哎，这个地方茅台死叉了……那么你一定会被带到沟里面去。所以，价值投资需要一个团队。

大部分人学习了价值投资，告诉周边的朋友，大家都不信，为什么？因为很多人认为你有消息才能赚钱，但是历史的车轮在发生变化，20年前的高房价到现在变成低房价了。把握真正的时代趋势才是投资的核心，别想着走小道和捷径，走正道和大道并不慢。很多夫妻一起来炒股，我们提倡这样，因为他们理念一样，就可以多存钱换入好企业股权，延迟享受人生的财富。道理不难明白，局外人可能比长期炒股的局内人更加清楚明白，大家不想像赌徒毁了价投，希望真正的好资产能够帮助他们实现财务自由。

本书的价值投资入门章节到目前为止已经告一段落了，大的核心逻辑讲完了。对于战略层面我们花时间先把道理想明白，之后再解决估值、交易等战术问题。下面会有一个晋级章节，从实战角度，定性、定量分析研究我们买的企业。

我们团队跟踪20家左右的伟大企业。在前面的课程中也让大家自己选择伟大企业，大家选择了一些。而我们团队其实也给大家选择了一些好企业，我们叫它价值20，我们选择的是类似于招商银行、贵州茅台这样的好企业。

看一下列表，所有的企业都有好的一面和不好的一面。比如好的一面，招商银行是零售之王；不好的一面，随着经济下滑，它们受影响。

下图所示为我们的价值20股票池中优秀企业的变化表，看看哪些地方有了变化，对于好企业的分析有什么变化。看懂这些，这本书你买得超值100倍。

价值20周评　2019.1.27

	名称	价值(积极)	消极	逻辑(好)	博弈(坏)	业绩	估值	周评
金融	招商银行	零售之王+业绩增长	经济下滑	银行龙头	国家队控盘工具	稳eps3.21 预期下降	合理24-27 24X以下低估	利润增长+14%,银行的王者,不适合追涨。25利空的时候选择是正确的
	工商银行	国企大银行,破净资产	经济下滑	银行龙头	控盘工具	pes稳定	合理5.5-4.8	走稳加速,A股的稳定器
	中国平安	保险+科技	保单增幅情况	机构重仓股	盘太大	eps 6.18 预期下滑	合理51-57 51X以下低估	外资第二重仓股。资金继续买入
白酒	贵州茅台	价值核心龙头	增速下滑	外资首选	准备过大,业绩增速降	四季报回顾(新)	合理区间515-596 不低估(有待上调)	外资第一重仓股。最爱
家电	格力电器	家电龙头	多元化+地产下行周期	跌的多,40%,估值低	董明珠的非议大	业绩下滑	合理 33-38,目前没有低估	40是箱体中枢,不追高。长期继续看好
	美的股份	家电龙头	地产下行周期	回购40亿注销	资本运作多	稳定	估值32-35一线	刺激家电利好行,40亿回购,中期底部区
医药	恒瑞医药	创新药+肿瘤药龙头	降药价	外资重仓股15%	涨幅大	稳 eps1.06	合理区间 54-48	再回60,分歧中上升
	爱尔眼科	眼科+产业基金并购	并购出问题	外资还没重	涨幅太大	超预期	贵!26是合理价格 24X以下低估	回26合理价
旅游	中国国旅	免税航母+消费回流	政策风险	上市控制稳定股	准涨过大	1.61,继续低	贵 54合理区间	年报利润增速下降,回调合理54,安全边际。少追高很重要
	上海机场	非航收入增加	增速有限	外资持股30%	业绩略下滑	低于预期	合理 49元	随白云机场起来,稳定类
房地产	万科	现金流很好	地产调控	国企房产龙头	股权之争	稳定	20-22,目前超过合理值	短期地方放松迹象呈现,日线3天点
互联网	腾讯控股	互联网龙头	增速高持续	港股的权重	市值太大		279-313	稳稳的站在了60日线上,港股的支柱
5G	中兴通讯	5g核心企业	美国制裁	控盘稳,反转预期	超短期幅大	高估 14-17	冲击22,再融资让人不爱	调出频繁融资企业
	海康威视	安防龙头	准幅大	预期改善	盘子太大	稳增+合理价格 22-27元		

本栏目重在企业分析,交易参考咱们的模型。

财易帮-价值20周评　2020.1.5

行业	细分	企业	价值(积极)	消极	逻辑(好)	博弈(坏)	2019业绩	2020估值	roe	机构持股 外资+内资
金融	银行	招商银行	零售之王	经济下滑	银行龙头	国家队控盘工具	稳2019年3.62	29-33-41	15	4.90%--4.05%
	保险	中国平安	保险+科技	保单增幅情况	机构重仓股	业绩下滑	稳2019年7.50	73-82-110	23	7.52%--7.51%
白酒		贵州茅台	价值核心龙头	价格贵	外资首选	涨幅过大	超eps34.13 2020年eps45	855-945-1575 (35倍)	33	8.04%--4.81%
		五粮液	龙头	曾经的老	外资重点	子公司	稳eps上调4.33	77-93-164	24	8.50%--7.72%
食品	调料	海天味业	食品龙头	涨幅大	控盘程度	换手率	稳eps1.94,45倍	81-92-115	32	5.81%--0.95%
家电	空调	格力电器	家电龙头	多元化+地	国金股权	董明珠	稳业绩下滑	44-50-66	26	14.70%--8.31%
医药	化药	恒瑞医药	创新药龙头	降药价	外资重仓	无	超 eps1.19	估值 61-70-99	20	11.78%--7.05%
	中药	片仔癀	中药龙头	高增长持续性	独特	无.	稳2019年2.45	101-119-135	21	2.51%--2.3%
	眼科	爱尔眼科	眼科	并购出问题	外资持股7%	年40%	超预期0.44	估值34-42-51	22	7.64%--7.72%
	CRO	药明康德	cro龙头	估值精高	外资加仓	新股	超2019年1.38	估值75-104-121	12	5.70%+8.65%
	器械	迈瑞医疗	医疗器械龙头	对小股东不	外资加仓	涨的多	稳eps 3.7	152-184-207	25	2.48%--19.13%
旅游	奢侈品	中国国旅	免税航母	政策风险	稳定增长	涨幅大	稳2019年2.41	75-87-114	20	12.51%--5.32%
	机场	上海机场	非航收入增加	业绩超预	外资持股多	涨的多	降2019年2.61	62-68-86	16	22.45%+9.69%
猪		牧原股份	优秀企业	4年涨幅冠军	市值管理	涨幅大	超期	75-83-116		3.04%--5.87%
		新希望	成长龙头	不是猪最多的	市值管理	涨的多	超预期	2020年估值20-30		2.30%--1.53%

本栏目重在企业分析,交易参考咱们的模型,买卖责任自负,仅供参考! 公众号 qiming9977

财易帮-价值20周评 2020.2.10

行业	细分	企业	投资逻辑！	2019业绩	2020估值	roe	机构持股 外资+内资	周评
金融	银行	招商银行	零售银行龙头	稳，2019年3.62	29-37-45	15	4.81%--4.05%	经济性质影响银行
	保险	中国平安	保险+科技	稳，2019年7.50	73-82-110	24	7.87%--7.52%	82合理价格
白酒		贵州茅台	价值投资首选vs管理层	降，2020保守估值	788-985-1182	33	8.36%--4.81%	千元价位合理
		五粮液	行业老二vs子公司太多	稳，eps上调4.33	77-93-164	24	8.69%--7.73%	受疫情冲击
食品	调料	海天味业	食品龙头vs市值管理	稳，eps1.94,45倍	81-92-115	32	5.95%--0.95%	震荡，继续高控盘
家电	空调	格力电器	制造业龙头	稳，业绩稳定	44-50-66	26	16.31%-8.38%	正常调整
医药	化药	恒瑞医药	创新药龙头vs降药价	超 eps1.19 2019.10.25	估值 61-70-99	20	12.00%-7.05%	84是断层买点
	中药	片仔癀	中药龙头提价vs增速	稳，2019年2.45	101-119-168	21	3.23%--2.3%	提价预期兑现。
	眼科	爱尔眼科	眼科龙头vs市值管理	超，eps0.44 2019.10.3	估值34-42-51	22	8.82%-9.4%	有爱心，好企业，38元
	CRO	药明康德	cro龙头	超，2019年1.38 2019.10.31	估值75-104-121	12	6.52%+8.66%	历史新高，有断层
		长春高新	生长素龙头	超，2019年10 2020.1.3	估值360-480-560	22	3.54+23.45	生长素龙头，断层
		泰格医药	cro临床龙头	超2019年 2019.10.10	61-76-92	18	14.73+17.27	断层，参与肺炎新药
	器械	迈瑞医疗	医疗器械龙头	稳，eps 3.7 2019.2.25	152-184-207	25	3.05-19.16%	涨停新高!
旅游	奢侈品	中国国旅	免税航母	稳，2019年2.41	75-87-114	20	13.36%--5.32%	国旅逐步走出
	机场	上海机场	稳健增长	降，2019年2.61	62-68-86	16	23.91+9.7%	62一线漂亮，走出利空
		牧原股份	自繁自养龙头	超预期 2019.10.8	75		2.93%-9.36%	10倍业绩增长
猪		新希望	农业龙头+猪猪新贵	超预期	2020年估值20-30		2.39%--1.53%	猪猪中的成长股

本栏目重在企业分析。交易参考咱们的模型，买卖责任自负，仅供参考！。公众号 qiming9977

上周分析，肺炎是好企业的买点，茅台，海天，五粮液，上海机场，国旅德国都有到达合理或者低估价格的时候，逢等守，等的就是恐慌。本周新增泰格医药和长春高新，都是利润断层为主的好企业

　　长期持有的结果是什么样子？下面的巴菲特模型的思路是长期持有，从2017年到现在，涨幅最大的是恒瑞158%，其次是茅台136%、格力96%。3年翻倍是我们的目标，长期持续成长是我们的追求。遇到企业变化，一样说再见。万科、工行、海康都被我们淘汰过。波段操作，最终的结果其实不如长期持有，下图所示为我们测试的结果，虽然波段操作避免了短期的股价波动，但是好企业最终都涨回来了。

价值20之巴菲特模型

20200214	股票名称	现价	长线	价格	收益	中线	价格	收益	累积收益	2019收益	2020收益
金融类	招商银行	35.64	20171009	24.3	46.7%	20190820	35.33	0.9%	12.6%	8.4%	
	中国平安	81	20171009	51.09	58.5%	20191010	88.5	-8.5%	-1.7%	1.8%	
白酒	贵州茅台	1088	20170913	459.46	136.8%	20191230	1185.8	-8.2%	24.1%	8.5%	
	五粮液	123.43	20200204	114.5	7.8%	20191010	130.99	-5.8%			
食品饮料	海天味业	104.7		97		20191024	104.29	0.4%		17%	
家电	格力电器	62.73	20170602	32	96.0%		55		21.1%	-4.2%	
医药	恒瑞医药	91.55	20170901	35.43	158.4%	20191230	85.5	7.1%	32.3%		
	药明康德	109.75				20191230	88.23	24.4%			
	迈瑞医疗	236.55	20190310	125.34	88.7%	20191016	170	39.1%		24.5%	
	爱尔眼科	41.11	20190115	19.73	108.4%	20191230	38.68	6.3%	90.2%	30.07%	
	片仔癀	127.42	20190822	100.99	26.2%	20191010	107.99	18.0%			
	泰格医药	78.5	20190731	50	57.0%		64				
	长春高新	462.45		415		20200206	478	-3.3%			
旅游	中国国旅	80.94	20180201	50.2	61.2%	20191024	88.65	-8.7%	-4.4%	38%	
机场	上海机场	72	20190111	49	46.9%	20191010	80.48	-10.5%	11.5%	15.9%	
猪	新希望	21	20200204	17	23.5%	20190830	19.51	7.6%		45.2%	
	牧原股份	106.01	20190909	72.98	45.3%	20190903	81	30.9%			

以上内容仅供参考，买卖责任自负！

在不同的阶段，市场先生一会儿倾向于好的方面，一会儿倾向于差的方面。买买买先生给你叫价的时候，那就是吓你，把你吓得使价格更低。卖卖卖先生就是忽悠你，把你忽悠得更好。其实好和不好，都是同时存在的。比如国旅，大涨的时候都是企业免税店销量大增，大跌的时候一般是免税牌照开放，市场的短期投资者总是多的，他们的买卖恰巧给了长期投资者机会。具体内容，可以看下面章节的有关15家企业的分析。上述是我们的每周内部简表，结合分析表格仔细看看，你心里有数了，就不容易被忽悠了。结合估值，跌多了买、涨多了卖是一种方式，以合理的资金长期持有股权，动态跟踪和调整。

如果单纯地以赚钱为目的做投资，那么几乎不可能成就超凡的长期业绩。我没有见到过任何单纯以赚钱为唯一目的的人创造出真正卓越的、超凡的业绩。对于投资，我们不妨换一个角度来思考。

我们团队站在客观的角度跟踪和分析这样的一些企业，每周都会有动态的分析和总结。再好的企业也需要一个持续分析的过程，比如一段时间大量到达合理或者次年高估值的就容易出现高低点。

这就是我们所说的价值20，精选优秀企业的股权。对于招商、平安、茅台、格力投资者都认识，再看看它们的年线，当你以年的角度考虑问题时，你会发现，格局忽然就大起来了。

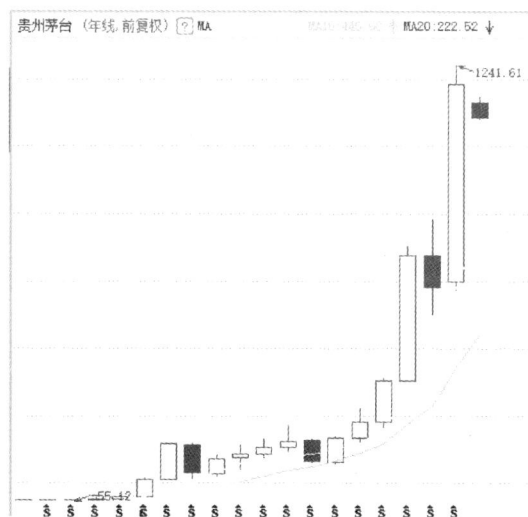

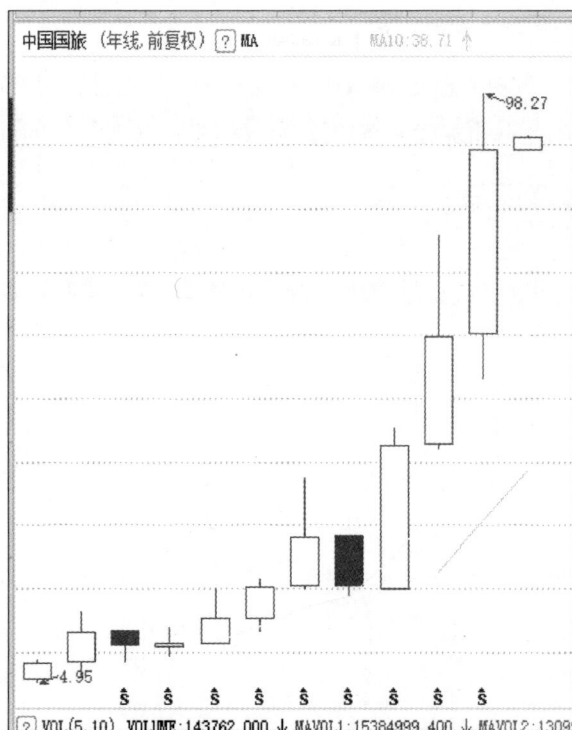

所谓的知不易，是指你知道要买好的。行更难，即发现了好的企业，还要拿得住，还要跟踪。幸运的是，我发现，很多人经过价值投资训练营的培训，进步不小。

简单回顾第八章课程的知识点。

第一，知不易，源自我们对暴利的追求。要学会放下，有舍有得，稳定地获利。

还记得前面讲的复利吗？相信复利并且践行复利，这是价值投资者非常重要的原则。

第二，行更难，克服3个放不下。放不下股价的波动，放不下追涨杀跌，就麻烦了。

投资思路。伟大企业，当生意做，合理买价，快乐投资。

伟大企业：

（1）伟大的生意，持续赚钱的商业模式很重要（优秀企业还要慎选，平庸公司全部淘汰，不做。不参与概念炒作，多研究）。

（2）能力圈，做看得懂的企业（宁可轻松过1米的栏杆，不去跳7米的栏杆，区块链搞不懂，不碰。大消费容易懂，机会多）。

（3）德才兼备的管理人（大股东都是忽悠的，直接绕道，平庸的也放弃）。

（4）集中投资（对比之前的优秀企业，伟大就会更少，相对集中的投资，获取人生为数不多赚大钱的机会。很多人在茅台的大额获利远胜于短线）。

（5）质优代替绩优（从关注短期到长期，从关注有形到无形，从可量化到不可量化）。

当生意做：

（1）减少股价波动的影响，波动是朋友。

（2）少决策，做大决策（巴菲特扣除20笔交易也是相对平庸的，但是拿住了可口可乐、喜诗糖果、美国运通等，从之前的相对分散到相对集中）。

（3）看企业，而不是炒股价（关注的出发点不一样，看待问题的角度也不一样）。

（4）便宜买，贵了卖（尽量避免追涨杀跌和频繁的止损）。

（5）当股东，不要频繁买卖。不为了长持而长持，长持是目的，不是结果，企业变化作为买卖依据（对应去年的长期持有）。

（6）当你买了伟大的企业，不用每天都称重，你就坐在那里待着就行（芒格语录。想想茅台、腾讯，你确实不用天天想着波段操作）。

（7）合伙人心态（巴菲特希望所有买他股票的人都是合伙人）。

合理买价：

（1）从买点到买价（我们更加关注买入的价格是否合理，PE、ROE远胜于技术分析）。

（2）安全边际（错过不可怕，做错才可怕）。

（3）选择性逆向（不为了逆向而逆向，把握行业趋势和企业商业模式，利用市场情绪的波动做买卖）。

快乐投资：

（1）制定年15%的长期稳增目标（降低获利预期，自然远离疯狂炒作，相信复利和确定性）。

（2）有舍有得（能力圈，不用每天看盘，每天挖掘，大舍大得，小舍小得，不舍不得）。

（3）内在超越（不停止进步，深度学习，深度思考，减少交易，增加持股时间）。

（4）满意的投资收益，轻松的过程是我们一直以来的追求。

上述是笔者在新浪微博上的一段总结，供读者作为参考。

本章作业

学习了八章的内容后，你的收获是什么？

第二篇

价值投资之术——晋级训练营

第九章

两点判断你的企业如何

巴菲特说过，投资主要是解决两个问题：一个是学会给公司估值；另一个是如何看待波动。了解市场如何定价并利用市场，也是价值投资晋级训练营中和大家交流的两个方向。

经过价值投资入门训练营的学习，我们初步了解了价值投资的核心真谛，也就是"道"。那么，我们如何在实际操作中分析一家企业呢？

一是好不好，二是贵不贵

分析一家企业有两个关键点，一是好不好，二是贵不贵。

下面用一个简单的模式来对照一下我们要买的企业股权。人们在生活中买东西的时候，都会用到一个词"性价比"，既要关注东西的性能，又要关注东西的价格。简单来说，就是物美价廉的东西最好。投资也是如此，首先定性分析，解决好不好的问题，然后定量分析，解决贵不贵的问题。

企业在用人的时候，也会从个人能力和品德两个方面来考量，德才兼备当然是最好的，但如果一定要在有德和有才之间做选择，那么大多数企业会选择有德，这就是定性分析。

在研究价值投资的过程中，笔者经常会被问到一个问题："中石油好不好？为什么一直跌？"中国石油的加油站遍布全国，生意也挺好，看着挺赚钱的，这是一般人的理解。通过这家企业过往10年的财务指标分析以及它的竞争格局来看，其实中国石油没有那么好，它没有核心的定价权，国内油价跟随国际油价的变化而变化。

价格太高也是十几年来一直下跌的原因。上市时，16.7元过高的发行价被疯狂炒到48元，股价严重透支了这家企业的内在价值。48元的价格，贵不贵？当然贵。对比港股，即使这家企业在2020年年初，港股3.5港元，A股5.64元人民币，依旧贵了40%还多。

中石油质地一般，在上市的时候又卖出了一个天价，所以，消化这一高估价用了十几年的时间，依然没有结束。下图所示为中石油的A股走势图和港股走势图。港股因为上市便宜，一直到A股上市出现历史高点，A股则直接贵得离谱，跌了十几年。一般的企业，便宜的时候也有得赚，巴菲特提前买入中石油，在A股上市前卖出。这家企业在A股上市的时候号称亚洲最赚钱的公司，结果呢？太高的价格导致无数人买单。

识别一个企业的价值，避免疯狂地出价是必要的，否则你付出的代价是长期的。对于A股很多人选择买错拿着不动、不看、不管，这可不是价值投资，是你被套之后的放弃心态导致的，看到烦，还不如不看。从下图中石油的A股、港股比较来看，A股遥看瀑布挂前川，最终价值回归。

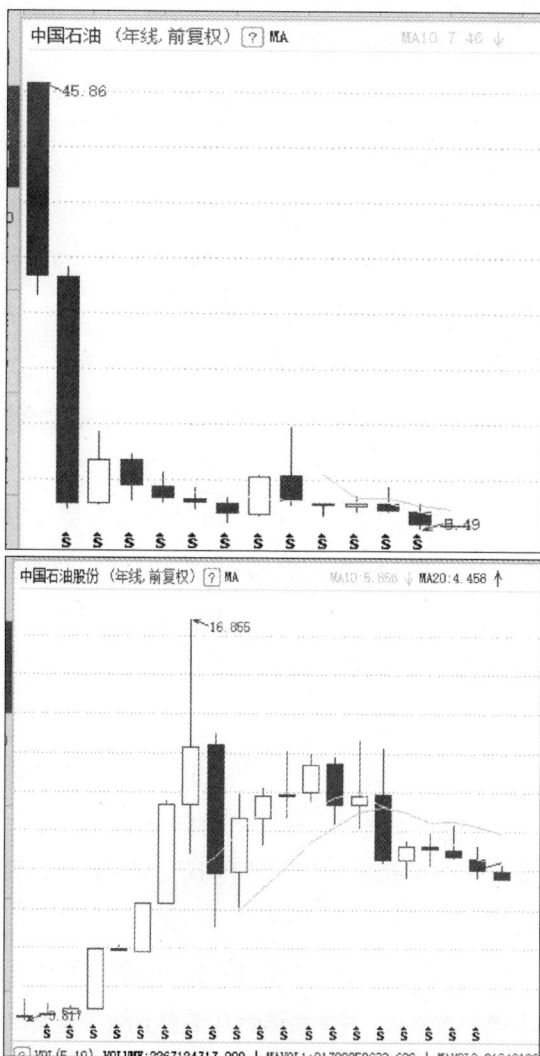

好不好和贵不贵本身也在变化，万物皆有周期。我们要选择又好又不贵或者

不太贵的好东西。芒格说：以合适的价格买入好企业。好东西，贵得狠了也不行。比如800元的茅台跌到500元时，你也很难拿住。茅台好不好？好。贵不贵？涨到800元的时候，按照当时的市盈率30倍（2018年），对比它的历史算是挺贵的。跌到500元的时候，它是不贵的，只有19倍市盈率，但你又不敢买，因为当时短期业绩下滑。好东西一般不便宜，在便宜的时候你要看得远才可以。

三好标准

顺着这个思路，引入第一个概念——三好标准。上学的时候，很多人都获得过"三好学生"称号，三好学生要求什么？要求学生德智体全面发展。如果学生学习好，那么得"三好"的概率高。体育好但学习成绩不好，那么99%得不了"三好学生"称号。股票也一样，其三好标准如下。

（1）好行业；

（2）好企业；

（3）好价格。

第一，分析什么是行业好，什么是行业不好。开饭店这个行业就不属于极好的行业。为什么？因为饭店特别多，今天吃饺子，明天吃炒菜，今天吃了火锅，明天就吃西餐去了。没有一个人会必须去、反复去一家饭店。但是这不绝对，对比海底捞和全聚德，前者就不错，后者就不行。一条街上的饭店，生意好坏也不一样。

好行业有什么样的标准？好行业、好企业都是有高呼声的。影视行业不好，游戏行业也不太好，因为它们的竞争都比较激烈，而且未见长期垄断胜出者；影视行业的华谊兄弟曾经很牛，但到了2019年亏损接近40亿元。下图所示为华谊兄弟的年股价图，几乎回到了起点。其大涨的两年是创业板疯狂的两年。而那些具备垄断特征的行业，就比较好，因为它们的利润相对来说能够维持。消费行业和医药行业之所以牛股比较多，就是因为它们的行业特征不错。

第二，好企业。任何行业都会有好企业，比如钢铁行业、餐饮行业，行业可能有问题，但它会有一些垄断的好企业凸显出来。例如，餐饮中海底捞因为其高护城河和连锁特质，很受市场追捧。反而有些行业在普遍被看好的时候，股价也就到了波段的高点。一件事情谁都能做，说明你的"护城河"低，企业利润率就会下降。有一个通俗的说法："我们这地儿只要有什么赚钱的生意，大家都抢着做，然后这生意就死了。"为什么? 这个生意好，毛利率高，大家都抢着做(说明门槛低谁都能做)，很多人做了之后，利润随着价格战就下来了，保不住利润，最终，无论好的企业还是差的企业都遇到问题了。当然，特别牛的企业会存活下来，像空调行业，成为垄断企业的美的和格力，经过一轮轮技术竞争和价格战，剩下的竞争对手就不多了。

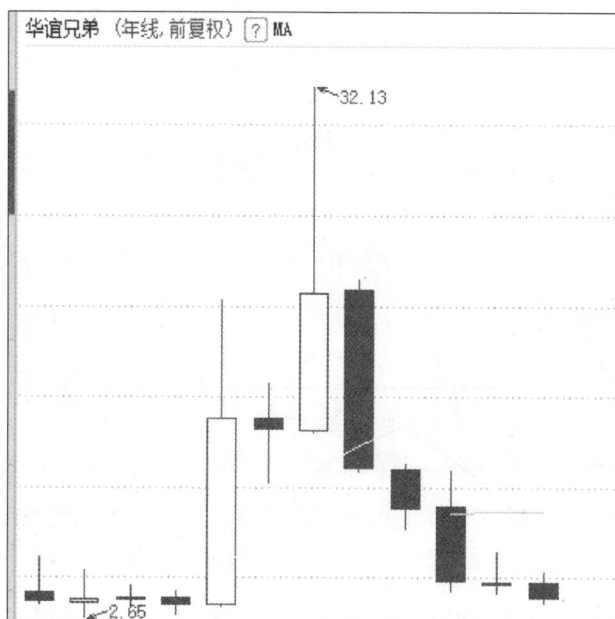

第三，好价格。公司的股价一直在波动，长期股价表现和企业的利润增长有关系，但是短期会受到大盘或者市场情绪的影响。波动的价格给我们提供了买卖的机会。下面以中国国旅作为案例，它也是我们价值投资15家伟大企业案例中的一个。特别声明，案例中提到的个股仅用作举例，为读者提供分析和研究的思路，并非个股推荐。

我们列了中国国旅的分析计划表，有同学一见这么大表格，感觉做不了。不着急，先想明白两个问题，一个是公司好不好，另一个是公司贵不贵。所有的企业分析都经历过由薄到厚，再由厚到薄的过程。价值投资分析企业的过程是一个不断累积经验的过程，你对于一个企业越熟悉，你未来的经验就会比别人越多，而大部分人投资企业都是短暂的。有一段时间，我也在社交网络上不断寻找这家企业的信息，每天都有不同的人分享各自的看法，有疯狂看涨的，也有疯狂看跌的。但是，在做了这家企业3年后，我再不看别人怎么说了。对于这家企业已经很了解，跟踪企业自身的公告，加上客观对待股价涨跌就可以了。

以国旅为例，每年涨幅大了之后，都会有关于免税开放竞争的传闻，然后一批短线人离场，长期了解者在合理或者低估价进场。做短期的人进进出出，长期投资的人岿然不动，有点"铁打的营盘流水的兵"的意味。

核心亮点 好行业 好企业——品质			中国国旅　2020.2.1 1.好不好：免税行业的垄断优势，好！ 2.贵不贵：贵，高于合理估值。 3.会不会更好？ 4.会不会便宜？
	好生意	1.国际视角 2.供需格局 3.行业所处阶段	国人海外购物规模年均1万亿以上。对应国内免税消费3%的比例。消费回流是大趋势。对标韩国免竞争优势明显　海南离岛，机场免税 逐步垄断
	企业战略 商业模式	高利润模式/ 高周转模式/ 高杠杆模式 核心竞争力	世界免税龙头 高周转 垄断，国内7家免税拍照。中免最强，整合日上之后更强。
	核心竞争优势	Swot分析	优势：越大成本越低 劣势：人民币升值影响成本， 机会：中国消费回流的需求。 威胁：经济下滑，消费增速
	企业素质	管理层过往计划及长远眼光	国内二线到世界前三。
	上下游分析	上游	奢侈品牌。销量越大竞争优势越明显
		下游	普通消费者，议价能力差。打击代购有利于企业发展
	行业对潜在进入者的门槛	行业壁垒	牌照优势，不是谁都可以干的。 个人代购正在被控制。 海免集团的51%股份将会注入上市公司，由竞争变成合作。
	主要竞争对手		日上，海免都相继被公司收购。目前的主要竞争对手为全球化的对手。

首先锁定一个企业，然后详细地分析，继而归纳总结出核心，最后就是坚持。

"选、等、守"三字诀

选择伟大的好企业，等待好时机，长期坚守下去。

国旅这家企业好不好？我们认为它好，等最终全面分析完之后，你就会明白它是好生意。国民富裕了，他们会去购物。而这样的购物已不仅仅局限于普通商品，而是奢侈品。中国人在国内的免税消费只占3%，而韩国占全球免税业务的6.6%，中国人全世界购物，但国内的购物消费远远比不上在国外的消费，所以国家希望消费回流。免税行业是有垄断牌照的，中国国旅有行政垄断特点，就像加油站一样，不是你想开就可以开的。这个行业的好就在于它有垄断，当然，这个优势也是最大的风险点，也即免税牌照放开的风险。但暂时还看不到垄断优势被打破，垄断依然存在甚至还有加强趋势。通过我们的分析表格，一项一项来收集信息，我们来做思考。

一个企业好不好，要看它的企业战略（国旅想打造成世界免税龙头）、利润率（高不高）、核心竞争优势、企业素质等，这些内容在第十章会进行讲解。我们看待企业，先看企业是好企业还是坏企业，是不断融资的企业，还是不断回报市场的企业。一般资本市场80%的企业不是好企业，都是在炒作——周期性的炒作，在流动性泛滥的牛市炒一把，到了熊市就震荡向下，但确实有一些非常好的企业，长期是成长的。我们不期待牛市的鸡犬升天，而是希望牛股随着业绩不断上涨，这是最安全的，这也是美股持续上涨的原因。

很多人都在等牛市？牛市真的对你就好吗？当然，企业的发展也会变。中国国旅以前是旅行社，现在它的旅行业务被剥离，主业就只是免税业务了。二三年之前国旅并购了它的竞争对手"日上"以及海南的免税店，企业有变化，投资者必须动态跟踪。免税行业的企业总共有7家，现在被整合到只有5家（日上和海免都被纳入中免旗下），较高的利润率证明这是好行业，吸引消费回流，我们做出一个强力的免税企业是必要的。

对于好行业我们列举了一些标准，对于好企业也列举了标准。下面先从宏观上判断企业大方向好不好，在后面的章节中也会用到工商管理MBA课程常用的企业分析策略，再具体判断企业到底好不好。像中国国旅，我们认为该企业高毛利率，卖的是奢侈品。它的主流阵地在机场，其次的阵地在海南。海南的三亚湾免税店拉开了国旅加速发展的序幕，未来它还要在北京、上海建设市内免税店，这样一步一步从海南到机场，再发展到全国免税店，那么它就会具有比较强大的垄断优势。有了垄断优势，将会降低它的进货成本。

定性分析企业好不好，相对来说比较容易，看的是产业格局和趋势。同时我们通过一些客观的数据来做定量分析，例如ROE，就是企业投100万元，每年能赚回来多少。判断"好不好",第一是定性,第二是用一些定量的标准来约束。在我们的图中间有一些曲线,称为历史估值线。其体现了该公司在过往5年内,在情绪高峰时卖多少钱,在情绪低谷时又卖多少钱。右下角体现的是交易计划。企业分析虽然一定程度上参考了大盘的行情,但本质还是以企业为主。像国旅2019年年初跌到48元以下时,大盘虽然也是暴跌行情,但它在那个价格位置是便宜了,反而在2019年年底涨到95元的时候就贵了,对此是可以提前做出判断的。中国国旅这几年动态50~35这个PE区间值得关注。

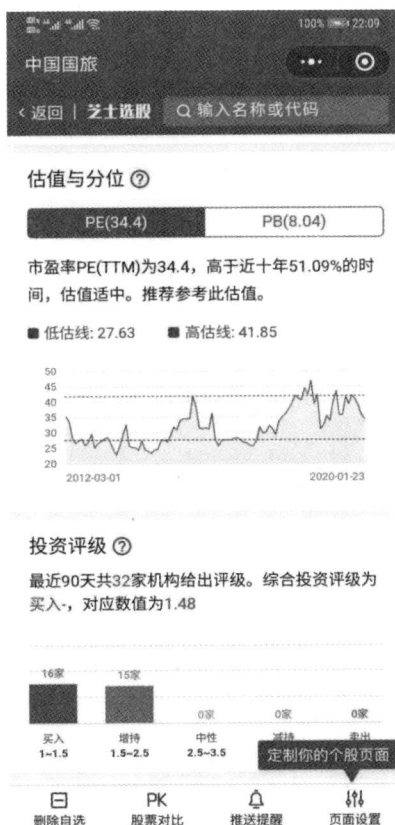

再重复一下课程的知识点,我们在挑选企业的时候,首先要考虑好不好的问题,其次要考虑贵不贵。对于贵不贵,我们用历史市盈率来判断。当它比历史市盈率高的时候,比如国旅达到35倍市盈率以上,我们认为它贵了。当它到了25倍市盈率以下时,我们认为它便宜。这只股票历史上的几次波段高低点都可以认为是这个PE带来的情绪变化。上图采用静态的27.6~41.8估值区间道理上是对的,具体的数值差别在于是静态市盈率还是动态市盈率。我们强调判断一个企业如何，能不能赚钱，关键就是好不好和贵不贵。好不好，决定你是否长期挣钱，贵不贵决定你的收益是多还是少。100元买茅台和700元买茅台，很多年后的收益率差别是很大的。就如以100元和120元买的茅台，当茅台股价到800元的时候，这个差别就不大了。长期看，随着企业的发展，优秀企业的价格应该是波段向上的。成长性企业随着企业利润不断增长而震荡向上，如下图所示。

第一类 成长企业。 为什么建议随着企业的成长做价值投资，因为企业成长的过程伴随着股价围绕内在价值的波动，最终是上扬的。这也是我们强调大家买入伟大企业的原因，因为这样的成长企业是有限的。

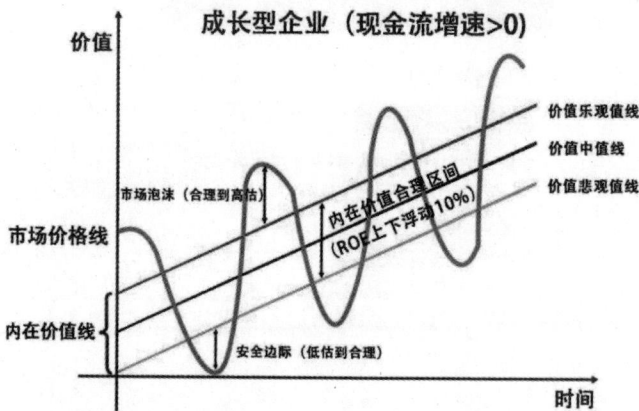

成长型企业（现金流增速>0）

价值乐观值线：企业基本面最佳（现金流增速等于ROE）且市场折现率最低的状态
内在价值中值：从超长期看（最低十年以上）近似等于ROE且合理市盈率常在近十年波动的最低估值附近
内在价值悲观值：企业基本面最差（现金流增速最差）且市场折现率最高的状态

本章作业

（1）判断企业的两个核心点是什么？

（2）对于"三好标准"如何理解，好行业，好企业，好价格？

第十章

好生意如何判断——八大定性分析标准

晋级训练营的内容由浅入深，相对入门训练营专业性更强。入门重在道，主要是理念的阐述，是为投资指明方向。晋级训练营多了一些"术"的内容，要对行业和企业进行深入分析，并得出结论。

这里插一段笔者的学习经历，我在读大学的时候首先学习的是证券期货专业，考取的是经济学学士学位，后来我又学习了管理学。通过学习，我发现两个专业其实有本质上的不同。巴菲特的价值投资更倾向于管理学，他研究一个个实在的企业，在合理的价位大量买入股权，这和经济学研究的方向其实有很大的不同。我们的经济学课程是西方经济学、政治经济学、货币银行学，管理学课程则是企业战略管理、企业生产流程管理、广告学、市场营销和企业财务等，落脚点不一样，看待市场的角度也不太一样。电视、报纸上的经济学家谈论的都是中国经济的未来和货币政策，而巴菲特和芒格更多谈论的是企业发展和自己的成败、经验、教训。

晋级训练营的第一部分有如下三讲内容：

第一讲，通过两点来判断你买的企业，第一是好不好，第二是贵不贵。

第二讲，对于好生意如何判断。列一些定性的标准做判断，从企业战略、波特五力模型、核心竞争力等进行分析。

第三讲，财务体检。再做一个验证，排除一些不好的公司。

下面重温第一讲的两个核心点：好不好和贵不贵。第一好不好。你每买一个企业，都要思考这个问题，买的这些公司到底好不好。如果你买的公司就是一个补涨概念，在同行业中排名第18名，那么你压根就别来。因为这是两码事，你买的公司不是不能赚钱，而是不能持续赚钱。第二贵不贵。大盘涨不代表你的公司一定涨，大盘跌也不代表你的公司就便宜了，对此你必须要明白。东方通信2018年年底暴涨3倍，贵不贵？贵得离谱，动态市盈率330倍。而大盘同样3 000点，工商银行2019年0.8PB，贵不贵？显然不贵。大盘在同样的时刻，对应的企业有贵的也有便宜的，所以我们的焦点不是判断大盘，而是判断企业。

接下来第二讲，对于好生意如何判断。企业到底好不好，我们从8个角度来判断。我们的案例来自不同行业，特点也不完全一样，并不是每家企业都围绕这8个方面，也许具备其中2~3个就已经确定它是优秀的。这部分章节可大可小，因为企业的范畴还是很广泛的。本书的深度尚不足以涵盖管理学分析企业的所有核心，这里只是选择重点与大家进行交流。

第一点，供需关系

供需关系是什么？有些企业的产品供不应求，比如贵州茅台的53°飞天酒，不是你有钱就能买到的。2018年参加茅台股东大会，凭身份证每人在机场可以购买2瓶53°飞天茅台，3个人一起买了6瓶，看似一整箱，但销售人员依然撕掉封条，一瓶一瓶取出装袋子，已经拆封的箱子也不"舍得"给你。为什么不给你一整箱？一是怕"囤货"（以未拆封的整箱为主），二是每人限买两瓶。如果你拿一整箱，就是"违规"。足见茅台工作做得多么细致，也能看出茅台酒供不应求。在股东大会现场，股东还可以买一箱茅台。结果2019年参加股东大会的股东人数从去年的500人增加到3 000人，都去买酒了。反观商超的其他白酒，敞开供应，甚至生产日期还是一年以前的，明显动销较慢，供大于求。

市场供求与价格的关系，首先是市场价值或生产价格决定价格，市场价值或生产价格是价格形成与运动的内在基础和实体，是市场价格波动的中心，价格调节着市场供求关系，而市场供求关系反作用于价格，成为支配或影响市场价格形成与运动的基本因素。因此，它们相互影响、相互制约。下图所示的模型是西方经济学中经典的供给量和价格的图，基于各种假设给出平衡点。

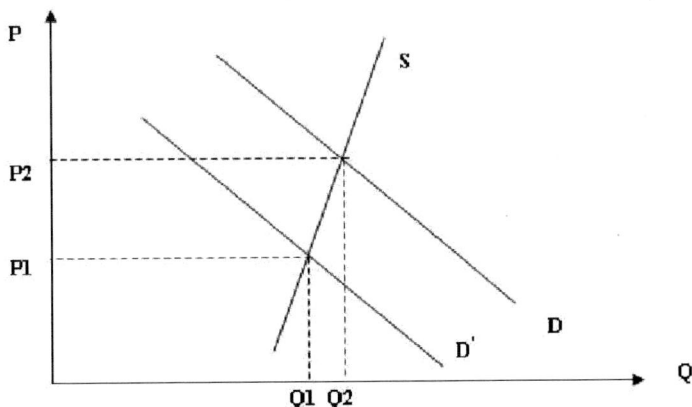

目前绝大多数企业的绝大多数产品都是供大于求，因此我们在选择企业的

时候首先要从供需关系入手，找到那些供不应求的企业。比如由于某个事件突然缺盐，导致盐短期供不应求。这只是短期的供需失衡，不是我们关注的重点。但是，类似迈瑞医疗的医疗器械，确实借此长期发展。另外，像奢侈品，就采用供不应求的策略，尤其是限量版就是典型的供不应求现象。投资来源于生活，身边很多都是由供需关系引起的投资机会，你要多思考，去挖掘。

影响需求的七大原因：

（1）商品自身价格。一般来说，一种商品的价格越高，该商品的需求量就会越小。相反，一种商品的价格越低，其需求量将会越大。

（2）消费者偏好。偏好是消费者对商品的喜好程度。很显然，消费者的偏好与商品需求量之间同方向变动。有烟、酒、糖、化妆品都有喜好程度加强的特征，也是中外大牛股云集的赛道。

（3）消费者收入。对大多数商品来说，当消费者的收入水平提高时，就会增加对商品的需求量，这类商品被称为正常品。而对另外一些商品而言，当消费者的收入水平提高时，则会使得需求量减少，这类商品被称为低档品。

（4）替代品的价格。所谓替代品，是指使用价值相近、可以相互替代来满足人们同一需要的商品，如洗衣粉与肥皂、植物油与动物油、石油和煤炭等。一般来说，在相互替代商品之间，某一种商品价格提高，消费者就会把需求转向可以替代的商品上，从而使替代品的需求增加，被替代品的需求减少，反之亦然。找不可替代的公司是关键。

（5）互补品的价格。所谓互补品，是指使用价值上必须相互补充才能满足人们某种需要的商品，如汽车与汽油、家用电器与电等。在互补商品之间，其中一种商品价格上升，需求量降低，会引起另一种商品的需求随之降低。房地产就构成了一个产业链，房子不好卖时，油烟机也不好卖出。

（6）对未来价格的预期。如果消费者预期价格要上涨，就会刺激人们提前购买；如果预期价格将下跌，许多消费者就会推迟购买。

（7）其他因素。例如商品的品种、质量、广告宣传、地理位置、季节、气候、国家政策、风俗习惯等，都会影响商品的需求量。但是，在实际经济生活中，某商品的市场需求量及其变化是诸多因素综合作用的结果。

下面举两个重要的例子，来探讨供需关系。

（1）东阿阿胶。这家企业的亏损，到底是什么原因导致的？这家企业发布2019年度业绩预告，公司预计归属于上市公司股东的净利润由盈转亏，报告期内，公司净利润亏损3.34亿元至4.59亿元，较上年同期下降116%至122%，基本每股收益亏损0.5123元至0.7043元。

对此，东阿阿胶解释称，近年来受整体宏观环境以及市场对价值回归预期逐渐降低等因素影响，公司渠道库存出现持续积压，为避免企业长期良性健康受到不利影响，今年公司主要侧重于清理渠道库存，主动严格控制发货，全面压缩渠道库存数量，尤其在下半年进一步加大了渠道库存的清理力度，因而对经营业绩影响有所加大。东阿阿胶前身为山东东阿阿胶厂，于1952年建厂，1993年由国有企业改组为股份制企业，1996年成为上市企业。近些年来，该公司曾以驴皮资源紧张为理由，不断上调公司阿胶产品的价格。特别是秦玉峰出任东阿阿胶总经理（总裁）后的这十来年，阿胶每斤售价从最初的160元一路涨至现在的3 000元左右。

济南的福牌阿胶是东阿阿胶有力的竞争者之一，正在谋求上市，2017年9月进入上市辅导期。另外，还有山东宏济堂制药集团股份、山东鲁润药业、山东济水阿胶以及北京同仁堂都是竞争者。东阿阿胶折扣价格约2 200元每斤，福牌阿胶活动价为1 000元每斤。

笔者认为，这家企业的主要问题是产品的疗效无法确定，再加上不断地涨价，营销到达极限，导致供需失衡。曾经的大牛股，现在遇到了发展中的问题，这样的问题是短期可以解决的吗？是影响企业发展的核心因素吗？显然，短期在人们心中的定位需要一个缓慢的变化过程。

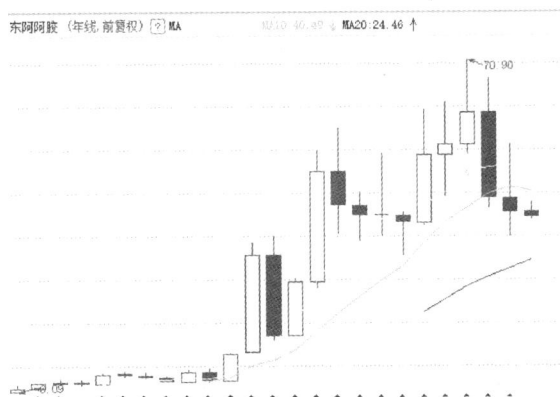

东阿阿胶（年线，前复权）⊘MA　MA10 46.49↓MA20 24.46↑

（2）猪产业链。2019年出现了猪肉价格大幅上涨，背后也是供需失衡导致的。因为非洲猪瘟叠加环保从严，养猪产业出现了巨大变化，供需失衡导致价格上扬。工业化养殖的牧原股份，股价5年涨幅超过茅台，背后的逻辑就是行业集中化。在下图中，一个是猪的周期图，另一个是机构对于牧原股份的业绩展望图，其根据就是猪的出栏量和价格的推算。行业集中度提升是大趋势，同时谁的成本低、出栏量大谁就是最为受益的方向。

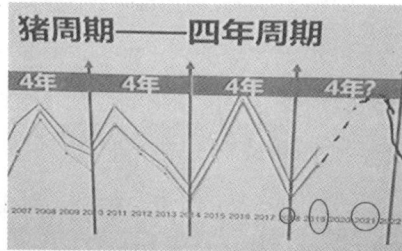

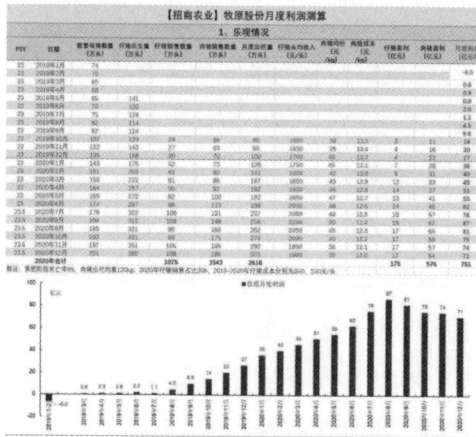

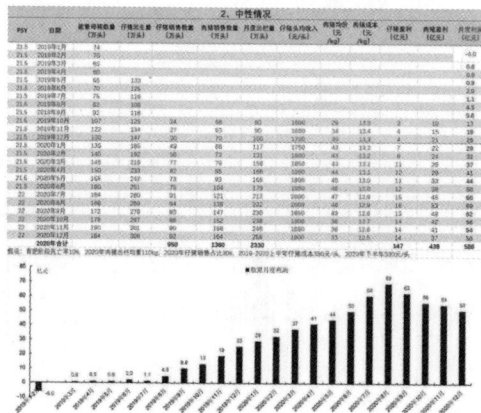

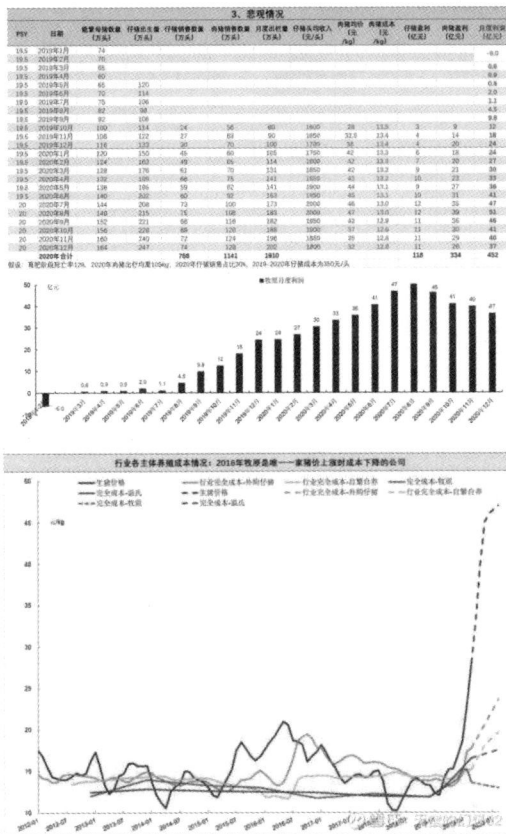

第二点，竞争格局

　　基于供需关系，在竞争中胜出的垄断企业是最好的投资机会。比如贵州茅台在高端白酒市场就是充分竞争之后确立的龙头地位，十年前的龙头是五粮液。还有一些垄断是政策性垄断，比如中国国旅的免税业务，免税牌照的发放是一种政府行为。这个牌照不是谁想要就能有的，国家减免税收是鼓励购买奢侈品而非一般的商品。另外一家企业中青旅，主要是"人造景点"，比如开发的古北水镇，需要大量的资金投入，一期开发好之后，还要进行二期、三期的开发。如果将中国国旅和中青旅进行对比，谁的生意模式好，谁的竞争格局明朗，结果一目了然。

　　"终局"一般有如下3种可能。

（1）强马太效应导致的一家独大（例如，腾讯、白酒、机场）。

（2）双寡头或多寡头的平衡（例如，家电、视频行业）。

（3）相对分散、百花齐放或者各领风骚数年的行业（内容行业、游戏、影视剧等）。

任何市场的终局，往往都是中局，商业竞争永远没有终点。随着时代的变化，一些原来八竿子打不着的人会变成新的竞争对手。选月亮，不选星星。我们做价值投资，要想看得长远，就需要在企业发展格局上多下功夫研究。

优秀的竞争格局，铸就了可以持续的长期利润。

茅台市值十年十倍，是因为年度净利润从43亿元变成如今的约430亿元；腾讯市值十年十二倍，就在于年度净利润从50多亿元到如今的800多亿元，而不是因为有人鼓吹，有上涨趋势、有技术支撑、有主力、有庄家……投资优秀的企业，不忘初心，回归投资本源。在优秀竞争格局下，我们才能对优秀企业做长期展望。很多人都说茅台是价值投资的启蒙股，做价值投资终究绕不开茅台，原因在于它的产量不愁销售，价格才不断上扬。对比2000—2020年的出厂价、零售价格，就可以看到企业不断上涨的核心动力。这和巴菲特投资的喜诗糖果有类似的地方——持续不断涨价的消费品，而支撑的背后是竞争格局，不愁卖，这可不容易做到。

贵州茅台基酒产量与实际销量					
	出厂价	零售价	指导价	基酒产量	理论成品	实际销量
2000	185	220		5379		
2001	219	260		7317		4057
2002	218	280		8640		3984
2003	268	320		9257		5100
2004	268	350		11522		5651
2005	268	350		12540	6219	7368
2006	308	400		13839	7344	8127
2007	358	500		16855	7868	9480
2008	438	650		20431	9794	8970
2009	499	800		23004	10659	10195
2010	563	1000		28284	11763	10930
2011	619	2000		30026	14327	13700
2012	819	2300		33600	17366	15188
2013	819	1519		38425	19553	17415
2014	819	900		38745	22341	19165
2015	819	1199		32179	25522	20065
2016	819	1299		39258	28560	22918
2017	819	1500	1299	42771	32661	30206
2018	969	1800	1499	49672	32933	32464
2019	969	2200	1499	49922	27352	34562
2020E					33369	39312
2021E	5年前基酒产量决定5年后的理论成				36355	
2022E	品酒产量				42245	
2023E					42433	
复合增长	9.1%	12.9%				

分析如下几个维度：

第一，眼前行业的这块大蛋糕到底有多少是属于公司的。

结合行业规模与阶段看竞争格局。前面讲到了行业的空间（行业规模），判断行业所处的阶段后再看竞争格局。因为行业规模决定了竞争的激烈程度，行业在不同发展阶段，分析竞争格局的重点也会不一样。

行业规模对竞争格局的影响。行业规模巨大，吸引众多的参与者，竞争激烈，至少说明路走对了。反过来说，如果没有对手，虽然有可能领先，但也是基于这领域本身蛋糕太小。

第二，行业发展阶段对竞争格局的影响。

（1）行业发展不同阶段，竞争强度不一样。高速增长期，即使是实力一般的公司也会来分一杯羹的。而增长稳定后，行业产能开始过剩，比如精细化运营的时候到了，多余产能会被淘汰。家电行业的格力和美的胜出就很明显。格力为什么举报奥克斯？本质上还是因为竞争。

（2）如果行业还处在高速成长期，那么即使领先的公司，依旧很危险。虽然每年释放的空间都很大，但是领先者都可能被颠覆。游戏行业尤为明显，一个产品优秀领先并无法保证持续领先。电影行业也是一样，2020年春节，受疫情影响，《囧妈》这部原计划在影院播放的影片直接在互联网上免费播放了，购买版权的不是传统的互联网公司和视频公司，而是头条系，行业竞争堪称激烈。

第三，当你考察公司的时候，可以利用如下几个维度做参考。

（1）市场规模决定能吸引多少竞争者。

（2）行业已经发展到什么阶段，是供不应求，还是供过于求？行业是否增速太快？

（3）行业特性，将来可能趋向垄断、寡头还是充分竞争的平衡状态？

（4）这个行业如果竞争态势已经相对平衡，那么潜在的打破先有平衡的因素是什么？

理解产业链的博弈，广义的竞争并不局限于处在同一平面的玩家。怎么分析产业链博弈？我们把上下游的企业都画在一张图上。

中国国旅的上游：奢侈品公司。

渠道：机场（高客流，高提成）、市内免税店（低成本，高利润）、邮轮等。

下游：客户，议价能力弱。

竞争对手：电商的降价促销。

第四，几个典型的在竞争中遇到问题的行业。

（1）苏宁电器错失互联网时代。阿里、京东崛起。

（2）方便面被外卖替代。美团股价持续飙升。

（3）柯达胶卷被替代，数码时代开启。疫情期间，本应大幅受益的CT胶片——乐凯胶片，也没有暴涨，因为有些医生利用电脑就可以看了，不用胶片。受疫情影响引发股价上涨的是卫宁软件等做医疗信息化的公司。确实如此，家中过往CT照片，确实没有保存意义，只能全部扔掉。都是短期病症，无长期对比意义。在手机上就可以上传到云端，会更省事。

（4）中药疗效的不确定性。白药、阿胶、同仁堂遇到成长问题，创新药恒瑞医药、CRO领域泰格医药、药明康德等崛起。下图所示为2020年我们跟踪的部分业绩高成长医药股。外资重仓是重视其质地，内资抱团是重视其成长。外资持股比较多的是恒瑞医药、药明康德、金域医学，都超过5%，内资持仓超过10%的有普利制药、凯莱英、泰格、康龙化成、昭衍新药、金域医学和长春高新，重仓的有两只：泰格医药和金域医学。外资更加重视企业的质地，国内机构对于业绩的加速更在意，波动幅度也相对比较大。机构的重仓持有也是推动板块和个股持续走强的核心因素。反之，中药企业被机构抛弃，这种趋势改变需要时间。

医药行业1.10						机构持股比例 外资+内资
		断层	三季报预告	二季报主营	二季报利润	
创新药	恒瑞			29.19	26.32	12.02%--7.06%
	普利制药		60-70	40.34	70.81	0.34%--18.79%
	科伦药业		-2.43	14.5	-5.91	2.54%--2.03%
	贝达医药	10.14断层	30-50%		1.98%	--9.35%
cro	药明康德	断层	无	33.68	-16.91	6.13%--8.66%
	凯莱英		35-45%	44.27	46.37	5.74%--14.72%
	泰格医药	断层	63-70%	29.49	61.04	14.71%--17.27%
	康龙化成		42-62%	28.8	38.51	0.32%--18.82%
	昭衍新药	断层	无	48.65	78.86	3.31%--12.68%
	药石科技		11-30%	37.8	30.31	0.23%--8.42%
第三方诊断	金域医学		无	20.26	78.92	5.35%--20.47%
	艾德生物		10-17%	31.32	12.34	1.58%--6.48%
	安图生物		无	39.03	29.85	3.2%--2.74%
	万孚生物		25-55%	20.89	27.42	9%--8.19%
	凯普生物	d	32.8-43.9%			无--1.45%
生物医药	长春高新	断层	无	23.36	32.6	2.96%--23.45%

每个遇到问题的行业背后，也都存在着机会。只是一些行业本身存在的问题比较大，不是短期可以解决的，核心是利润的持续性。

第三点，商业模式

商业模式就是企业或公司以什么样的方式来盈利和赚钱，构成赚钱的这些服务和产品的整个体系称为商业模式。换言之，商业模式是企业进行赖以生存业务活动的方法，决定了企业在价值链中的位置。

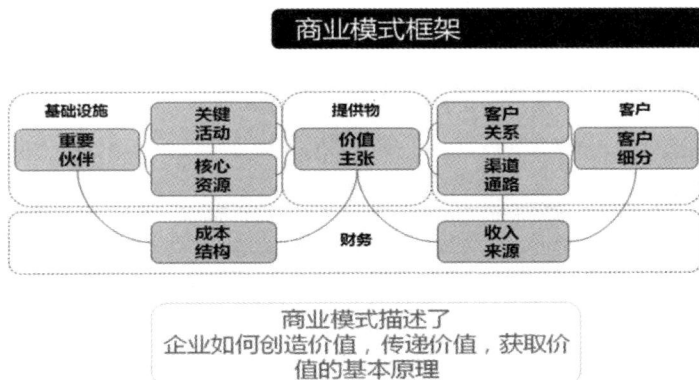

商业模式框架

商业模式描述了企业如何创造价值，传递价值，获取价值的基本原理

多角度来看商业模式，如下图所示。

商业模式的核心如下：

（1）创造真正的价值。

（2）保持企业的利润。

通常将企业的盈利模式分为高利润、高杠杆、高周转3种方式。高利润模式的典型代表就是贵州茅台，毛利率稳定在90%以上，净利率稳定在50%。下图所示为贵州茅台十年的毛利率和净利率对比图。像A股市场这样稳定利润率的企业不多，创造了真正的价值，又能持续地保持企业的利润。

茅台的毛利率和净利率

沃尔玛是高周转模式的代表。A股中永辉超市、苏宁云商、伊利股份等都是

高周转的商业模式。

　　高杠杆模式以银行和地产为主。这两个行业因为有大量的资产兜底，所以相对较安全，但一些环保类的公司提高杠杆之后，就没有那么幸运了。比如东方园林，通过不断"借钱"来扩大自己的业务。做园林绿化，需要种植大量的绿植，但种植绿植需要先行付款，而政府订单方只是付了定金，这就需要大量的资金垫付。企业举债多，在去杠杆的大环境下，就可能承受不起导致破产。还有一些"寄生"型的公司，比如苹果产业链上的很多公司也是高杠杆的，苹果公司好的时候它们高歌猛进，一旦苹果销量遇到问题，它们就会很麻烦。具备强周期特征的企业，要看的不仅仅是估值，还要看短期行业发展的趋势和变化。

　　所以我们在分析企业的时候，一定要看明白它是以哪种模式赚钱的，从商业模式上对企业盈利能力进行分析。

第四点，核心竞争力

　　核心竞争力是指能够为企业带来有竞争优势的资源，以及资源的配置与整合方式。随着企业资源的变化以及配置与整合效率的提高，企业的核心竞争力也会随之发生变化。凭借核心竞争力产生的动力，一个企业就有可能在激烈的市场竞争中脱颖而出，使产品和服务的价值在一定时期内得到提升。借鉴管理学经典的SWOT分析法，一起探讨企业的竞争优势。

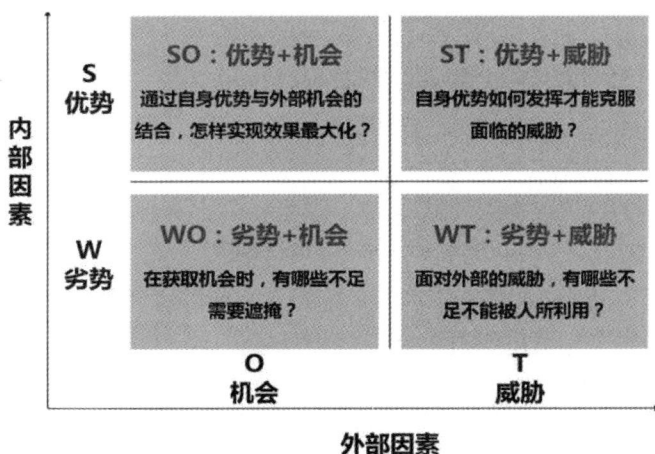

	O 机会	T 威胁
S 优势（内部因素）	**SO：优势+机会** 通过自身优势与外部机会的结合，怎样实现效果最大化？	**ST：优势+威胁** 自身优势如何发挥才能克服面临的威胁？
W 劣势（内部因素）	**WO：劣势+机会** 在获取机会时，有哪些不足需要遮掩？	**WT：劣势+威胁** 面对外部的威胁，有哪些不足不能被人所利用？

外部因素

以片仔癀案例做研究。企业都有自己的核心竞争力，我们在分析一家企业的时候，一定要找到它的核心竞争力。一家没有核心竞争力的企业，在残酷的市场竞争环境中，可能分分钟就会倒下。片仔癀，一颗530元，一盒6颗就是3180元，为什么会卖这么贵？为什么没有其他的企业也生产这样的治疗肝病的药呢？一是因为配方独特且受国家保护；二是药的成分中要使用麝香，需要从麋鹿中提取，而麋鹿是国家保护动物，不是谁都可以提取的。这就是片仔癀的核心竞争力。下图所示为片仔癀的提价，有没有类似茅台的感觉？

片仔癀提价历程		
公告时间	内销价格	
2005.2.28	130	内销价格上调5元
2007.1.16		出口价格上调2美元
2007.3.1	140	出厂价格上调10元
2007.11.16	180	内销价格上调30元
2008.3.11		出口价格上调4美元
2010.1.5	200	内销价格上调20元
2010.12.30	220	内销价格上调20元，外销价格上调3.5美元
2011.10.12	260	内销价格上调40元，外销价格上调6美元
2012.6.7	280	内销价格上调20元，外销价格上调6美元
2012.11.6	320	内销出厂价格上调40元，外销价格上调6美元
2013.9.18		外销价格上调3美元
2016.6.28	500	内销价格上调40元
2017.5.27	530	内销价格上调30元
2017.7.24		外销价格上调3美元
2020.1.21	590	内销价格上调60元，外销价格上调5.8美元
复合增长率	10.6%	

看看片仔癀的年线图，非常漂亮。它和东阿阿胶有什么区别？和云南白药有什么区别？为什么这个中药企业不断地上涨？有的人没吃过，但是有些家庭却拿它当成必备药。

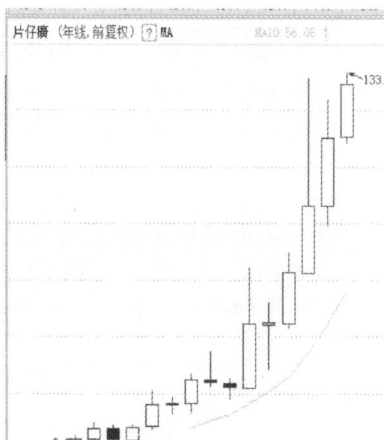

再来看片仔癀自2003年上市以来的营业收入和净利润情况。据统计发现，上市当年的年报显示，收入为2.1亿元，净利润为0.6亿元，2018年年报显示，收入为47.7亿元，净利润为11.4亿元，收入和净利润的复合增速分别为23%和22%，这是相当不错的成绩。好企业是一方面，至于什么时候买入，则可以参照估值。在伟大企业分析中再具体看片仔癀的分析。

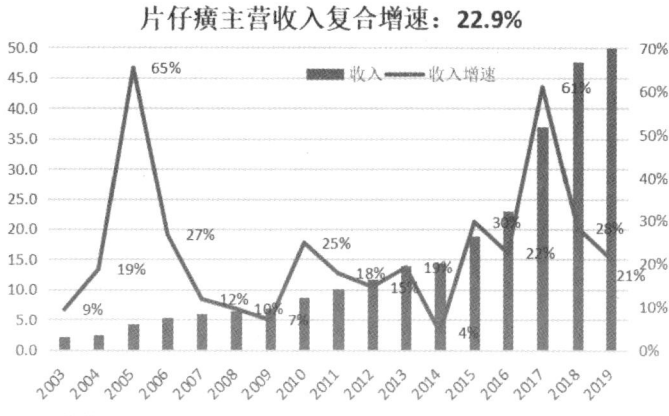

片仔癀主营收入复合增速：**22.9%**

片仔癀净利润复合增速：**21.6%**

第五点，企业管理层过往的计划是否实现

每年都增长40%的爱尔，实现了稳定增长。国内有些这样的公司每年是比较稳定的，片仔癀最近两年也是每年保持40%，恒瑞每年保持20%+，茅台董事长的

要求每年至少为15%，很厉害了。2018年，在茅台增长60%的时候我在股东大会问他："你为什么还说自己15%呢？"他回答15%是年初的目标，虽然现在是60%了，但年初设定的目标还是完成了，稳定非常重要。反观有些公司多次改名字，譬如万家文化，现在又改了名字，公司之前也总是乱改名。P2P公司也是上市公司改的名字。这些连名字都改来改去蹭热点的公司，它想干什么？

大家都学过入门训练营，编故事的企业就是第三种咖啡厅的故事——亏损的咖啡厅。它到处编故事，骗别人来买，这样的公司不值得投资。我们投的是每年利润能够稳定增长在15%以上的好企业。有些管理层过往吹的牛全实现了，有的管理层全是忽悠，对于这样的公司，时间久了你就会发现。时间是好企业的朋友，是差企业的敌人。华大基因在上市的时候要搞基因，让员工活100年，后来传闻搞房地产去了，把万科的王总拉过来搞基因小镇，纯属不务正业。当然，未来不代表人家不涨，这里只是从企业的角度来说，它的生意没有想象的那么好。

谁是好生意，我就愿意当谁的股东。万科的股东凭证应该发行在1990年，其实投资者所有买卖的股票都有一个股权凭证，只是你的投机行为决定了你根本不把自己当成一个股东，你只是把自己当成一个交易来交易去的投机者。实际上，你每次买股票，凭证上都应该有你的名字和你的股数。随着股市的电子化，我们看不到这些东西。绝大多数人是以炒差价为主，如果买了股票一个星期才能卖，而且给你邮寄一个股东证，那么我相信中国股市将会变得更好。因为投机的人少了，大家都在做投资。

船和船长哪个更加重要？

垄断公司，船重要——茅台，10%的公司是这样的公司。

竞争公司，船长重要——格力，90%的公司是这样的公司。

茅台公司很好，但是管理层因腐败被抓的，应该也是上市公司中最多的一家了。巨大的利益差价导致腐败层出不穷。对企业发展来说，差价只是影响了一些利润，不影响企业的长期发展，护城河反而抬高了，但对大部分企业来说，管理层很重要。比如上海家化，曾经是堪比茅台的一家企业，随着股东的更换，原有管理层被下课，结果就是企业的竞争力慢慢下降了。

巴菲特说，好的管理层、好的行业、好的价格必不可少，三条腿走路才稳。

（1）如果能确定管理层是一流的，那么做什么行业并不重要。管理层自己能选择一流的生意。比如三一重工，近十几年来，行业虽然有周期，但企业依然是行业最好的那一家。

（2）如果本身就是一流的生意，那么管理层只要尽心尽力就行了，不需要有超人的才华。茅台、五粮液在这方面都比较明显。

（3）如果管理层贪腐无能，肆意挥霍股东资产，多元化扩张，那么即使给他茅台、腾讯也能造掉。

所以投资组合有且只能是2种：

（1）一流的管理层，合理的价格。

（2）诚信守业的管理层，一流的生意，合理的价格。

以前买过很多国企，生意非常好，估值也非常低，但是管理层一点儿奋斗的意愿都没有，回报也很平庸。所以，现在考察公司第一件事情就是考察管理层的言行，尤其是公司的改革，只有不断变革才能塑造穿越时代的伟大公司。就像方洪波说的：

"美的的真正对手是时代，与任何竞争对手无关，无知、无能、无力不是我们发展的障碍，傲慢和自以为是才是。"

第六点，通过企业的上下游竞争分析，看长远

有些公司上下游比较简单，比如格力电器，上游是各种配件生产商，大家都想进入产品供应链，因此格力的议价能力就强。再比如中国国旅，上游是国外的奢侈品牌如GUCCI、LV等，这些产品本身就是高端品牌，因此国旅的议价能力就不强，只有它的销量在中国越高，它的议价能力才越强。批发价格越低，它的毛利率就会越高。苹果供应链上的很多公司虽然处在上游，但都不具有较强议价能力，因此很容易受到冲击。比如安洁科技，苹果的iPad用它的配件，但是iPad 2就不用了。信维通信、歌尔声学的业务也被立讯精密抢走了很多。苹果公司采用的双供货商制度，对它自身来说是很好的保护，但是对供货商来说却随时有被取代的可能。一旦遇到这种情况，企业的营业收入就会出现大幅下降，股价的波动也会比较大。所以，一定要找那些有议价能力的企业。

下图所示的通信行业分析，就站在一个全面的角度来看行业的竞争格局。在设备加速发展的过程中，前期芯片、IC设计企业的利润贡献就会早于终端商。

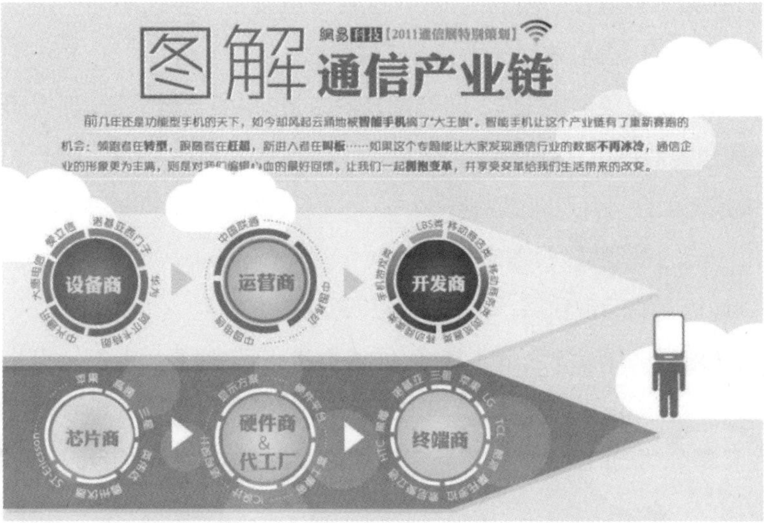

下图所示为医药研究的CRO行业格局情况。在产业链不同阶段企业所处的行业位置，有临床前CRO，有临床CRO，还有全产业链的药明康德。当行业处在快速发展阶段的时候，企业业绩都处于不断的爆发阶段，这样的机会就是阶段可持续性投资机会。

与优秀企业共成长，与志同道合人价值远航！

CRO企业产业链分析	临床前CRO	药物分子砌块		药石科技			药明康德
		化合物研究		康龙化成			
		安全性评估	昭衍新药				
		制药技术	康龙化成	华威医药	睿智化学	美迪西	
		小分子CMO	凯莱英	合全药业	博腾股份	九洲药业	
		大分子CDMO			睿智化学		
	临床CRO	临床研究	泰格药业	方恩医药	博济医药		
		药品注册申请					
		IV期临床试验					
		商业化CMO		博腾股份			

第七点，竞争对手比格局

通过竞争对手的比较，我们会观察到不同企业的格局不一样。比如腾讯，它的社交软件、游戏平台、广告平台、移动支付都是竞争对手中的佼佼者。为什么说腾讯公司比较好？因为从QQ到微信，它成为一个大的平台，流量非常大。这样的公司和游戏公司不一样，游戏公司可以爆款做一个游戏，但不敢保证第二个游戏还是爆款，但对平台来说，某公司第一个游戏爆款赚大钱，第二个游戏不爆款也没有影响，因为还有其他游戏公司的爆款游戏。因此游戏公司和腾讯比起来，谁能发展得更长远就很容易看出来。

很多年前的开心网、人人网等火爆一时，后来也不见了。现在使用QQ的人数明显下降了，还好微信是腾讯公司的，如果微信是阿里公司发明的，那么腾讯可麻烦了，它的QQ业务会直接被干沉。腾讯的竞争对手很少，顶多是阿里，百度都算不上，而游戏公司太多，影视公司也是一样，太多了。

下图所示为白酒行业，对比企业的收入、利润、市值，就会发现企业的不同。这是2019年3季报的数据，茅台的销售收入基本上是山西汾酒的6倍，利润更是305亿元对17亿元。通过对比，可以看出企业在行业中的地位，汾酒进不了前4名。当然不是说它不会涨，只是分析其在行业的地位。短期利润加速增长的企业，机构更喜欢，但只是短期，长期来看持续稳定的企业会更好。

序	代码	名称	**买入价	涨幅%	营业总收入	归属净利润	营业总收入同比	归属净利润同比	流通市值	总市值	归属净利润	所属行业
0	BK0477	酿酒行业	—	-3.60	0	0	0.00	0.00	2.61万亿	2.76万亿	0	—
1	600519	贵州茅台	1052.59	-2.11	635亿	305亿	15.53	23.13	1.32万亿	1.32万亿	305亿	酿酒行业
2	000596	古井贡酒	143.18	-2.84	82.0亿	17.4亿	21.31	38.69	549亿	721亿	17.4亿	酿酒行业
3	000858	五粮液	126.16	-4.21	371亿	125亿	26.84	32.12	4789亿	4897亿	125亿	酿酒行业
4	002304	洋河股份	107.14	-4.04	211亿	71.5亿	0.63	1.53	1338亿	1615亿	71.5亿	酿酒行业
5	600809	山西汾酒	91.68	-3.98	91.3亿	17.0亿	25.72	33.36	794亿	799亿	17.0亿	酿酒行业
6	000568	泸州老窖	82.65	-5.55	115亿	38.0亿	23.90	37.96	1207亿	1211亿	38.0亿	酿酒行业

谁是好生意？你愿意当谁的股东？一定要站在生意的角度去考虑。

第八点，产品的差异化

所谓产品差异化，是指企业在提供给顾客的产品上，通过各种方法造成足以引发顾客偏好的特殊性，使顾客能够把它同其他竞争性企业提供的同类产品有效地区别开来，从而达到使企业在市场竞争中占据有利地位的目的。

　　企业对于与其他产品存在差异的产品拥有绝对的垄断权,这种垄断权构筑了其他企业进入该市场或行业的壁垒,形成竞争优势。同时,企业在形成产品实体的要素上或在提供产品的过程中,造成足以区别于其他同类产品以吸引购买者的特殊性,从而形成消费者的偏好和忠诚。产品差异化不仅迫使外部进入者耗费巨资去征服现有客户的忠实性而由此造成某种障碍,而且在同一市场上使本企业与其他企业区别开来,以产品差异为基础争夺市场竞争的有利地位。因此,产品差异化对于企业的营销活动具有重要意义。

　　不同的产品,差异化特征不一样。譬如全面金融化的中国平安,有保险、券商、银行等金融业务。经营保险业务的公司数量有限,国内最大的保险公司就是平安保险,具有明显的优势。它的收入没有超过全行业,但是利润比全行业其他公司的利润总和还高。

序	代码	名称	*●	买入价	涨幅%	营业总收入↓	归属净利润	营业总收入同比	归属净利润同比	流通市值	总市值	归
0	BK0474	保险		—	-3.49	0	0	0.00	0.00	2.04万亿	3.37万亿	
1	601318	中国平安		83.48	-2.03	8928亿	1296亿	18.64	63.19	9044亿	1.53万亿	
2	601628	中国人寿		32.25	-3.73	6240亿	577亿	15.35	190.41	6718亿	9118亿	
3	601319	中国人保		7.26	-3.46	4238亿	214亿	7.45	76.33	407亿	3211亿	
4	601601	中国太保		35.95	-2.76	3112亿	229亿	7.39	80.21	2261亿	3259亿	
5	601336	新华保险		47.99	-2.93	1328亿	130亿	7.57	68.83	1001亿	1497亿	

　　券商开户佣金基本是万三,提供的投资资讯并没有大用处,所以券商行业比较同质化,在国泰开户和在海通开户没有区别。我们的基金账户分散在十几个券商,没有券商提供什么超一流的服务,都一样。所以,券商享受的是行政给的政策,它们没有绝对的垄断权。那么投资保险和券商,谁是好生意?你愿意当谁的股东?

　　下面来说重点。以中国国旅为例,八大标准逐一对照。买企业的时候,你逐一对照,看是否符合标准,够不够牛,不够牛的企业最好别买。这里不建议做太多的投机,但人性终归还是会投机,因为没有达到那么高的理解层次。本书也只是一个过渡,投资无止境,我们都需要不断学习,包括笔者也一样。

中国国旅　　2018.12.28

核心亮点 好行业 好企业——品质			
			1.好不好：免税行业的垄断优势，好！ 2.贵不贵：贵，高于合理估值。 3.会不会更好？ 4.会不会便宜？
好生意	1.国际视角		国人海外购物规模年均1万亿以上。对应国内免税消费3%的比例。消费回流是大趋势。对标韩国免税业务公司，占全球免税业务的6.6%
	2.供需格局		竞争优势明显　海南离岛，机场免税
	3.行业所处阶段		逐步垄断
企业战略商业模式			世界免税龙头
	高利润模式/高周转模式/高杠杆模式		高利润
核心竞争优势	核心竞争力		垄断，国内7家免税拍照。中免最强，整合日上之后更强。
	Swot分析		优势：越大成本越低 劣势：人民币升值影响成本， 机会：中国消费回流的需求。 威胁：经济下滑，消费增速
企业素质	管理层过往计划及长远眼光		国内二线到世界前三。
上下游分析	上游		奢侈品牌。销量越大竞争优势越明显
	下游		普通消费者，议价能力差。打击代购有利于企业发展
行业对潜在进入者的门槛	行业壁垒		牌照优势，不是谁都可以干的。 个人代购正在被控制。 海免集团的51%股份将会注入上市公司，由竞争变成合作。
主要竞争对手			日上，海免都相继被公司收购。目前的主要竞争对手为全球化的对手。
	品牌美誉度		日上的优势在机场，中免海南海棠湾的免税店也成为三亚游的必逛景点

选择真正的好生意，当股东。"我是股东"，买股票的时候就要这样想，只有这样，你才能拿得住茅台，做差价迟早会做"飞"。有些投资者后悔自己卖掉股票，因为卖了之后还涨。其实很正常，因为你没有把它当成股权，股票只是筹码，哪能不丢？如果把它当成股权，虽然要经历很多过山车般的震荡，但你的焦点是企业，这时股价的波动就变成其次了。

本章作业

（1）茅台和洋河为什么差别如此大？

（2）牧原和温氏为何差别如此大？

（3）迈瑞和鱼跃医疗谁会更长久？

第十一章

好生意如何判断——财务分析

在第一讲中讲解了好企业的两个标准，第一是好不好，第二是贵不贵。第二讲，讲解了对于好不好怎么来定性，从8个角度——竞争格局、供需关系、商业模式、核心竞争力等跟大家做了系列交流。一句话，谁是好生意？你愿意当谁的股东？在本章中，财务分析更多的作用是排除企业，即分析完之后，你会发现有些公司有瑕疵。当然，每个公司都有不同的瑕疵，有大有小。有些公司有大问题，是大坑，对此要小心。在此偏向讲解好企业，即从正面寻找的案例企业。A股市场好企业真是不多，差企业比较多，差的也是五花八门。

ROE

巴菲特讲了一个观点，"如果非要我用一个指标来衡量这家企业到底好不好，那么我只会用一个指标，那就是ROE"。

> 如果非要我用一个指标进行选股，我会选择ROE（净资产收益率），那些ROE能常年持续稳定在20%以上的公司都是好公司，投资者应当考虑买入。
>
> 公司能够创造并维持高水平的ROE是可遇而不可求的，因为这样的事情实在太少了！因为当公司的规模扩大时，维持高水平的ROE是极其困难的事。
>
> ——巴菲特

什么叫ROE？简单来说，ROE就是净资产收益率，官方表述是税后利润除以所有者权益，通俗来说就是你投了100元一年能赚回来多少。茅台多数时间ROE都在30%以上，也即3年就翻倍了。公司投入100元，每年赚20元，那么ROE大致就是20%。公司持续不断赚钱，股价才能不断上涨，你才能做逆向买入。前面讲咖啡厅故事，提到不要买"编故事"的那种公司，而这样的公司特别多。比如东方通信，就不是一家持续赚钱的公司，利润波动很大，但就是这样的公司，股价短期却会暴涨，属于纯概念的炒作。我们要投资的是净资产收益持续不断上升的公司，不断赚钱的公司。

下图列举了几家白酒公司2009—2018年十年的ROE情况，茅台稳定在30%左右，洋河股份上市当年最高为54.3%，但是近5年ROE下降到24%附近，五粮液10年中有4年低于20%，水井坊有两年还是负的，而泸州老窖的波动就更剧烈了。

	贵州茅台	洋河股份	五粮液	水井坊	泸州老窖
2009	33.6%	54.3%	25.0%	22.6%	38.8%
2010	30.9%	37.1%	26.7%	16.4%	41.2%
2011	40.4%	49.2%	30.0%	20.7%	41.7%
2012	45.0%	50.5%	36.8%	19.0%	46.9%
2013	39.4%	31.4%	23.7%	-8.8%	33.2%
2014	32.0%	24.5%	15.4%	-29.6%	8.0%
2015	26.2%	25.4%	14.9%	7.1%	14.7%
2016	24.4%	24.0%	15.0%	16.3%	17.8%
2017	33.0%	24.1%	19.4%	22.6%	20.3%
2018	34.5%	26.0%	22.8%	33.7%	21.8%
2019	33.1%	21.2%	25.3%	41.6%	25.5%
加权平均	33.9%	33.4%	23.2%	14.7%	28.2%

对ROE大致做如下分类：一般的公司一年就是10%~15%，优秀的公司是15%~20%，杰出的公司是20%~30%。茅台的ROE是30%多，这是超杰出公司。

伊利、格力大致都在20%到30%区间，能够持续保持高收益率的只有茅台。不同的企业ROE能够长期维持30%的股票在A股本来就很少，所以价值投资离不了茅台，绕不开茅台。我们曾建议每人至少买一手茅台，就是让你体验价值投资的感觉。

2018年以700元价格买茅台的人，当茅台跌到500多元时，有人卖掉了，有人扛住了。到2019年茅台股价一度超过1200元，扛住的人赚了。2018年大盘大跌一年，茅台最后也补跌了，但是现在股价都涨回来了，这告诉投资者一定要找好企业。在市场中每天告诉你追涨停，等待你的其实是跌停。你觉得碰到的企业是下一个东方通信，但买进之后，20%、30%就跌没了。投资就像是龟兔赛跑，绝大多数人都选兔子，真正选乌龟的人很少。但是乌龟活的时间长，它就能赚大钱，而且不累。我们买的是好东西，拥有的是股权，跌多的时候，只要告诉自己一句话，"我是茅台的股东，我又没少股份"，那波动与自己何干？你买的房子价格永远不波动吗？你住在那里当然不关注，"不在意波动"，只有你卖的时候才关注波动，才会发现价格的波动。

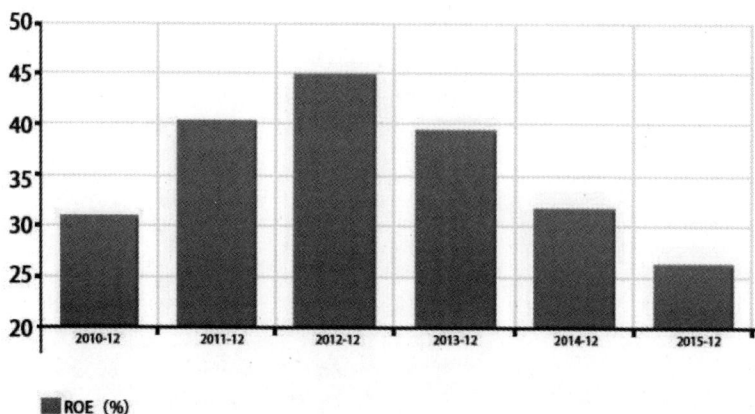

ROE (%)

对大部分公司来说，长期ROE的范围应该在10%~30%之间，大体划分的种类如下图所示。

ROE范围	性质
10% ~ 15%	一般公司
15% ~ 20%	杰出公司
20% ~ 30%	优秀公司

净利润增速

有了ROE标准之后，再看净利润增速。EPS利润的加速增长是股价上涨的推动因素。在第一部分中提到过戴维斯双击，20元的股价（每股收益2元，每年赚10%）怎么实现戴维斯双击？戴维斯双击中第一是市场情绪上升。2 400点大盘投资者很悲观，3 000点投资者很乐观，当时9倍市盈率的股票现在很轻松地卖11倍市盈率，这就是PE增长（也即情绪增长）。如果你买的企业业绩又能增长，那不就是戴维斯双击了吗？所以，建议尽量买净利润增长的公司。还记得10%的公司7年一倍、25%的公司3年一倍是在哪一节讲的吗？

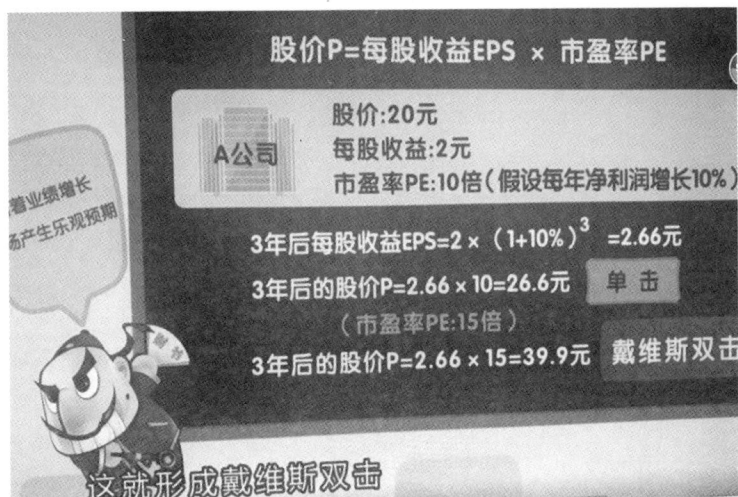

增长分为如下两类：第一类是利润加速从10%变成20%；第二类是从亏损到盈利转折。哪种好？当然是利润从10%加速到20%、20%加速到40%的好，我们不要做那种忽然亏忽然赚的公司。在2019年的行情中，恒瑞医药、爱尔眼科的上涨其实就在于每年业绩稳定增长。恒瑞的净利润增速从20%多变成25%，不要小看5%，股价对应有反应，那可是不小的涨幅。爱尔每年都是40%，比较稳定，虽然没有加速，但也涨，因为以这个速度持续增长可了不得。

恒瑞医药
收入复合增速27%，净利润复合增速32%

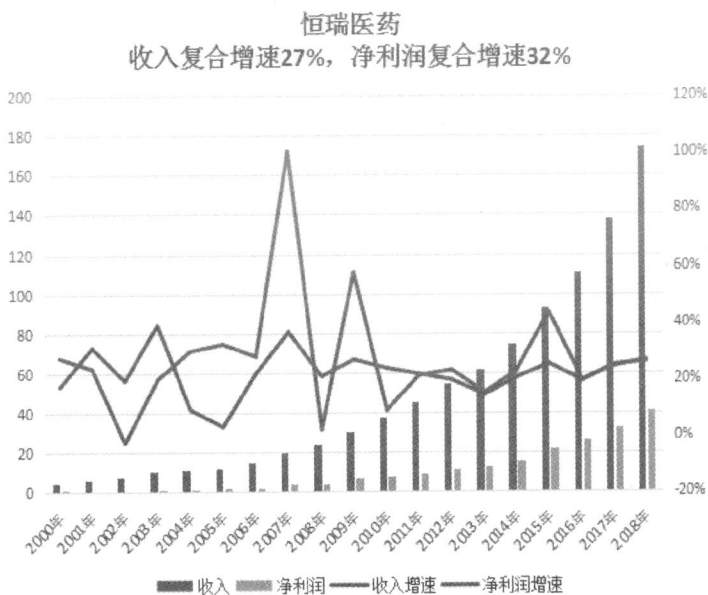

恒瑞医药 （年线 前复权） ? MA   MA10:34.76 ↑ MA20:18.80 ↑

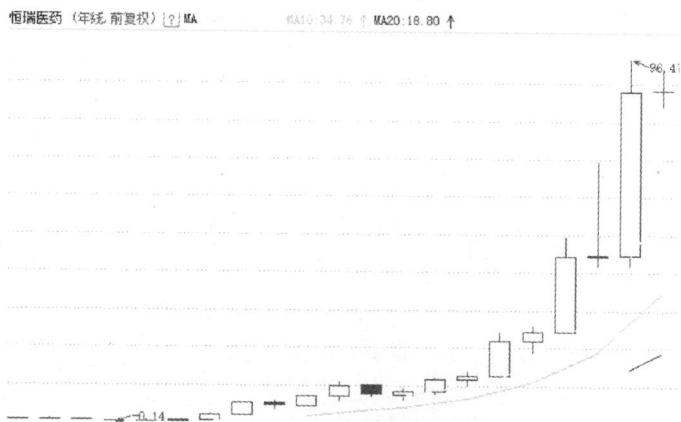

96.4

14

爱尔眼科
收入复合增速33%，净利润复合增速30%

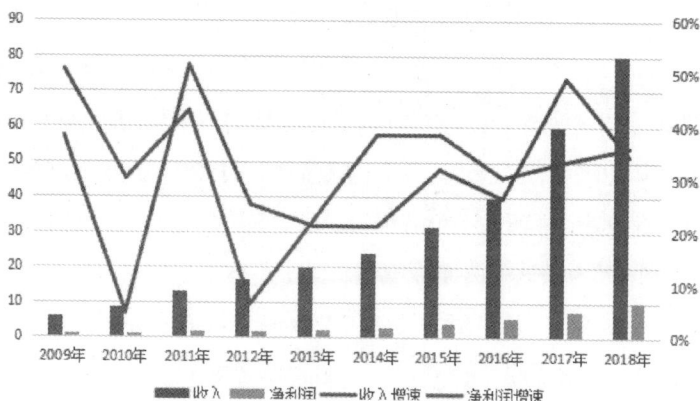

■收入 ■净利润 —收入增速 —净利润增速

爱尔眼科 （年线 前复权） ? MA   MA10:15.08 ↑

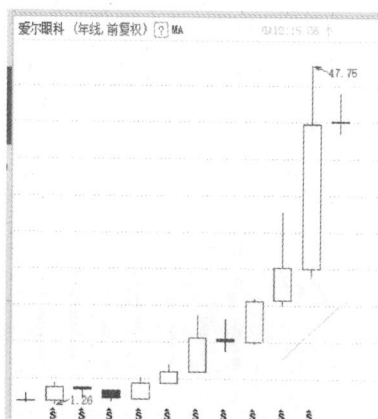

47.75

-1.26

　什么是从亏损到盈利呢？猪周期和鸡周期就是比较好的例子。养鸡的经常亏，但是赶上一个周期就猛涨。现在猪行业的集中度越来越高，尤其是牧原股份和新希望。这种增长,我们优先从商业格局来看,财务分析放后面。像猪企业,很多公司不赚钱。猪瘟来了之后,很多猪都被杀掉了,而养猪是有周期的,需要不断地投入,先买猪仔,再养猪,利润在半年到一年后才能体现出来。那时行业集中度提升了,猪的肉价慢慢涨上来了,龙头企业由于成本低,占有的市场份额高,所以利润就有了保障。

有人较早地把握住这个发展的趋势,取得了不菲的投资收益,你说是价值投资吗? 站在企业股权角度来判断算是价值投资。把握行业趋势这一点是重要的。券商行业就不一样,行情牛了,券商就会涨,但是行情涨的假设却不容易实现。所以,确定性下的净利润增速非常重要。

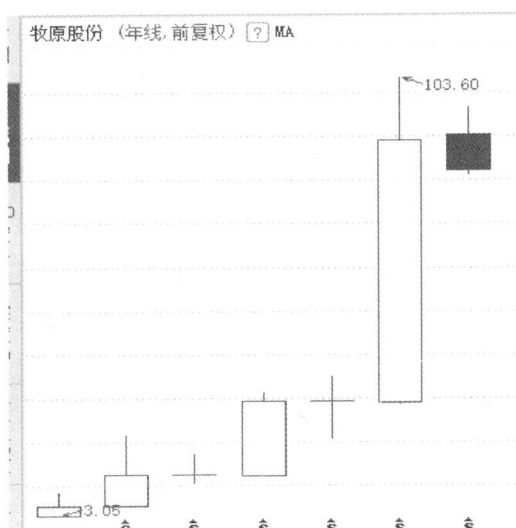

杜邦分析体系

我们列举的是茅台,茅台公司净资产收益率为32.95%,相当不错。总资产的净利率是23%,它还有一部分(利润)需要归它的母公司。茅台有些酒是母公司茅台集团卖的,并不是茅台股份公司卖的。表内还有净利润增长、总资产周转率、资产负债等指标。

茅台有386亿元的负债,茅台怎么会有这么多负债? 茅台的负债是什么? 分析如下: 一是,经销商交的货款,这记作它的负债。就是货还没卖但是先把钱收了,好生意! 这是最好的生意——货没卖先收钱。差的生意是什么? 是你卖了东西还没收回来钱,而且还得去要账,要账的时候还得给对方送礼,最后可能还会扣你的钱。做生意的人都有这种感觉,你得求人家,累。

二是,还有一部分是经销商存在这里的钱。茅台公司不欠别人钱,都是别人放在它这里的负债。这很罕见,就是别人挤破头也要把钱送给它,这样的公司真不多,但有些公司的负债可是真的。去年的欧菲光有200多亿元负债,而公司现金流才6亿多元,金立欠着它的6个亿资金不还,这一下子把它搞垮了,出现的问题很大,股价5个跌停。公司本身现金流就紧张,卖货还得先赊钱。自己上游买货(买东西)做东西,然后卖给下家,下家还欠着它,它还得先给上游钱,这种公司在经济不好的时候就会遇到很大问题,但是反过来,当国家给钱的时候,它们的杠杆能力就比较强,所以涨跌幅度都比较大。

杜邦分析体系是相对高级的财务分析,对于理解公司财务比较重要。对一般投资者来说,倾向于定性和把握ROE、净利润两个指标就可以。稍微“专”一点的投资者可以把杜邦分析体系作为一个隐身的研究。2018—2019年行情中涉及商誉暴雷的公司比较多,商誉就是并购别人公司时溢价比较高。一个公司值2 000万元,它用2亿元去买,那么溢价就比较高,商誉也就高,一旦公司不赚钱,它就得全部计提坏账,导致利润大幅下滑,所以才会有一些公司市值为40亿元,结果亏了70亿元,这种都是投机倒把的公司。财务体检就是为了排除这种公司,一定要仔细研究。

本章作业

（1）A股市场ROE连续5年超过20%的企业有哪些？

（2）戴维斯双击！2020年，哪些行业和企业实现了戴维斯双击？

第十二章

企业年利润如何计算

定性分析主要是通过对行业和企业的分析来确定的，这是本章的前三讲内容。有了好企业的定性分析，我们一起聊聊定量分析，通过定量分析验证定性分析是否有大的误差。本部分包含3部分内容，如何计算净利润，如何对比历史市盈率，以及如何测算合理区间值，循序渐进，由浅入深。这只是一种机构为主的估值方法，并非唯一的估值方法。

通过基本面的讲解，我们知道要做优秀企业的股东，而优秀的企业就必须有持续不断的盈利能力，这个盈利能力就是通过企业的净利润体现出来的。所以，我们要学会估算一家企业的净利润，结合企业的商业模式、未来的行业竞争格局、企业的发展战略等来推算企业的净利润。你对净利润的估算和市场不一样就是预期差，把握真实的净利润，将会帮助你在投资中看得更远。这不容易做到，需要历练。

净利润的质量受到哪些因素的影响？我们在跟踪企业的时候发现，企业公告一些利好消息，比如当年的净利润增速将会大幅度提升，翻一番，甚至翻几番时，投资者都会异常兴奋，但是兴奋之余，还要考虑如下两个问题：

第一，净利润增速的原因是什么？

第二，这样的增速能否持续。

净利润的质量对测算企业的净利润起着至关重要的作用。

净利润=收入－成本－税金－三费－所得税。因此影响净利润的主要因素是收入、成本、税费等，下面一起来看一下。

第一，收入的增长速度

我们需要了解一家企业的主营收入能否持续增长，简单来说，收入=商品单价×购买人数×购买次数。由此可见，收入的增长主要取决于3点，分别是商品单价的提高，消费者人数的增多以及消费次数的增加。大多数企业的收入可以围绕这3点来展开分析。

（1）通过提价来提高收入。比如茅台就有提价权，上市之后几乎隔两年就会提价格，单价的提高会对它的收入带来影响。像片仔癀、海天味业等都具备自我提价的能力。消费类企业随着货币贬值而不断提价是股价上涨的一种保障。
当然,提价也是一把双刃剑,如果提价之后导致消费者数量大幅下降,就会得不
偿失。老板电器的提价就导致消费者转购其他品牌,反而提高了竞争对手的销售
量。东阿阿胶的持续提价也遇到了瓶颈。

（2）通过提高市场占有率来提高收入。比如绝味食品、桃李面包等就是通过
不断地扩大市场占有率来提高收入,格力、美的也是如此。而有些企业靠技术不
断升级来实现,还有一些企业靠广告宣传、营销等措施来提高市场占有率。

（3）通过增加消费者购买的频率来提高收入。比如伊利股份就是通过不断
地加大宣传,增加消费者的复购率来提升收入的。类似饭店的翻台率,翻台次数
越多,越赚钱,这让我想起了海底捞火锅。

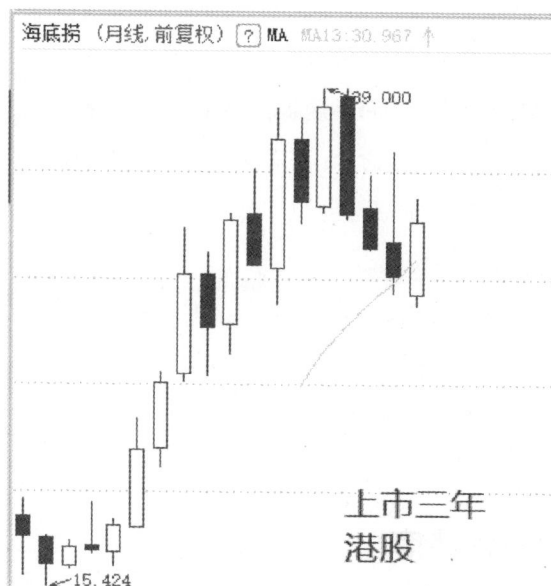

同时,还要关注企业的营业收入有多少来自其主营收入。比如贵州茅台,主营
收入就来自茅台酒,而且主要来自飞天茅台。假如某一年,你看到收入项中多了房
地产收入,就说明主营业务发生变化了,我们就要留意企业的商业模式是不是发
生了质的变化。还有一些企业净利润突然增加,并不是来源于主营收入,而是来自
非经常性损益,比如出售股权、政府补贴、汇兑损失等。苏宁电器出售股份,韵达
股份出售丰巢,这些都是投资性收益,是一次性的。对比而言,持续的竞争力来自
主营业务持续增长的为佳。

第二，企业生产成本提升的速度

主营收入增速加快，并不代表净利润增长也能加快。如果商品单价提高了5%，而生产成本反而增加了10%，成本的增加吞噬了收入的增加，净利润的增速不见得就能够提升。茅台生产成本含原材料约48元，如果按照零售价1 499元的茅台估算，那么占比仅为3.2%，如果茅台酒的价格上涨了10%，也即每瓶的价格增加149.9元，如果成本也上升10%，即每瓶的成本增加5元，那么企业的净利润增长幅度就很高了。所以，我们一定要考虑企业成本与提价之间的关系。

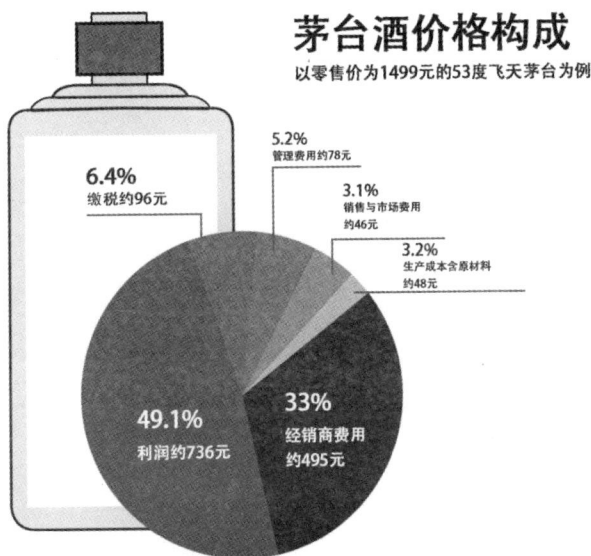

茅台酒价格构成
以零售价为1499元的53度飞天茅台为例

- 6.4% 缴税约96元
- 5.2% 管理费用约78元
- 3.1% 销售与市场费用约46元
- 3.2% 生产成本含原材料约48元
- 49.1% 利润约736元
- 33% 经销商费用约495元

再看茅台，53°飞天茅台指导零售价是1 499元，缴税按6.4%是96元，管理费用78元占5.2%，销售与市场费用只占3.1%是46元，生产成本含原材料只占3.2%，经销商费用约495元占33%，剩下的利润736元，约占49.1%。在这些要素中还有哪些是可以降低的呢？相信大家一眼就能看出来，经销商的利润占比是比较大的，而这一块也有足够的下降空间。

茅台近年的很多举措也是从这方面入手的。如果经销商的利润压缩到400元以内，或压缩到300元以内，那么会为茅台公司创造多少净利润呢？所以，茅台还有很大的利润提升空间。同时，茅台市场真实售价在2 500元以上，这1 000元经销商利润其实就是茅台的护城河，一方面可能滋生黄牛，另一方面也是企业可持续发展的空间。如果市场售价低于指导价就麻烦了，某些高端白酒也号称千元一瓶，但是实际售价只有500元，这个护城河是自己造的，竞争力比茅台差得远了。

第三，企业控制费用的能力

费用主要包括销售费用、管理费用、研发费用、财务费用等。不同的行业，不同的企业，费用占营业收入的比重也不一样。

看一下贵州茅台的三费情况，2001年上市当年，三费占营业收入比为24.9%，而2018年年报中占比已经下降到10.3%，费用下降，管理效率提高，这使得茅台保持了极高的净利率。

	管理费	占比	研发费	占比	销售费	占比	财务费	三费	占比
1998	1.2	18.5%			0.6	9.0%	0.42	2	34.1%
1999	1.2	13.7%			1.0	11.4%	0.11	2	26.4%
2000	1.3	11.6%			1.3	12.1%	0.07	3	24.4%
2001	1.8	11.2%			2.3	14.1%	-0.06	4	24.9%
2002	2.4	12.8%			3.1	16.8%	-0.17	5	28.6%
2003	2.9	12.2%			3.7	15.2%	-0.16	6	26.7%
2004	3.1	10.4%			3.8	12.5%	-0.26	7	22.0%
2005	3.5	8.9%			4.8	12.1%	-0.32	8	20.2%
2006	5.0	10.1%			5.8	11.9%	-0.25	11	21.5%
2007	7.2	10.0%			5.6	7.7%	-0.45	12	17.1%
2008	9.4	11.4%			5.3	6.5%	-1.03	14	16.6%
2009	12.2	12.6%			6.2	6.4%	-1.34	17	17.6%
2010	13.5	11.6%			6.8	5.8%	-1.77	18	15.9%
2011	16.7	9.1%			7.2	3.9%	-3.50	20	11.1%
2012	22.0	8.3%			12.3	4.6%	-4.21	30	11.4%
2013	28.4	9.1%			18.6	6.0%	-4.29	43	13.7%
2014	33.8	10.5%			16.8	5.2%	-1.23	49	15.3%
2015	36.1	10.8%			14.9	4.4%	-0.67	50	15.1%
2016	41.9	10.4%			16.8	4.2%	-0.33	58	14.5%
2017	47.0	7.7%	0.2	0.0%	29.9	4.9%	-0.56	77	12.5%
2018	53.3	6.9%	0.2	0.0%	25.7	3.3%	-0.04	79	10.3%
2019	61.7	6.9%	0.5	0.1%	32.8	3.7%	0.07	95	10.7%

沃森生物的三费占比总体是呈上升趋势的。最高的2014年三费占比达到90.4%，当年收入为7.2亿元，管理费为2.1亿元，占比为29.8%，研发费用为0.9亿元，占比为13.1%，销售费用为1.9亿元，占比为26.1%，还有财务费用1.54亿元，净利润只剩下1.4亿元，而当年还有1.3亿元的研发支出资本化处理了。正是居高不下的三费支出，使得沃森生物的盈利能力比较差。

	管理费	占比	研发费	占比	销售费	占比	财务费	三费	占比
2010年	0.5	14.7%			0.9	25.5%	0.04	1.5	41.3%
2011年	0.8	16.3%			1.4	30.4%	-0.40	1.8	38.3%
2012年	1.1	19.7%			1.2	22.8%	-0.31	2.0	36.7%
2013年	2.1	35.7%	0.3	4.6%	1.0	17.9%	0.47	3.9	66.3%
2014年	2.1	29.8%	0.9	13.1%	1.9	26.1%	1.54	6.5	90.4%
2015年	1.4	13.9%	2.3	23.1%	2.1	20.6%	1.47	7.3	72.1%
2016年	1.2	20.8%	1.3	21.5%	1.5	25.4%	1.21	5.2	88.1%
2017年	1.0	14.9%	1.0	14.8%	2.5	38.0%	1.03	5.6	83.1%
2018年	1.3	14.9%	1.3	14.3%	3.5	39.8%	0.16	6.2	70.7%
2019年	1.7	15.6%	0.6	5.8%	5.0	44.5%	-0.04	7.3	65.6%

能够控制三费，并逐年使得三费占收入比重下降的企业，说明管理层的管理是高效的，是以企业股东利益最大化为己任的，这样的企业才是我们最好的投资标的。

知道了决定净利润质量的因素和提升净利润的途径，接下来就要估算企业的净利润，估算净利润也是为了"预期差"。在这里先讲一下什么是预期差。

举一个简单的例子。王×和刘×都是小学三年级的学生，王×平时数学考试成绩都是100分，期中考试得了98分，老师和家长都找他谈话，想知道2分丢哪去了，言谈之间多是惋惜。而刘×平时数学成绩总是在58分左右，这次考了61分，老师和家长也找刘×谈话了，但是言语之间都是表扬，认为刘×进步很大。王×和刘×的真实成绩与大家对他们预期的成绩之间形成了预期差。尽管王×考了98分，远远高于刘×的61分，但是刘×得到了表扬，而王×却没有。案例中王×的100分和刘×的58分就是大家的一致预期，98分和61分是真实的成绩，而真实成绩与预期成绩之间的分数差就是我们所说的预期差。

在证券市场，预期是什么？预期就是投资者认为上市公司能够赚多少钱，预期差就是公司实际盈利与市场一致预期之间的差值。

　　一致预期来自哪里？一方面是企业自己的公告修正。比如之前公告业绩增长30%，随后又公告增长40%，这就是好企业发展超出了自己的预期。另一方面来自券商的研究报告。券商的分析师通过各种模型计算企业的收入和利润，再通过走访上市公司了解更多的相关信息，根据自己的综合判断，给出上市公司的盈利预测。对多家券商预测净利润进行比较，找到可能的预期净利润，这就是我们所说的一致预期。

　　平时我们使用的分析软件是东方财富，也会将东方财富上券商的预期数据作为主要参考依据，还用贵州茅台来举例。

　　2019年1月22日，中金公司预期2018年EPS是27.12元，高华证券预期是27.15元，华泰证券预期是26.6元，广发证券预期是27.02元，券商对2018年茅台的预期基本上在27元左右。2019年3月29日，茅台公布了年报，全年实现归母净利润352亿元，增速为29.9%，每股收益为28.02元，实际收益高于券商的一致预期，所以股价在公布之后继续出现上涨。

　　2018年已经过去，投资是投未来，你需要对未来的业绩进行预期，这样才能判断当前股价对应未来某一年份净利润的估值倍数是多少。如果券商预期20%增速，你预期25%增速，这之间就会有预期差，股价调整的时候你自然不害怕，而且在合适的位置也会继续买入。当然，券商都是按照6~12个月进行预期的，所以也会动态地调整。

　　我们引入三年期的估值标准，努力看长、看远。对股权投资者来说，重点关注茅台的基酒产量和茅台的扩产计划及落实情况，短期的业绩波动不会影响他们的持股，只要长期基酒产量不降反升，他们就不会卖出。我们也希望投资者能够站在更长、更远的角度去分析茅台、分析企业，这样才能站得高看得远。本书中给出了2019—2021年3年估值，这是本书的重要数据内容和亮点。详细见十五家伟大企业分析，这部分内容看懂了，收获会颇丰。

爱尔眼科		2019	2020	2021
EPS		0.44	0.58	0.76
增速		32.6%	31.8%	31.0%
低估	45	19.8	26.1	34.2
合理	55	24.2	31.9	41.8
高估	70	30.8	40.6	53.2
上海机场		2019	2020	2021
EPS		2.75	3.07	3.5
增速		25.0%	11.6%	14.0%
低估	20	55.0	61.4	70.0
合理	22	60.5	67.5	77.0
高估	28	77.0	86.0	98.0
	32	89	98	112

下面用中国国旅来做一个案例分析，看一下预期差。

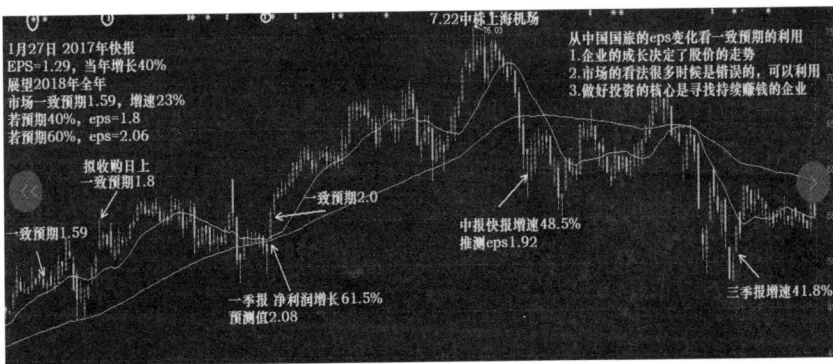

中国国旅于2018年1月27日公布了2017年的业绩快报。快报中预期业绩增长40%，对应的EPS为1.29元。此时券商对其2018年的一致预期为1.59元，相较2017年的增速为23%。这个增速是高还是低呢？这就需要自己来判断了。

首先，快报预期2017年全年净利润增速为40%，将其拆分到4个季度来看，4个季度分别实现7.2亿元、5.8亿元、6.1亿元、6.2亿元的归母净利润，增速分别为3.1%、41.9%、71.7%、79.2%。在看不出基本面有任何问题的情况下，增速从2017年的40%到2018年的预期23%，不升反降，这个预期肯定是不靠谱的，这就是你应得出的结论。

单季	收入	增速	净利润	增速	非净利
17Q1	58	11%	7.2	3.1%	7.2
17Q2	68	35%	5.8	41.9%	5.7
17Q3	82	32%	6.1	71.7%	6.0
17Q4	75	27%	6.2	79.2%	5.7

我们需要自己测算中国国旅的EPS。在看不到不利信息的情况下，如果国旅能够保持40%的增速，那么对应的EPS能够达到1.8元。如果能够超预期，达到60%的增速，那么对应的EPS就是2.06元。如果你能够在市场预期1.59元时对国旅的预期提高到1.8元，甚至2元，那么在股价下跌的时候，你不但不会慌张，反而会去买入。因为48元的股价，按照2元的一致预期，市盈率是24倍。作为一个成长期企业来说，24倍并不贵。市场预期1.59元，你预期2元，这就形成了预期差，而这个预期差也让你更加坚定地持有股权不放松。前提是你对企业商业模式、发展趋势的深入分析，模糊的正确比准确的错误要重要。

市场的一致预期也并非一成不变，也会"随行就市"。市场的一致预期在什么时候会发生变化呢？2018年2月22日，公告拟收购日上，这个收购动作，能够增厚国旅的业绩，市场的一致预期也一下子提升到了1.8元。市场为什么会提高一致预期？因为当时的免税格局是日上第一（分为北京日上和上海日上），国旅第二，一旦完成收购中国国旅就是国内免税行业的龙头老大了，收购不但增厚业绩，而且会提振市场情绪给出更高的估值。此后股价的上涨主要是基于这个信息的刺激。正是因为提前给予了更高的业绩增速判断，我们才会提前介入。

2018年4月16日，海南政策公布，市场普遍认为对于国旅是一个利空消息，其他相关个股都出现了大涨，但是国旅却高开低走，并在3天之内出现了20%的大幅震荡。短期投资者依旧害怕免税牌照开放！但这时却是长期投资非常好的买点。此时，大多数个股的年报和一季报都公布了，而国旅的业绩却是最后一天才公布。节后，国旅同时公布了2017年年报和2018年一季报，年报增长40%，一季报增长61.5%，市场一下子沸腾了，节后第一天大量的券商研报开始推出，市场一致预期也从之前的1.8元提升到2元。可见券商的一致预期也是"随行就市"，而非一成不变。股价再次暴涨，之前的利空过去了，短线客下车，长线客低价上车，火车继续开动。

从1.59元到1.8元再到2元，原因是什么？市场的推算无外乎是这样的，一季度既然能够达到61.5%了，如果全年也能够达到61.5%，那么就在2元以上了，券商的推演逻辑就这么简单。如果按照35倍的正常市盈率，企业就应该涨到70元以上。所以节后的5月2日，国旅大涨8%。在EPS一致预期不断提升的过程中，股价、估值倍数就更便宜了，有点儿双击的意思。这里也出现了净利润断层（净利润超预期+股价大涨），随后的上涨行情得以延续。尤其在2018年市场大幅下挫的背景下，业绩的高成长支撑了国旅股价逆势上涨50%。如果你一直关注中国国旅，那么对这段股价走势以及中间发生的事情也不会陌生。关注业绩的变化，提前把握业绩增长的趋势有利于长期投资和逆向买入。

7月19日国旅中标上海机场，7月21日周末公布消息，而在这之前的7月18日，股价达到了76.03元，按照2元的EPS，市盈率达到了38倍。这个市盈率已经不便宜了，短期估值已经贵了，为什么说它贵了？看下一章的分析就明白了，历史上38倍以上的动态市盈率对国旅来说是一个卖出区间。我们看到的消息是利好还是利空？当然是利好，中标上海机场使得它2018年的预期达到了顶峰。为什么达到顶峰？中标上海机场之后，2018年再出重大利好的概率已经很小了，加上估值也高于历史估值，这个价格已经包含了市场对它的预期，此刻我们不要因看好技术分析而高价买入，这一点非常重要。随后我们看到的是外资也从这个位置逐步地减持。大盘在2018年也出现了25%以上的跌幅，它也出现了补跌，从75元跌到了47元，好企业这样的波动也会随时出现。到了2019年，中国国旅最高价到了98元，相信好企业会回来是价值投资的核心点。

8月8日公布了中报的快报，预期增速为48.5%，快报一出，券商的一致预期立即下降，从之前的2元以上，下调到了1.92元。这又是为什么？因为之前大家乐观估计全年净利润增速会达到60%，而中报快报只有48.5%，全年要想继续保持60%的增速，后半年增速就需要更高，难度太大。这样，EPS预期下降，PE反而太高，此时容易出现双杀的情况。一是基本面的利好上半年密集公告，二是PE运行在较高位置，三是中报不及预期，这些都影响了短期股价的运行。中报之后的走势大家也都看到了，这解释了为什么有些企业业绩不错，股价还要大跌。低于预期在于之前预期太高，这就是巴菲特所说的，合理地利用市场的波动。

通过中国国旅的EPS一致预期的变化过程与股价波动之间的关系，不难看出，最重要的还是企业的真正成长，尤其是持续的成长。忽高忽低的预期变化，会造成二级市场股价的大幅波动。这种预期的变化真实地影响了企业的价格，也给了投资者大的波段机会。任何企业都不会线性一直上涨，震荡上涨是常态。看下图，仔细体会这种感觉，真正牛股的持有并不是一件容易的事情，但是当你选好企业，把它当成股权的时候会容易很多。

逐季	收入	增速	净利润	增速	非净利
17Q1	58	11%	7.2	3.1%	7.2
17Q2	126	22%	13.0	17.5%	12.9
17Q3	207	26%	19.1	30.6%	18.9
17Q4	283	26%	25.3	40.0%	24.6
18Q1	89	53%	11.6	61.5%	11.6
18Q2	211	68%	19.2	47.6%	19.1
18Q3	341	64%	27.1	41.8%	26.9
18Q4	470	66%	30.9	22.3%	31.4

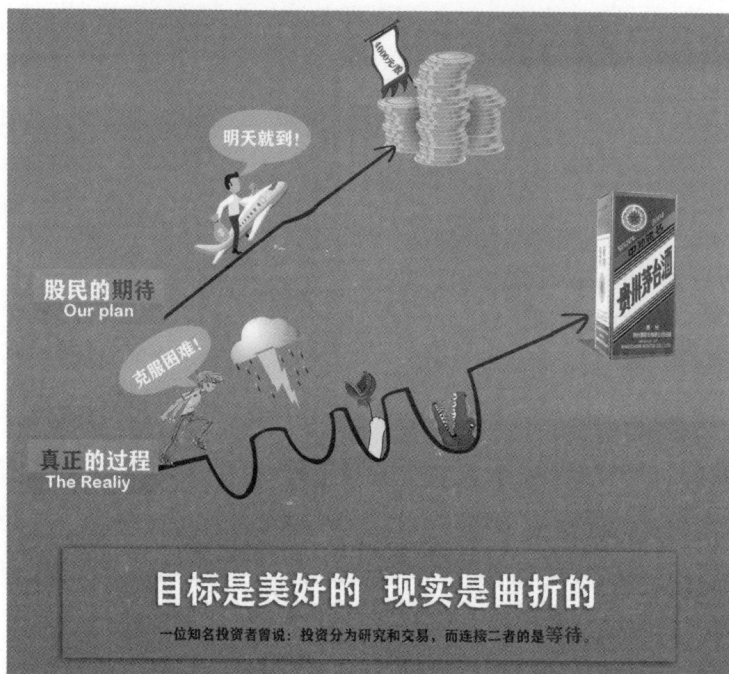

目标是美好的 现实是曲折的

一位知名投资者曾说：投资分为研究和交易，而连接二者的是等待。

市场的看法很多时候都是错误的，我们要利用这个错误。看到2018年一季报增长61.5%，就想当然地认为全年也会达到60%。结果中报增长48.5%，低于市场预期。已经低于预期了，就认为全年能实现48%的增速，结果三季报增速进一步下降到41.8%，继续低于预期。三季报一次性计提了费用，影响了净利润的增速，但市场短期是投票器，增速放缓就卖出，这是季度价值投资者的主要思路。国内的公募基金普遍都是这样的短视思路，因为钱不是他的，所以大部分机构无法实现真正的股权投资。

事实上，我们仔细观察会发现，一季报后收入一直维持在60%以上的增长，如果因财务手段而采取激进措施一次性提取费用，那么2019年就没有这笔费用了。因为2018年计提费用导致净利润基数变低，那么2019年收入增速理应高于2018年的增速。企业还是那个企业，免税业务依然是龙头，只因为计提就看衰中国国旅，肯定是不对的。所以聪明的人，会在三季报公布之后，开始逐渐建仓，2019年的国旅是轻装上阵。上市公司有时候也会有明显的财务调节，卖出国旅总社的利润是2018年计入上市公司业绩，还是2019年计入都是人为可以调节的。所以，2019年一季度国旅的业绩又开始加速了，股价冲击到当年的高点98元左右。

市场先生是一个情绪化的老头，因为中国国旅的免税业务处于成长期，所以不断地高速增长才是市场先生期盼的，如果不能快速增长，自然就不会出价太高了。国旅的案例明确告知我们一方面要学会给企业估值，另一方面也要利用市场的波动。

中国国旅其实是很好的一个案例，2019年年初，股价又一次跌到54元附近，去年EPS没有达到2元，2019年肯定能达到。假如增速不高，只有2元，那么54元股价只有27倍的市盈率，如果EPS是2.1元、2.2元、2.3元、2.4元，那么岂不是更便宜？看长远，该企业的EPS大概率是不断上升的。2018年四季度的下跌，使得2019年的中国国旅更加值得投资了。这要看你对企业未来的把握，如果对企业未来超级看好，那么越跌你肯定越兴奋。企业现在把利润藏起来，将来还是要把利润贡献出来的，赚的钱是藏不住的。

我们看企业，一定要往远了看。我们计算了2020年和2021年对于国旅的展望，如下图所示，业绩未来3元也是会出现的，股价到120元也只是时间问题。这些结论来自定性的分析，市场发生什么短期影响因素，则是给我们提供的长期买点。比如2020年年初机场航班班次减少，国旅的主营业务肯定会受到很大冲击。利润短期下滑，股价短期下跌是必然的，也只有在这时才会给你77元的合理价格，甚至66元的低估价格，这就是我们所理解的如何利用市场的波动。因为疫情终会过去，机场购物也会再度繁荣。投资就是这样，耐心等待，机会会在一片恐慌中来到。以下的价格仅供参考，当投资者在2022年回头再看时，会有更深的体会。利润增长的方向容易看，但是其过程很难猜准，这也是股权投资选择了长期的原因，因为连巴菲特也无法预测明天的涨跌。

中国国旅

		2019	2020	2021	2020推算
EPS		2.41	2.65	3.18	3.01
增速		52.0%	10.0%	20.0%	25%
低估	25	60.3	66.3	79.5	75
合理	29	69.9	76.9	92.2	87
高估	38	91.6	100.7	120.8	114

茅台

		2018	2019	2020（保守）	2020（乐观）	2019	2021
EPS		28	35.00	41.26	45	32.2	47.49
增速			25.0%	17.9%	28.0%		15.1%
	14		494.00				
低估	19	532	665	784	855	612	902
合理	21	588	735	866	945	676	997
高估	28	784	980	1155	1260	902	1330
	30	840	1050	1238	1350	966	1425
	35		1225	1444	1575	1127	1662
	38					1241	

五粮液

	2018	2019	2020	2021
EPS	3.45	4.50	5.48	6.28
增速		30.0%	21.8%	14.6%

贵州茅台

		2018	2019（预计）	2019（实际）	2020（公司展望）	2020（乐观）	2021
EPS		28	35.00	32.2	35.4	38.64	44.44
增速			25.0%	15%	10%	20.0%	15.1%
	14		494.00				
低估	19	532	665	612	672	734	844
合理	21	588	735	676	743	811	933
高估	28	784	980	902	991	1082	1244
	30	840	1050	966	1060	1160	1333
	35		1225	1127	1239	1352	1555
	38			1241			

本章作业

（1）稳增类的恒瑞医药2020、2021年EPS的计算。

（2）茅台2020、2021年业绩计算。原来我们计算的是常规值，上市公司变动业绩会引发新的估值，到底按照哪个呢？

第十三章

历史PE如何确定

如同人体的体温37℃一样，如果我们可以给企业一个估值的衡量，那么投资就会轻松，至少一眼知道企业是胖子还是瘦子。首先，回顾第十二章的内容，主要讲解年度EPS如何提前计算，测算EPS也就是净利润是多少，还提到影响EPS的因素，净利润的质量与主营收入相关性，以及影响净利润的其他因素——单价提高、毛利率提升以及费用率降低等问题。这些问题和我们确定历史PE有一定的关系，下面开始本章节的交流。

历史PE如何确定？

目前市场估值的主流方法有3种，第一种是PE法，第二种是PB法，第三种是现金流折现法。

现金流折现法：巴菲特使用的一个估值方法。虽然芒格说，"我从来没看见过巴菲特拿着计算机算过任何一个企业的价值"，但是巴菲特在不同的场合也流露出来，他是用这样的方法（现金流折现）来测算企业的内在估值的。对于该方法，其实国内用的人比较少，一是现金流很难完整地从报表中摘出来；二是该算法也有一些弊端。这种算法更加适合于比较稳定的企业，而对于另外一些企业则不太适合。国内价值投资者马喆先生使用此方法比较多。这种方法不是我们的强项，不作为我们主要交流的内容。

PB法是用净资产来算，适合一些资产比较多的企业，比如银行、保险等类似这些的企业。每一种方法都有不同的优点和弊端。PE法的最大优势就在于它能够对一些资产比较轻的行业有很好的预估，而且预估的很多内容比较正确，所以笔者使用PE法进行估值比较多。国内机构主流估值采用PE法的比较多，也便于我们发掘一致性，找到预期差。

本讲估值也是重点讲PE法而不是其他的方法，不代表其他的方法不好，只是每个人的倾向不一样，笔者在提供的"价值20"估值表中采用的也是PE法，对于PB法和现金流折现法以及其他估值方法不做重点沟通和交流。比如中国平安，可能更加适合PEV估值法，投资者可以结合多个估值方法找到合适价格。

PE：在一个考察期之内，股票的价格和每股收益的比例，主要反映市场情绪的高涨与低落。

市盈率PE估值法：净利润×PE=市值。

净利润⇧×PE⇧=市值⇧⇧

净利润上升   **估值上升**   **市值大幅上升**

在这个过程中,哪种情况最好?就是净利润上升,估值也上升,才会使市值大幅上升,这也是我们经常所说的戴维斯双击。所以要尽量地去找那些净利润能加速增长,同时估值也不高的企业,这样股价上涨起来就会更高、更多。巴菲特说过,投资只需做两件事情,第一件事情就是对你所要投资的企业进行估值。市盈率PE估值法就是净利润乘以估值等于市值,也就是EPS乘以PE等于股价,最好的一定是双击。

切记:任何一个过于量化的估值标准都有教条化的嫌疑。

历史PE法估值,简洁明了,当然它也会有错的地方,但是这种简洁明了可以让我们避免犯很多错误,而且我们会告诉读者哪些是适合用它估值的,不适合用它估值的一笔带过就可以。

对于历史PE如何确定,我们从两个方面来看,一个是横向对比,另一个是纵向对比。

横向对比

横向对比就是企业之间的对比。

例如贵州茅台,它于2001年上市,下图所示的表中绿颜色的标注是上市每一年的最低PE,后面一栏是上市这一年的最高PE。

有人问:“最低PE和最高PE是如何计算的?”那就要先看最低市值和最高市值,找出平均值。最低市值就是把当年1月1日到12月31日中最低那一天的市值罗列出来,然后把当年最高市值也罗列出来,再把当年的净利润摘出来。最后用最低市价乘以当年的股本数、最高市价乘以当年的股本数,分别得到最低市值和最高市值。

贵州茅台											
年度	收入	增速	净利润	增速	年涨幅	年终市值	年终PE	最低市值	最低PE	最高市值	最高PE
2001年	16	45%	3.3	32%		96	30	82	25	98	30
2002年	18	14%	3.8	15%	-34%	70	19	70	19	99	26
2003年	24	31%	5.9	56%	0%	77	13	63	11	78	13
2004年	30	25%	8.2	40%	44%	144	18	76	9	160	19
2005年	39	31%	11	36%	25%	215	19	141	13	246	22
2006年	49	25%	15	38%	93%	829	54	208	13	869	56
2007年	72	48%	28	83%	162%	2171	77	807	29	2172	77
2008年	82	14%	38	34%	-53%	1026	27	795	21	2176	57
2009年	97	17%	43	14%	56%	1603	37	934	22	1709	40
2010年	116	20%	51	17%	8%	1736	34	1176	23	2095	41
2011年	184	58%	87	73%	5%	2007	23	1600	18	2245	26
2012年	265	44%	133	52%	8%	2170	16	1774	13	2762	21
2013年	311	17%	151	14%	-39%	1333	9	1272	8	2151	14
2014年	322	4%	154	1%	48%	2165	14	1225	8	1865	12
2015年	334	4%	155	1%	15%	2741	18	1958	13	3312	21
2016年	402	20%	167	8%	53%	4198	25	2456	15	4271	26
2017年	611	52%	271	62%	109%	8762	32	4181	15	9126	34
2018年	772	26%	352	30%	-15%	7412	21	6394	18	10093	29

　　最低市值除以净利润就得到了最低PE，最高市值除以净利润就得到最高PE，用这种方法可以算出每年的最低、最高PE，之后生成一个曲线图，很明晰地看到红颜色的曲线代表每年最高PE情况，蓝色曲线代表每年最低PE情况。目前在一些软件中也有相关的数据计算，每家企业似乎都有，数据会有差别。

贵州茅台

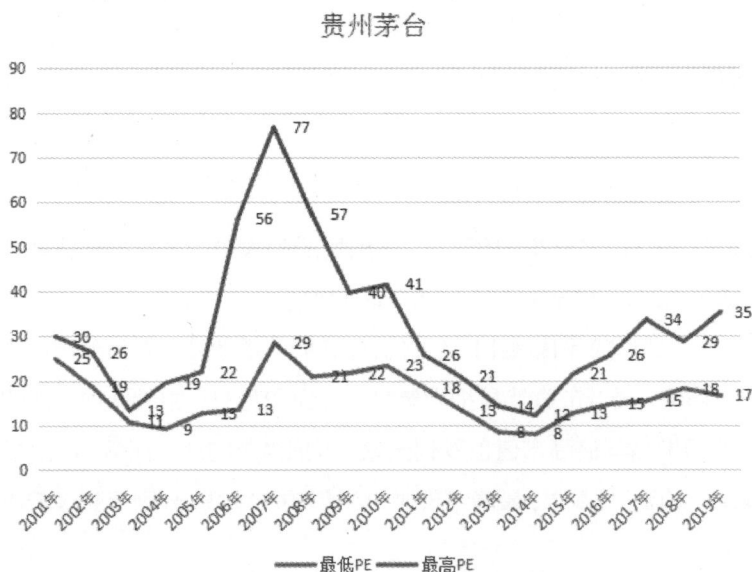

—— 最低PE —— 最高PE

　　通过该曲线图可以发现，有一年茅台的历史最高PE已经到了70多倍，最低为

29倍，这一年是什么情况呢？原来这一年是2007年。2007年是中国历史上的大牛市，大牛市之前最高的PE都接近60倍了，之后的2008年最高PE也在60倍左右。这时就属于情绪高涨带动PE上涨的情况，把股价也带起来了。这时它完全脱离了常规的轨道，泡沫就来了，最后一直跌到8倍PE。

在价值20估值表中给的高估价格，大多数是不适合短期买入的价格，但并不代表是卖出的价格。因为高估价格并不是一个最高位价格，随着企业的成长一些高估会被消化。比如，我们虽然给了茅台28~30倍PE，但实际上茅台还有更高PE的时候，因为人类的情绪疯狂难以猜测。我们要结合具体情况来看，看它在最低PE的时候出现什么问题，在最高PE的时候出现什么问题。这样就会发现茅台最高PE的年份，是因为整个市场上涨，情绪带动得比较高。

同样，茅台出现10倍以下PE是在2013、2014年，这是因为当时出现了塑化剂危机，企业利润下降，市场对白酒行业的情绪也下降了。这样，你就了解了茅台在PE最高的年份是市场情绪带起来的，在PE最低的年份是净利润增速无增长带来的。我们给出的20~25~30倍的PE区间也只是常规阶段，随着外资的加入，对于优秀企业的估值也有可能是30~35，很少出现20以下。要动态看待事物的发展。

通过了解过去贵州茅台的收入和利润的增速以及历史PE的情况，我们对未来就可以做出一些预期。总体来看，20倍以下进入相对低估区间，30倍以上进入相对高估区间。如果市场情绪高涨，企业又有超预期的因素出现，PE就会更高一些，反之像2018年那样，就会更低一些。对长期持有的股权投资者来说，不用考虑这么多，只要基本面没有坏，就继续持有；对还没有"上车"而准备"上车"的投资者来说，不要买得太贵，要给自己留下较大的安全边际。

茅台管理层预期2019年的收入增长目标是14%，这是由5年前的基酒产量决定的。从最近几年管理层给自己定的目标来看，实际增长远高于计划增长，如下图所示，茅台的管理层在制定目标的时候略显保守，也可以从另外一个侧面说明，即使上市公司的管理层也不能准确地预测企业当年的营收增长和净利润增长，因此"模糊的正确胜似精确的错误"，我们不要陷入细枝末节中，而忽略了主干的东西。

上市公司营收计划和实际完成情况对比					
	贵州茅台	五粮液	洋河股份	泸州老窖	古井贡
2015年计划增长	1%	0%	5%	45%	0%
2015年实际增长	4%	3%	9%	29%	13%
2016计划增长	4%	10%	10%	16%	0%
2016实际增长	19%	13%	7%	20%	15%
2017年计划增长	15%	10%	10%	22%	0%
2017年实际增长	50%	23%	16%	21%	16%
2018年计划增长	15%	26%	20%	25%	14.3%
2018年实际增长	27%	33%	21%	25.6%	24.7%
2019年计划增长	14%	25%	12%	25%	
2019年实际增长	15%	25%	-4%	21%	

按照茅台过往几年计划的收入增速与实际增速来看，14%属于保守的预估。从上市到2018年年报，茅台收入复合增速是26%，净利润的复合增速是32%，净利润的增速明显快于收入的增速。保守估计2019年茅台的净利润增长也会达到20%以上。20~30倍为合理估值区间，低于20倍进入低估区，拥有更强的安全边际。超过28~30倍进入高估区，不适合大量买入，安全边际变小。这样的市盈率倍数是一个区间，不是一个精确的数值。在实际操作中，受到各种因素的影响，估值的波动也比较大。总之要拥有逆向的思维，涨多的时候，不要那么惊喜，要看是不是贵了。相反，跌多的时候，不要害怕，要看是不是更加值钱，是否进入安全区域了。将目标定低点，是便于超出市场预期。

在15家伟大企业分析中，我们在充分考虑风险因素之后，当出现较低价格时，你敢不敢买不仅取决于你对它的合理PE或者低估PE的测算，更取决于你对企业的了解到底有多深，或者这个风险因素能不能够使企业基本面发生变化。如果基本面没有变化，那么只要跌下来就买，反之就缓一缓。像长生生物造假的企业，马上要倒闭了，它跌多也不能去买。再比如乐视，它的逻辑发生了变化，跌多了也不能买，更不用估值了，没法估了。但是像茅台2018年10月份的下跌，是因为单个季度业绩下滑，可单个季度不影响茅台的整体发展。其实企业的发展是不会受单季度影响的，所以不要那么担心，这时反倒是最佳的介入时机。

估值中位数就是结合估值表与曲线图，大概取的一个数值。对此数值，我们不要求很精确，因为你一旦精确，就会陷入精确的错误，因而我们宁可要模糊的正确。投资者就围绕估值表与曲线图去看股票，就看它的逻辑是否存在。存在，股票跌多了就可以买；不存在，那么跌多了也不要去买。

　　横向对比就是对企业的过去进行对比，了解企业过去发展的过程以及估值是什么样的情况，而纵向对比就是同行业的对比。

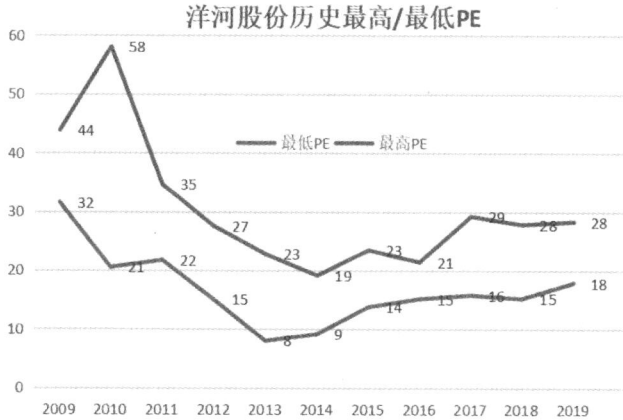

洋河股份历史最高/最低PE

纵向对比

　　我们把洋河拿出来对比。洋河于2009年上市，那么2009年到2019年估值倍数是什么样的情况？最低PE维持在14~16倍，2013、2014年行业经历了塑化剂危机，洋河的最低PE也仅有8~9倍。塑化剂危机之前，因为上市时间短，高估PE在30倍以上。塑化剂危机之后，高估PE在20倍以上，超过25倍就算是高了。

洋河股份收入复合增速19.2%

洋河股份净利润复合增速19.4%

我们不能仅仅看估值，还要看它的收入和净利润增速的对比数据。上市之后，洋河股份出现过两次收入和净利润增速负增长，2013年收入和净利润增速分别是-13.01%和-18.73%，2014年收入和净利润增速分别是-2.34%和-9.89%。而自2001年上市，虽然茅台也经历了塑化危机，但收入和净利润都保持了正增长。这就说明洋河在行业受到利空消息影响的时候，自身的经营也会出现一些问题，因此越跌越买的策略，洋河就没有茅台让人放心。这也是投资者更愿意选择茅台而非洋河的一个理由——收入和净利润的稳定性和持续性。茅台有巨大的护城河，洋河必须拼命营销。

从市值的增长中我们也能看得出来，洋河2009年年终市值513亿元，2019年年终市值1665亿元，复合增长12.5%；茅台2001年年终市值96亿元，2019年年终市值14906亿元，复合增长32.3%。这就是同行业中龙头企业与非龙头企业之间的差距。

单从净利润也能看得出来企业品质上的差距，2009年洋河净利润为13亿元，2019年是74亿元，复合增长19.4%。同样的，茅台归母净利润2009年是43亿元，2019年是412亿元，复合增长30.8%。一是绝对数值的差异，茅台的体量是洋河的5倍多；二是复合增速，茅台也快于洋河。

贵州茅台的上涨，不仅仅是PE的上涨，更主要的是净利润的增长。两家企业的估值中位数都是20倍，但是茅台比洋河涨得多，就是因为茅台的净利润涨得多。这又回到基本面篇曾讲到的内容，最重要的是净利润增长，其他东西都是浮云。不要把估值放在第一要位，要把基本面放在第一要位，要看它的净利润增速，要去预期它的净利润增速。如果茅台2019年保持26%的增幅，即使洋河也保持26%的增幅，那么茅台还是要涨过洋河的，因为复利效应使得茅台的26%涨幅要大于洋河的26%涨幅。这也是我们在分析企业时要重点注意的。

五粮液收入复合增速18.2%

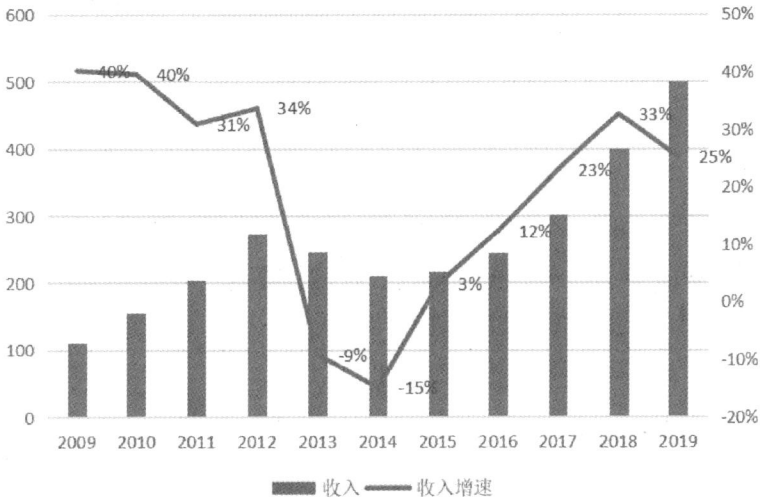

五粮液净利润复合增速22.8%

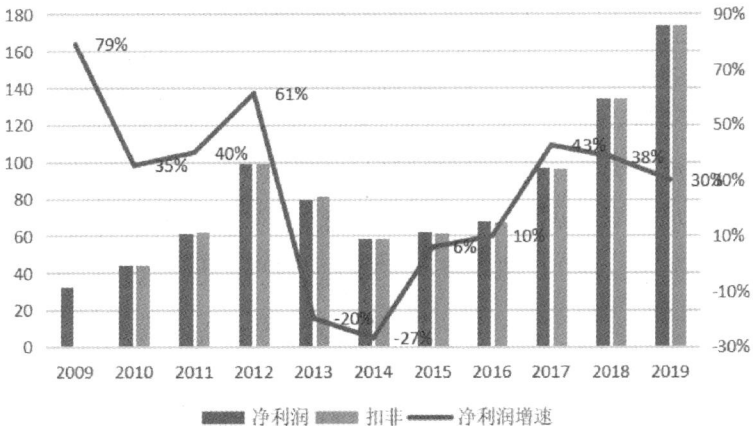

同样的，如果拿五粮液来对比依然会发现这个道理。五粮液净利润从2009年的32亿元到2019年的174亿元，而茅台从43亿元到412亿元。年终市值，茅台从2009年年底的1 603亿元增长到2019年年底的14 906亿元，而五粮液从1 202亿元到5 161亿元，这个差距是非常明显的。

	营业收入				归母净利润				市值			
年度	贵州茅台	五粮液	洋河股份	泸州老窖	贵州茅台	五粮液	洋河股份	泸州老窖	贵州茅台	五粮液	洋河股份	泸州老窖
2009年	97	111	40	44	43	32	13	17	1603	1202	513	544
2010年	116	155	76	54	51	44	22	22	1736	1315	1008	550
2011年	184	204	127	84	87	62	40	29	2007	1245	1161	520
2012年	265	272	173	116	133	99	62	44	2170	1072	1008	495
2013年	311	247	150	104	151	80	50	34	1333	594	441	282
2014年	322	210	147	54	154	58	45	9	2165	816	851	286
2015年	334	217	161	69	155	62	54	15	2741	1036	1070	380
2016年	402	245	172	86	167	68	58	20	4198	1309	1102	463
2017年	611	302	199	104	271	97	66	26	8762	3032	1795	967
2018年	772	400	242	130	352	134	81	34	7412	1975	1427	596
2019年	**889**	501	231	158	**412**	174	74	46	**14906**	5161	**1665**	1299
复合增速	24.8%	16.3%	19.2%	13.7%	25.3%	18.3%	19.5%	10.7%	25.0%	15.7%	12.5%	9.1%

横向和纵向结合起来对比，就是要发现更优秀的企业。横向比，就是要找到同行业中最优秀的那家企业，纵向比就是看企业发展过程中的稳定性和持续性。这些才是我们要关注的真正内涵，否则，历史区间的估值或者摘取历史区间的估值就没有真正意义上的价值。最终你会发现，净利润的增长是股价上涨的最核心因素，PE基本上维持在一个大致的区间，而股价却在不断地上涨，这个上涨来源于企业创造的净利润不断地增加。

所以在选股时，保守的投资者会假设在情绪没有高涨的情况（20倍）下买入，5年或者10年后能赚多少钱，也即只赚企业成长的钱，而市场情绪的钱就看运气了。因此持有优秀的企业才是最根本的。随着业绩的不断成长，市值不断上涨，企业越涨越便宜。

知识点：

（1）横向对比就是同行业内不同企业之间的对比。了解同行业不同企业之间的差异，就要知道谁优谁劣，最终只选择最优秀的，对于平庸的企业果断放弃，解决的是好不好的问题。

（2）纵向对比了解同一家企业不同发展阶段的PE水平，进而了解当前企业的估值情况，解决的是当下买入贵不贵的问题。

本章作业

（1）PE代表情绪，看看茅台的最高PE和最低PE。

（2）历史PE回顾，理解模糊的正确和准确的错误。

第十四章

合理估值区间的测算

上一讲，讲解了如何通过历史PE来测定估值倍数的方法。通过两个方向的对比测定，一个是纵向对比，了解企业在不同发展阶段的PE水平，了解企业高估和低估的PE发生在什么时间，而这个时间点有什么事件导致PE下降。另一个是横向对比，在同一行业之间不同个股之间进行对比，找到同行业之间龙头形成和对手屈居第二的原因。上述便是通过横向和纵向对比的方法，了解一家企业大概的估值情况。当你取得案例越多的时候，会发现同行业之间的个股会有一个大概的估值中枢，那么为什么最终的收益却差别很大呢？

这就回到了市值=净利润×估值倍数。

下面来做估值区间的测算。前提是已经计算好了预期的EPS和大致的估值倍数区间，这是前两章的铺垫，下面将介绍计算公式。

以迈瑞医疗为例：

（1）先算预期EPS：首先计算未来3年的业绩EPS，2019年3.77元，2020年4.6元，2021年5.6元。大致按照公司发展的情况作了线性外推，2020年加速其发展。

（2）再算历史估值：综合历史估值给了3档，低估33倍PE，合理40倍PE和高估45倍PE。用EPS乘以估值的倍数，就得到了一个估值的区间。

这就是本章的核心，也是估值内容中最精华部分。详细的15家企业估值表都会有。这里需要强调的是EPS和估值其实都是变量，增加了一个时间轴。优点是避免了机构的6~12个月估值法的短视，缺点是会出现业绩变动带来估值不准，但模糊的正确是可以做到的，而且最大的好处是看得长远，其实也可以推出更远，比如茅台按照年15%，但是大部分企业无法直接推算3~5年。小企业更麻烦，不能使用这个思路，因为企业存在与否都是问题。

		迈瑞医疗		
		2019	2020	2021
EPS		3.77	4.6	5.6
增速		25	22%	22%
低估	33	125	152	185
合理	40	150	184	224
高估	45	170	207	252
	48.6	182	230	

在估值倍数相差不大的情况下，最终市值的大小取决于企业净利润的增长速

度。可见，用PE估值的时候，对那些业绩波动大或者经常会出现亏损的企业，是没有办法进行估值的。这也是本讲的内容，随着上市企业越来越多，尤其是注册制之后，我们没有办法了解每一家企业，这也是巴菲特所说的买老不买新，买大不买新，买熟悉不买新模式的原因。

哪些行业和企业适合用市盈率估值

第一，归母净利润主要来自上市公司的核心主营收入的企业。

有些企业利润不是来自主营收入。比如它卖了一点股权，比如政府给了它一些补贴，或者卖了一块地，虽然净利润增加了，但是不具备可持续性，参考的意义就会打折扣。所以还要对比净利润和扣非净利润，差距越小越好。

比如苏宁出售阿里巴巴的股权，韵达股份出售丰巢的股份，这些都是一次性的，今年出售，收益进入今年，但是明年就没有了。今年利润做高了，明年怎么办呢？所以利润的真实性一定要持续性强。如果这个企业的利润真实性很强，就有点相当于现金流，那么这种情况就可以用现金流折现的模型来估值。团队会主要选择消费行业，就是因为消费行业商业模式相对简单，企业的净利润主要来自主营收入，容易把握。

第二，盈利增速持续性强。

去年增长50%，今年不增长，明年负增长甚至亏损，对于这样的企业就不要投资了。通过对比上一讲的洋河股份和贵州茅台就会发现，洋河有两年收入和净利润都是负增长，一下子就拉开了与茅台增速之间的差距，这个差距也直接影响市值的增长速度，那是因为市值最终取决于企业的内在价值。所以要寻找那些能够永续经营的企业，选择能够持续盈利的企业，哪怕增速缓慢一点。前面课程提到的复利就是这个意义。

第三，维持当前盈利，不需要大量的资本投入。

这一点很重要。有些企业要想获得更多的利润，需要不断地投入。就像一家打字复印店一样，想要揽更多的业务，就需要不断地添置电脑、打印机等硬件设备，但是添置这些资产并不能保证一定会有足够的生意。

这类企业会把企业产生的净利润不断地投入购买新资产中，有的企业只能靠增发或者配股来筹集资金，这样就会造成原有股东股份的稀释。稀释之后，尽管利润增厚了，但是你的股权份额也少了，这样股东权益也会相应地被摊薄。所以对于维持当前盈利需要进行大量资产投入的企业应该远离。京东方就是这样的一家企业，上市以来不断融资，希望在面板领域成为世界领先，但是长期看技术更替导致其没有成为世界先进的企业，股价无法实现长期的上涨，大多数是短期的上涨行为。下图所示为年线，很多年过去了，股价还在5元做俯卧撑。尽管希望它成为中国的科技脊梁，但是无奈，还有最早的清华同方、中国联想。情怀需要，但是投资确是那么的现实。

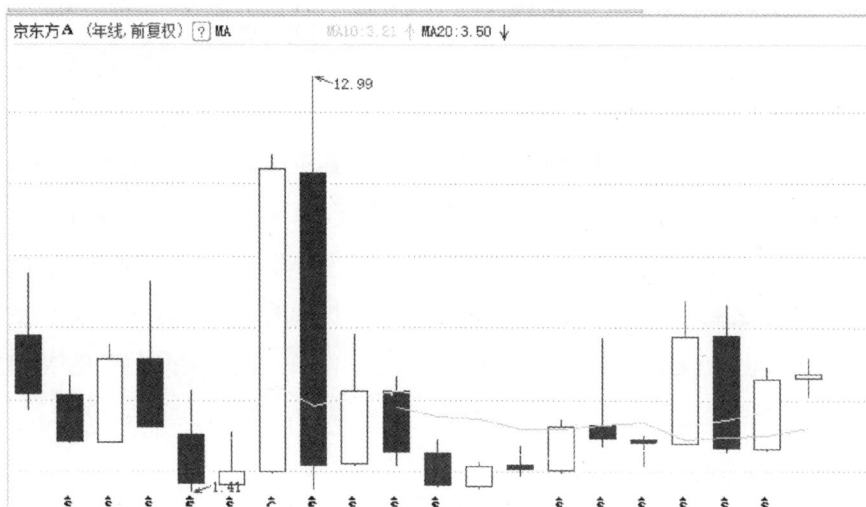

最重要的一点就是模糊的正确胜于精准的错误

估值是一个"术"的东西，不要把估值看作最重要的一点，一旦把估值当作重点的就偏了。一定要把企业的净利润当成重点，这样即使估值倍数不涨而企业赚钱了，依然可以获得股价带来的上涨。对于利润增长，要把握住两点，一个是引发利润增长的事情，比如未来行业、在线教育、医疗设备等。另一个是利润增长的业绩报告。外资进入A股之后，业绩大增，不是博弈中的利好变现，而是确定性的买入机会。未来章节利润断层就是这样的思路，便于投资者寻找戴维斯双击点。

切勿本末倒置。

在分析伟大的15家企业时，有一栏也是关于估值分析，这些内容可以用来借鉴。历史的数据是静态的，是不变的，是让你对企业的过去有一个较为全面的认识。未来的数据是动态的，是随时会发生变化的。EPS会随着企业经营的优劣而升高或降低；PE会随着市场整体的情绪忽高忽低，而市场先生依然会是一个脾气暴躁的倔强老头，不断地给出过低的卖价或过高的买价，但唯一不变的是你必须坚持股权投资的思维，尽量买入优秀的企业并长期持有。

估值主要用于解决你当前买入的时候是否太贵的问题，但并不代表按照估值做就一定能够把握具体的股价高低点。2006—2007年的牛市，很多股票都出现了历史上最高的市盈率，那是因为指数的疯涨，牛市的氛围使得投资者情绪高涨，表现出的是过分的贪婪，完全忽略了最终股价应该是围绕企业的内在价值波动的。股价动辄有两三倍的涨幅，但是企业的净利润并未出现大幅的增长，这样的脱离企业内在价值的纯股价上涨，势必还会再回来。

如果你持有的公司，年均复合增长20%，而某段时间，这家公司的市场报价升高了50%，那么，你一定要记住，额外的30%是"市场先生"暂时寄存在你的账户中的，任何时候都可以把它们取回。想明白了这一点，你就能坦然面对价格波动和市值回吐。

再来看茅台历史上每年最高和最低的估值倍数，20倍以下进入低估区间，属于买入的好时机。30倍以上进入高估区间，不再适合大量买入，长期随着市场资金性质的转变，也有可能估值倍数提升。再好的企业，也不适合以绝对高估的价格买入，为自己预留安全边际，也让自己不那么疯狂。对于优秀的企业，可以"先上车，后补票"，但也仅限于股价不是高得离谱。激进的投资者会认为25倍以下的茅台都可以买入，保守的投资者可能会认为到21倍以下才能买入，具体是多少，因人而异，取决于你的资金性质、资金使用期限以及对风险的承受能力。

继续围绕市值=净利润×估值倍数（或P=EPS×PE），进行讨论。

首先，年度净利润受到各季度净利润变化的影响。以贵州茅台为例，2018年三季报公布前后，茅台为什么会出现大跌，一是由于外部因素，二是由于企业自身。企业自身是因为前两个季度，净利润的增速在40%左右，而三季报直接降到24%，净利润的增速不及预期，导致短期资金看空茅台，进而疯狂甩卖。而在年报没有公布之前, 相信大家对于2019年的预期也不会太乐观。好在茅台在2018年12月28日召开经销商大会时公布了2019年的营销计划, 让更多的人重新看到了希望。

贵州茅台逐季后	收入	增速	净利润	增速	扣非	ROE	毛利率	净利率
16Q4	402	20%	167	8%	170	24.4%	91.2%	46.1%
17Q1	139	36%	61	25%	62	8.1%	91.2%	49.2%
17Q2	255	36%	113	28%	113	14.3%	89.6%	49.8%
17Q3	445	62%	200	60%	201	25.0%	89.9%	50.3%
17Q4	611	52%	271	62%	272	33.0%	89.8%	49.8%
18Q1	184	32%	85	39%	85	8.9%	91.3%	52.3%
18Q2	353	38%	158	40%	159	15.9%	90.9%	50.7%
18Q3	550	24%	247	24%	249	24.9%	91.1%	50.9%

考虑三季度茅台可能会隐藏部分利润, 因此假设全年增长26%, 那么净利润就是340亿元。根据2019年的销售计划, 以及茅台不断加强自营的趋势, 利润的增速依然会高于收入的增速, 如果给予17%的增长假设, 净利润就是401亿元左右。在年报没有公布之前为什么给予这样的预期呢?

(1)2017年快速增长之后的高基数, 本身会导致2018年增速放缓;

(2)2018年提价之后, 市场需要一个消化的过程;

(3)2015年的基酒产量相较2014年锐减, 也会导致2019年整体销售的量是有限的;

(4)系列酒的毛利率比飞天要低, 尽管销量收入会增加, 但是对利润的贡献度不及飞天系列;

(5)因为2018年四季度市场的深幅度调整, "倒车镜"效应使得投资者普遍预期较低, 所以会寻找更大的安全边际。跌停, 就是这种预期的极端反映。

事实上, 这些看似"不利"的因素, 反而未来都是"超预期"的诱因, 因为大家都"不看好", 所以每一个变量向积极方向发展的时候, 就会有"超预期"出现。2019年年初, 反转了。

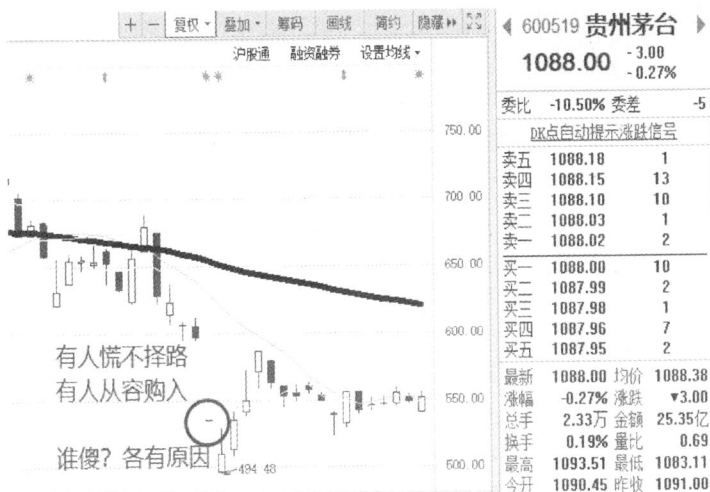

按照17%的增速，401亿元的净利润，每股EPS32元，21倍的市盈率对应670元的股价，25倍对应800元，30倍对应960元。800元的股价并不高，这是在预期比较低的情况下的估值反馈。而当2019年3月28日年报公布之后，市场的一致预期一下子提高了不少，这是因为2018年实现了352亿元的净利润，增速达到30%，完全超过了市场的预期。还按照2019年17%的增速，净利润可以达到411亿元（EPS32.6元左右），如果因为管理层管理水平的提升，使得增速达到20%，净利润就可以达到423亿元（EPS33.6元左右），那么20倍市盈率对应的股价就是680元~710元，25倍对应815元~840元，也反映出当前的股价并不高。参看如下图所示的图标的2018年估值情况（因为分红，部分价格有变化）。2018年三季度因为业绩不及预期，股价出现大幅跳水。2018年年报，又因为超预期，股价出现了快速的上涨。

可见，业绩的变化对市场的影响是巨大的，而大多时候，一方面是预期未来1~2年的净利润来确定现在股价的高低，另一方面是逐季跟踪业绩的变化来修正自己的预期，但这更多的是用来分析。之后的茅台就这样走了，直奔1 241元。

正当投资者对茅台股价1200元无比兴奋的时候，问题来了。2019年原本投资者预计的是25%增速，最高增长到了1220元以上，基本上达到了35倍市盈率。结果公司公告宣布的结果最后变成了15%，2020年的乐观值就会延后，但是我们相信肉是烂在锅里的。

			贵州茅台					
		2018	2019	2019	2020（保守）	2020（乐观）		2021
EPS		28	35.00	32.2	41.26	45		47.49
增速		14	25.0%	17.9%		28.0%		15.1%
			494.00					
低估	19	532	665	612	784	855		902
合理	21	588	735	676	866	945		997
高估	28	784	980	902	1155	1260		1330
	30	840	1050	966	1238	1350		1425
	35		1225	1127	1444	1575		1662
	38		1241					

2020年1月2日，茅台公司发布公告。2019年的业绩修正后，2020年的保守估值都显得乐观了。2019年的估值可以重新用在2020年了，但观点不变，上市公司可以调整这些财务数据，也会有季度的价值投资机构减仓。长期茅台股价涨到1400元、1500元都只是时间的问题。

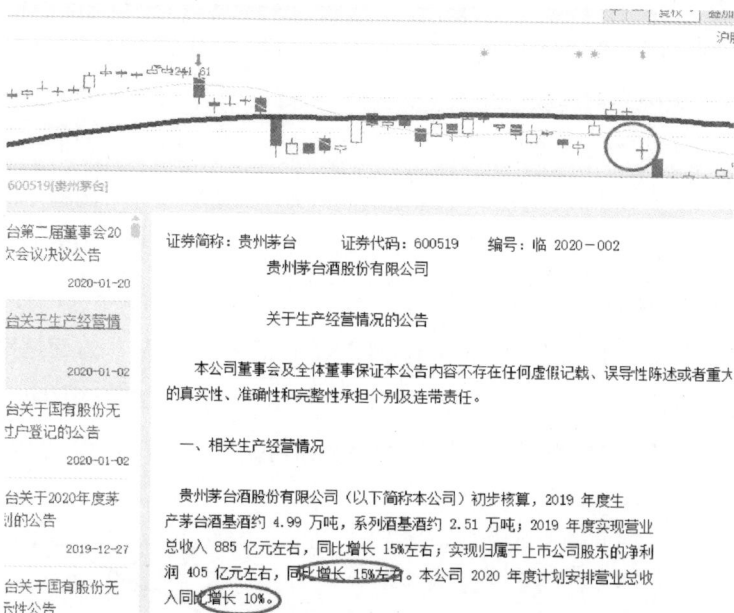

其次，PE会受到市场情绪和净利润的影响。市场情绪高涨，业绩超预期的时候，投资者给予高的预期，PE就会高涨。相反，市场情绪低落，业绩低于预期的时候，投资者就会给予更低的预期，PE就会下行。具体到企业，价格的变化还是与企业盈利能力的变化紧密相关。2018年茅台的股价走势就是很好的证明。三季报低于预期，即净利润不及预期，情绪低落，股价下杀，PE不断降低，但如果按照估值方法来买，刚好又提供了绝佳的买入机会。因为市盈率小于20倍，进入了低估价格区间。不过对于实际操作环节，投资者还是要注意，不要过分追求在低估价格买入，查理·芒格就曾说"如果你因一样东西的价值被低估而购买了它，那么当它的价格上涨到你预期的水平时，你就必须考虑把它卖掉。那很难。但是，如果你能购买几个伟大的公司，那么你就可以安心坐下来。那是很好的事情。我们偏向于把大量的钱投在我们不用再另做决策的地方"。这就是"坐等投资法"，对茅台来说也是这样的，550元以下的价格是可遇不可求的，出现了，你买入了，那是运气，不能认为是自己有能力提前预判一定会到这个价格。如果2018年年报公布之后，还期待着价格回到20倍以下，就有点过于悲观了。

有些投资者喜欢通过估值判断来做一些波段，不是不可以，而是尽量不要做。按照股权投资的思维，卖出这家企业的理由有如下3点：

（1）估值超高（透支未来3~5年的业绩）。

（2）基本面发生变化。

（3）有新的投资标的。

如果你在20倍以下买入茅台，25倍以上卖出，看似做了一个成功的小波段，但卖出之后，估值到达30倍以上呢？最可怕的是业绩出现加速，按照当期净利润则估值略高，但是按照下期的业绩则是合理甚至低估，一旦卖出，几乎就没有机会再买入，或者再买入的时候价格比当前卖出的还高。因此最好的办法就是在合理的位置买入之后，长期持有，伴随优秀企业一起成长。但是国内机构没有办法实现这样的价值投资，因为它们每天都在比赛，每个季度，每年都要因为比赛情况发工资和评比，所以国内机构普遍是季度价值者，但这也为投资者提供了以合理价格买入的机会。

时间是优秀企业的朋友，过高估值也不建议大量买入。好企业是可以穿越周期的，但如果你在2007年贵州茅台70倍以上买入，那么首先要经历的就是估值的回归。在2000亿元市值以上买入，直到2015年，年终收盘市值才最终突破2007年的最高市值，等待8年，茅台完成了估值回归，市盈率由70倍以上回归到20~30倍区间。所以说即使好的企业，也要买在合理价位，否则下跌的时间和幅度都会超出你的预计。

年度	年终市值	年终PE	最低市值	最低PE	最高市值	最高PE
2007年	2171	77	807	29	2172	77
2008年	1026	27	795	21	2176	57
2009年	1603	37	934	22	1709	40
2010年	1736	34	1176	23	2095	41
2011年	2007	23	1600	18	2245	26
2012年	2170	16	1774	13	2762	21
2013年	1333	9	1272	8	2151	14
2014年	2165	14	1225	8	1865	12
2015年	2741	18	1958	13	3312	21

同样的，如果你在中国平安上市的2017年当年买入，当时最高的市盈率也是超过70倍的，市值超过一万亿元。随后估值一路回归，到2013年之后基本稳定在10～14倍之间，这样的回归过程是很煎熬的。而其市值直到2017年才重新创新高，10年之后股价才最终突破。这都说明投资者在买入时不慎重，会让自己持股备受煎熬，即使它是一个优秀的企业。

8年的时间，足以让一个乐意做股权投资的人"心灰意冷"。这也许是估值能够给投资者带来的最大的有益之处。投资者心里面也一定有一杆秤，知道哪些企业是不能买的，在什么样的情况下估值是太高的，把握了最基本的内容，就可以减少错误。这就是笔者在本章希望给读者带来的收获。

知识点：

第一，用市盈率估值法估值的三大前提。读者一定要记住，并不是所有的行业都适合用它来估值，你要知道它的前提是什么。

第二，合理价格的确定。首先预期它的EPS和净利润，然后根据预期的EPS和净利润率乘以预期的低估倍数和合理倍数得出相应的结果，就是这个价格技术。这个价格追求的是模糊的正确，不是精准的错误。不要把整个价值投资晋级训练营里的核心的重点放在估值上，而是要放在如何在基本面篇中找到更加优秀的企业。

本章作业

（1）计算一个你持仓个股的价格区间。

（2）卖出企业的标准是什么？

第十五章

如何看待股价波动

前面讲解了基本面，分三讲，讲了怎样定性分析一家企业好不好。接下来的三讲，即估值，讲解买入这家企业贵不贵的问题，方法是通过EPS、PE以及综合测算一个合理估值区间来进行价格的衡量。巴菲特讲，投资就是解决两个问题，一是知道企业值多少钱，二是如何面对波动。其实，这两点都难，因为很多东西是不确定的，EPS不确定，公司到底能赚多少钱不确定，情绪不确定——2 400点到3 000点的情绪转换谁也不确定。如果将来涨到4 000点或者5 000点，就会发现现在的市盈率太低了。但是现在对比2 400点，市盈率很高，这就是投资的科学和艺术。估值，在某种情况下是科学的，但是做投资，光有科学不够，还必须要有艺术、思维的逆向艺术。

还记得市场先生吗？

市场先生每天都跟投资者出价，从早上到晚上他不停地出价。2 400点的时候，他给茅台出价600元。2019年年中，他告诉你800元了，年终告诉你1 200元，每天都在问你卖不卖。如何正确面对波动呢？只有一句话："利用疯狂的下跌买入，利用疯狂的上涨卖出。"

利用疯狂的下跌买入

倒回去看历史，茅台的最佳买入点应该在跌停的500元之后，再早就是2013年了，在此就不举例子了。2019年10月29日，很多企业的股价叠加外围环境、叠加业绩下滑，大幅地杀价。现在来看，当时是最近几年的最佳买点。可彼时大部分人都不是这样想的，我也不这样想。投资者怕茅台是下一个"老板电器"，担心股价会崩掉，怀疑白马股会不会就此完了。

一些群里纷纷讲白马股出现历史罕见顶部，大型的a、b、c浪走完了。无论茅台什么技术浪走完了，这家企业在现实中，难道不是还在持续发展吗？研究价值投资若结合技术面就会很难发现，因为茅台在跌停的时候，怎么看都不是技术上的买点。

一个企业股价短期从200元涨了800元，忽然杀跌到500元，你怎么知道500元就是底了？不好知道，但在那个时候情绪是疯狂的。反观大盘涨到3 000点，每天成交量一万亿元的时候,市场是疯狂的还是冷静的呢? 肯定在疯狂地上涨,人们不冷静。

　　我接触过一些机构投资者,他们发现一个规律,在没有人买的时候,他们买股票,那个时候股价不容易跌,而在股价疯狂的时候,他们就开始卖股票,人们疯狂抢的时候才容易把东西卖掉。你想大量买的时候,卖家很少,像2019年春节之前卖股票的人就很少,但春节之后一个多月的时间,市场像变了一样,人们疯狂抢购。类似的情况发生在2020年年初,再次出现了3188只股票跌停,大盘暴跌7.7%,这时就应该在疯狂下跌的时候买入,而在疯狂上涨的时候就不要追了。虽然不知道人类的疯狂到底会到什么程度,但有一点是肯定的,即在这疯狂中,对于有些股票不要再买,甚至应该考虑卖出,尤其是估值偏高的股票。有时候目标很远大,但是在现实中也需要考虑一步一步来。下图所示为投资者在做价值投资时,希望一蹴而就达到目标的心情,但现实是一定不要忽视过程中所经历的复杂性。

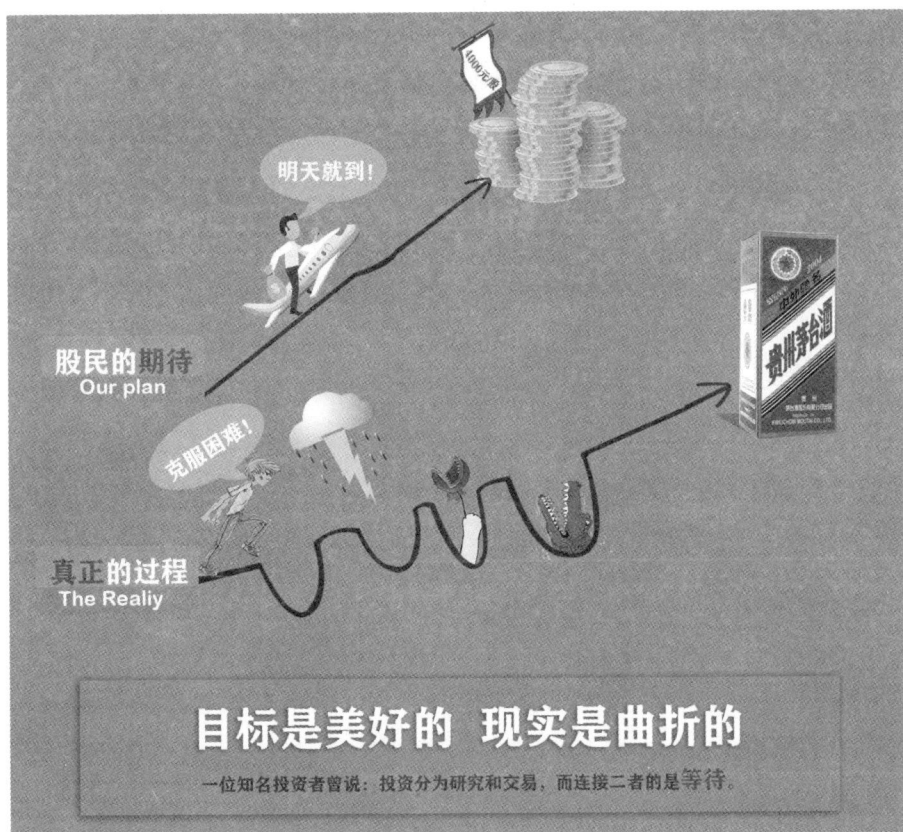

目标是美好的　现实是曲折的

一位知名投资者曾说:投资分为研究和交易,而连接二者的是等待。

下图最真实反映了股价与企业内在价值的关系。在投资者的印象中，会认为上涨应该是一条直线，而现实中的上涨都是沟沟坎坎。中轴线是合理价值，股价却总是偏离。就像遛狗一样，中轴线似人走的步伐，但是这只狗（白色粗线股价）总是忽然跑到人的前面，又忽然跑到人的后面，它的波动总是比较大。成长企业都会按照一定的规律运行，最佳的动手区是极端的便宜估值区。

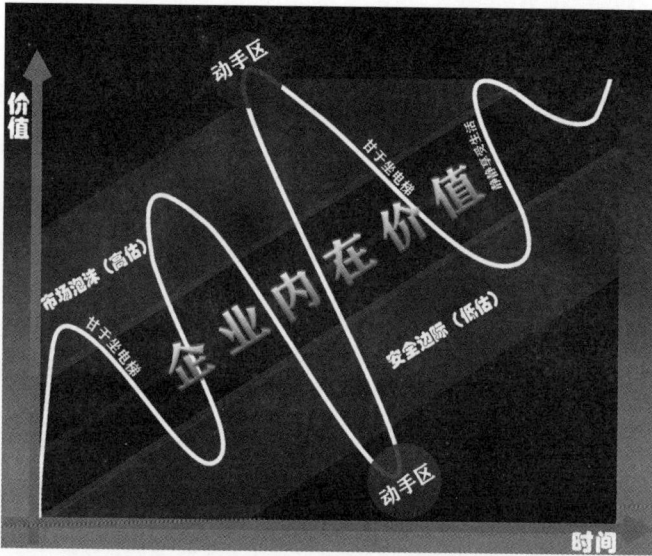

看看下图所示的爱尔眼科，很多年来年化增长为30%~40%。股价的涨幅表现值得投资者参考，卖出总是容易错的，买入长期持有的都是对的，核心还是企业。

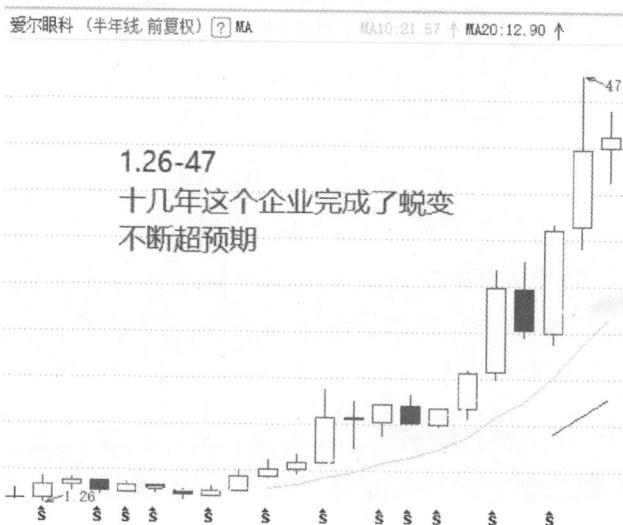

极端疯狂的时候是一个卖点，但很多时候你卖出后它还在涨，没关系。我们团队在2018年判断药明显贵了（高估），但不妨碍它又涨了20%，可之后就是狂跌50%。其实不是不好衡量股价，当它偏离价值（合理价格、目标价格）的时候，尤其在牛市，目标价会连续上调，但是我发现其规律是，连续上调3次之后，基本上就调不动了，即股价基本上就是高点，不断地超预期，再一、再二、再三，但很少有再四。假如一家公司像恒瑞医药一样，每年增长20%，可是股价每年增长50%，那么多出来的30%只是暂时放在你的账户上。每年增长20%的企业，可能某些年份会多于20%，像中国国旅，2018增速快了，2019年就慢了。

反观，当它跌到合理价值的时候，它不一定马上就止跌，有时还会杀出低估价。所以投资者需要记住这个图，股价其实都不是直线上涨的，而是线性上涨的。有人说等不及，站在茅台一个月、两个月的角度你等不及，茅台跌的时候你不敢买，现在涨起来你又想等跌，但真正跌下来的时候，你可能又买早了，所以说，对于投资的过程一定要拉长周期看才会比较好。结果就是股价的波动，不管你怎么估值都估不准。在第十一章到十四章中用了很多方法来讲估值，但所有的方法都是大概率的事件。有了估值，你心里会有数，但不意味着有了估值，你就估得准。

在这种情况下有两种选择，一种是类似乐趣先生一样，对于茅台只买不卖，持股收息。另一种是类似机构做波段。当然最适合个人投资者的是前者，因为机构做波段，跟丢也属于必然。2004年，最牛基金经理王亚伟曾经重仓茅台，然后大涨第一轮就卖出，再也没有然后了。

在恐慌中买入是最佳选择

以合理的价格买入优质的公司，分散投资长期持有。

你要想在恐慌中买入，但现在（2020年1月）市场不是恐慌，现在你是疯狂。现在不是大机会的买点，但不代表不是买点。曾经有投资者问到，现在800元能不能买茅台？我回答，你若能持有十年，那么你可以买，但你如果就想做个短线，就别买了。因为你不是股东（股权思维），只想投机一把，即使是茅台也会让你亏钱。这里强调，当以合理价格买入公司的时候，不要老惦记着卖出，这是你的股权，何必急着卖出呢? 但是很多人不是这样想的, 只想在买卖茅台上赚个差价。600元买800元卖, 有时候你做对了, 但长期来说频繁交易会让你卖丢。当涨到900元的时候, 心态上不能接受比800元还贵, 你就不敢再买了。更何况在写下这段文字的时候茅台价格已经是1200元了, 你看的时候价格是多少呢?

投资者在恐慌中买入的前提条件如下:

第一, 选择优秀公司持续跟踪;

第二, 众人恐慌的时候才会有低价格;

第三, 长期持有还要度过很多的波动。

价值投资的3个卖出条件

1. 公司出现问题, 逻辑变化

乐视网董事长跑了, 关于这件事你如果知道就不要再玩了(买卖乐视股票)。董事长说下周一回来, 可好几个下周一、好几个月甚至好几年也没见他回来。公司出问题了是需要回避的, 尤其是利润不在了。2017年, 新的证监会主席提到禁止跨行业乱并购, 首指影视、虚拟现实。当时虚拟现实炒得很疯狂, 现在你见到谷歌眼镜了吗? 当年大家都说谷歌眼镜就是下一个替代苹果手机的东西, 结果替代苹果手机的是华为手机, 不是谷歌眼镜。当时控制并购, 影视的万达院线(华谊兄弟)股价就一直下跌, 这就是公司出问题了, 而且是行业出问题了, 一定要回避, 而且他们的生意本身就存在问题, 不可持续。

2. 估值过高

对公司预期太高。在上市的时候中石油48元, 其本身价格为16元, 而港股才为5元, 它就太贵了, 人太疯狂了。中国中车诞生的时候也是如此。什么时候公司容易疯? 一般是在牛市比较疯狂的时候。这样的估值过高, 有短期的, 有长期的。没几年一轮牛市的热点明星股就会成为散户套牢最多的, 如中国石油、中国中车、京东方等。

3. 有更好的选择

利用波动,简单一句话,在疯狂下跌的时候你去买,在疯狂上涨的时候你去卖。对于这个度需要酌情把握,但基本思路就是这样,别在众人疯狂的时候进去了。

举例来讲,有的投资者刚开始炒股时小心翼翼,如果股市再涨,他就敢用融资,如果继续涨,他就敢卖房子。很多人投资都是这样,刚开始拿小钱试试,结果越赚越投,本金投入10万元,这时赚了一倍达到20万元。在股市见顶的时候,再投进去100万元、200万元,跌个50%,那么前面赚的10万元、20万元早就没了。所以在牛市、熊市中80%的投资人都在亏钱,就是这个道理。你现在不相信行情来了。一个月之前你更不相信行情来了,但如果大盘涨到5000点彻底相信的时候,你投入的钱一定比现在要多得多,这就是亏损的源泉。

在恐慌中的买入和在疯狂中的卖出是相对应的,投资者要做的是利用。

知识点:

(1)卖出的3个依据。

(2)持股守息,等待极端。

本章作业

(1)2020年2月3日的跌停日,你是卖出还是买入了?

(2)在恐慌日,买了谁?为什么?

第十六章

买卖时机如何把握

好不好、贵不贵是分析企业的一个核心标准。在上一章中讲到如何给企业估值，本章将会深入分析如何看待市场波动并把握买卖时机。

为什么选择了好企业，还要长期跟踪它？因为企业在经营的过程中会时常发生变化，即使茅台也会遇到销量增长、价格增长、业绩下滑、前董事长被抓等一系列事件。事实上并没有一马平川或者一帆风顺的企业。长期跟踪的目的很简单，就是把握这些好企业的信息变化。尽管做到这些很不容易，但只要持续地跟踪，就能把握住企业信息的细微变化，再像董事长一样深度熟悉这个企业，这才是投资期望达到的最佳境界。

首先要做的是锁定一家好企业，然后就是如何理解这家企业。以中国国旅为例，这家企业每过一段时间就会由于免税牌照开放的问题跌一波。然而中国做大免税行业的大方向是确定的，既然中国中免收购了日上、海免，这会儿却要开放免税牌照增加竞争对手，逻辑上说不过去，但市场上总是充斥着很多短期投资者，所以，每次恐慌性抛售其实都给长期投资者提供了入场机会。笔者为了实战的需要，研发了两个实用性很强的交易模型。投资者可以在市场的不同阶段，分别使用不同的交易模型。

第一个模型叫巴菲特模式

第一个模型在财易帮平台核心产品价投智库中，团队每天都在跟踪数据，以此来把握"上车"的买卖时机。关于这个模型需要记住下面这句话：持股收息，等待极端。

巴菲特讲的股权持有，是不是表示完全不动呢？显然不是。他也持股收息，在估值过高的时候也会选择卖出。巴菲特模式核心之一就是找到那些值得长期持有的重仓股，比如茅台、恒瑞等就是长期持股收息的标的，它们每年都会产生相对稳定的回报，而说到长期投资，不得不提到股权投资，这使得价值投资的门槛显得特别高。

还记得在入门训练营中提到过的股权投资的核心吗？这也是适合普通投资者的投资体系，其核心是：（1）坚持买企业就是买股权，做投资，不投机。用自有的闲置资金，买入少数自己看得懂的伟大企业，尽量多的股权份额，并动态跟踪和调整，打造稳健增值的组合；（2）规划好家庭资产配置，用房产、保险、现金等其他资产为辅，构成双重稳健资产组合。耐心持有伴随其尽量长的时间，享受溢价和分红，实现财务自由，养家、养老双无忧。

下图所示为笔者对好企业持续跟踪的结果，通过对比可以看出，收益上长线持股明显更胜一筹。

价值20之巴菲特模型

20200214	股票名称	现价	长线	价格	收益	中线	价格	收益	累积收益	2019收益
金融类	招商银行	35.64	20171009	24.3	46.7%	20190820	35.33	0.9%	12.6%	8.4%
	中国平安	81	20171009	51.09	58.5%	20191010	88.5	-8.5%	-1.7%	1.8%
白酒	贵州茅台	1088	20170913	459.46	136.8%	20191230	1185.8	-8.2%	24.1%	8.5%
	五粮液	123.43	20200204	114.5	7.8%	20191010	130.99	-5.8%		
食品饮料	海天味业	104.7		97		20191024	104.29	0.4%		17%
家电	格力电器	62.73	20170602	32	96.0%		55		21.1%	-4.2%
医药	恒瑞医药	91.55	20170901	35.43	158.4%	20191230	85.5	7.1%	32.3%	
	药明康德	109.75		75		20191010	88.23	24.4%		
	迈瑞医疗	236.55	20190310	125.34	88.7%	20191016	170	39.1%		24.5%
	爱尔眼科	41.11	20190115	19.73	108.4%	20191230	38.68	6.3%	90.2%	30.07%
	片仔癀	127.42	20190822	100.99	26.2%	20191010	107.99	18.0%		
	泰格医药	78.5	20190731	50	57.0%		64			
	长春高新	462.45		415		20200206	478	-3.3%		
旅游	中国国旅	80.94	20180201	50.2	61.2%	20191024	88.65	-8.7%	-4.4%	38%
机场	上海机场	72	20190111	49	46.9%	20191010	80.48	-10.5%	11.5%	15.9%
猪	新希望	21	20200204	17	23.5%	20190830	19.51	7.6%		45.2%
	牧原股份	106.01	20190909	72.98	45.3%	20190903	81	30.9%		

为什么会产生这样的结果？这在入门和晋级课中重点提示过，简单来说投资的钱必须是闲置的自有资金。这也是普通投资者做价值投资比机构投资者更有优势的原因。因为资金是自己的，顶多家里人会特别关心，其他人不能干涉你，但是国内的所有机构，它们的钱都不属于自己。不管是公募也好，私募也罢，只要钱不属于自己，再加上机构评比机制等很多条件的制约，于是在国内就会出现机构投资者做得不如个人投资者的现象。然而长期来看，机构投资者要比大部分个人投资者做得更成功，当然这里所述不包括那些拔尖儿的个人投资者。

举例来讲，假如机构投资者以700元买的茅台跌到500元，净值跌破了0.8，那么交易团队就会产生压力，销售渠道也会饱受压力，客服团队更会有压力，因为客户不想亏钱，所以在严格遵守交易纪律的情况下（有些产品可能到0.8就清盘了）必须强制性卖掉，这再一次说明闲钱非常重要。

基金客户希望在熊市不亏，在牛市比大盘赚得多点。达到这个目标其实很难，因为大部分基金交易者本质上也是在追涨杀跌，所以并不赚钱，只有持有时间长了才能有利润回报。在股权投资的核心理念中提到过，买入看得懂的公司股权。比如对于中兴通讯和东方通信你能看得懂吗？我就看不懂。因为我目前把握不住5G的趋势。股权投资核心理念另外提到的关键点就是：尽量多的股份份额。比如有人问，700元买茅台和500元买茅台最大的区别是什么？这里要这样理解：同样拿100万元进去，以500元的价格买的股权数量更多一些。"尽量多"就是指股份的数量，即同样多的钱尽量在大跌的时候买入，则获取的股份数量会更多。你买入的股份数量越多，那么将来涨回800元的时候，自然就赚得更多。

关于"构筑一个动态的组合"这句话，我们团队的做法是，每天动态跟踪这些组合并想办法优化这些组合，这一点尤为重要。最后提到要"以房产、现金、保险"为辅，想象一下，如果你手里没有现金，而你的孩子又要上学，你的茅台就得被迫卖出交学费，所以这里再次显示了闲钱的重要性。

在辅助体系中，保险就是为了转移风险，为人生做保障。比如遇到大病急用钱，你必须以500元的价格把茅台卖掉，虽然你是以700元买的，但遇到这种情况，钱是救命钱，在无奈的同时，也要被迫放弃投资理想。而辅助体系中的房地产，属于老百姓的基本生活保障，所以我并不赞同投资者在没有保险、没有房产的情况下去炒股票。上述就是对资产辅助体系的解释、说明，虽然道理很简单，但做到却很困难，希望读者能有耐心、有信心、有规划地配置家庭资产，以伴随自己的股权尽量长的时间。

提倡的学习方法是"知道，悟到，学到，做到"。"学到"就是将本书所阐述的内容看完一遍，而"悟到"即深入理解字句本意，其实也不难，但"做到"却很难。所以综上因素导致我们"得不到"。谁都希望自己是含着金钥匙出生的，生下来就有几千万元让自己操作，但这往往只能是幻想。我遇到过一些普通投资者，希望学习后马上发财。这里需要提醒读者的是，投资是一个漫长的过程，急不来。建议读者深入理解巴菲特的股权投资模式，因为真的非常棒，但有耐心做到的人却是少数。

下面看我们的价值20模型，它集中精选了国内十多家优秀的好企业，这些企业好在哪里呢？这里提供一张价值20股票池周评，读者仔细观察并深入思考。

| 行业 | 细分 | 企业 | 逻辑 | | | | 2019业绩 | 2020估值 | roe | 机构持股 |
| | | | 价值 | | 博弈 | | | | | 外资+内资 |
			积极	消极	好	坏				
金融	银行	招商银行	零售之王	经济下滑	银行龙头	国家队控盘工	稳2019年3.62	29-33-41	15	4.90%--4.05%
	保险	中国平安	保险+科技	保单增幅趋缓	机构重仓股	无	稳2019年7.50	73-82-110	23	7.52%--7.51%
白酒		贵州茅台	价值核心龙头	价格贵	外资首选	涨幅过大，业绩	超eps34.13 2020年eps45	855-945-1575（35倍）	33	8.04%--4.81%
食品	调料	海天味业	食品龙头	涨幅大	拉动程度	换手率	稳eps上调4.33	77-93-164	24	8.50%--7.72%
		五粮液	龙头	曾经的老	外资重点	子公司	稳eps1.94,45倍	81-92-115	32	5.81%--0.95%
家电	空调	格力电器	家电龙头	多元化+地	国企股权	董明珠	稳业绩7.59	44-50-66	26	14.70%--8.31%
医药	化药	恒瑞医药	创新药龙头	降药价	外资重合	超 eps1.19	估值 61-70-99	20	11.78%--7.05%
	中药	片仔癀	中药龙头	高增长持续性	独特	无.	稳2019年2.45	101-119-135	21	2.51%--2.3%
	眼科	爱尔眼科	眼科	并购出问题	外资持股7%	年40%	超预期0.44	估值34-42-51	22	7.64%--7.72%
	CRO	药明康德	cro龙头	估值54精高	外资加仓	新股	超2019年1.38	估值75-104-121	12	5.70%+8.65%
	器械	迈瑞医疗	医疗器械龙头	对小股东不	外资加仓	涨的多	稳eps 3.7	152-184-207	25	2.48%--19.13%
旅游	奢侈品	中国国旅	免税航母	政策风险	稳定增长	涨幅大	稳2019年2.41	75-87-114		12.51%--5.32%
	机场	上海机场	航空收入增长	业绩超预	外资持股多	涨的多	降2019年2.61	62-68-86	16	22.45%+9.69%
		牧原股份	优秀企业	4年涨幅冠军	市值管理	涨幅大	超期	75-83-116		3.04%--5.87%
猪		新希望	成长龙头	不是猪最多的	市值管理	涨的多	超预期	2020年估值20-30		2.30%--1.53%

第二个模型叫机构的估值波段

估值波段是绝大多数机构投资者采用的交易方法。什么叫估值波段？首先回过头看一下巴菲特模型中的优秀企业，然后基于这些优秀的企业进行评估，接着通过一致预期EPS、合理的PE值，最终计算出合理的价格区间，即"低估—合理—高估"，这就是估值波段。

将估值波段所计算出来的价格区间，与实际价格进行比较，不难发现利用巴菲特模型计算出来的价格区间与实际的非常接近。比如在2019年1月25日计算招商银行的最低估价格为24元，实际最低点是24.04元，仅相差0.04元。而贵州茅台，我们给出的低估—合理的价格区间为515~596元，6~12个月的高估目标价为813元，经过验证团队给出的股票池价格范围很准确。另外，恒瑞医药给出的合理价格区间为48~55元，国旅是47~54元，这里的54元是一个非常好的买点，而上海机场44元是最佳买点，即使在49元买入也是合理价格，也都非常不错。

通过巴菲特模型的价格区间提示，更便捷地关注好企业的买卖点。但买点到来的时候，人性厌恶风险的本能反应可能会让你感到恐惧，让你犹豫不决，最终并没有按计划买入，又或者当卖点到来的时候，由于人性的贪婪导致不按计划卖出的新问题。所以，投资者需要明白巴菲特模型中价格区间的计算原理，并坚定地相信和执行它，这才是价值投资者口中常说的：正确的事情，重复做。

另外，随着时间的推移，企业不断地发展，团队也会动态地调整企业股票池的估值范围，以便适应市场的变化，客观准确地评价该企业的内在价值。下图所示为截至2019年，股票池中低估值买入、高估值卖出的一组交易记录情况。

综合来看，长期投资与中线投资相比较，长期投资的持有效果最好。该图是2019年12月底的模型跟踪图，读者可以通过图中的数据进行对比。

价值20之巴菲特模型

20191227	股票名称	现价	长线	价格	收益	中线	价格	收益	累积收益	2019收益
金融类	招商银行	37.86	20171009	24.3	55.8%	20190820	35.33	7.2%	10.2%+2.4%	8.4% (1.18日)
	中国平安	84.72	20171009	51.09	65.8%	20191010	88.5	-4.3%	-1.7%	1.8% (9.27)
白酒	贵州茅台	1163	20170913	459.46	153.1%		1050		14%-2.9%+13%	8.5% (8.16)
	五粮液	129		115		20191010	130.99	-1.5%		
食品饮料	海天味业	106.28		97		20191024	104.29	1.9%		17% (5.30)
家电	格力电器	64.53	20170602	32	101.7%		55		25%-3.9%	-4.2%
医药	恒瑞医药	84.38	20170901	35.43	138.2%		75		5.7%+19.2%+7.4%	
	药明康德	91.22		75		20190823	88.23	3.4%		
	迈瑞医疗	175.48	20190310	125.34	40.0%	20191016	170	3.2%		24.5% (6.5)
	爱尔眼科	38.56	20190115	19.73	95.4%		32		20.3%+60.4%+9.5%	(2.19)22.4%+7.6 (9.11)
	片仔癀	108.14	20190822	100.99	7.1%	20191010	107.99	0.1%		
旅游	中国国旅	88.12	20180201	50.2	75.5%	20191010	88.65	-0.6%	(-7%) +2.6%	(4.1) 35.2%+2.8% (9.11)
机场	上海机场	77.26	20190111	49	57.7%	20191010	80.48	-4.0%	4.4%+5%+2.1%	15.9%(2.21)
猪	新希望	19.28		17		20190830	19.51	-1.2%		37.4%+7.8%
	牧原股份	82.97	20190909	72.98	13.7%	20190903	81	2.4%		

价值20之巴菲特模型提供了如下两种思维模式。

第一，长线思维。2017年茅台获利57%，当时的价格是480元。有的是从480元买入，一直持股到800元，然后从800元回到了500元。当时有的投资者认为这是在坐过山车，但其实只要手中掌握的是优秀企业的股权，你就会明白它的价格始终会回来，且会带来持续而丰厚的回报。

下图所示为2019年1月1日的统计图，当时的长线收益统计表中有一部分企业持有很久都不赚钱，包括招商、平安等，还有一些在股价高点买入的企业，甚至出现了大幅的亏损，比如美的和腾讯。回过头来看，虽然在长期持有的过程中，即使是好企业，如果不计成本地进行买入，也会出现明显的亏损。下面两幅图分别所示为2019年1月1日和2019年2月28日的跟踪图表。读者可以按图索骥与当下的行情结果进行对比。

20190101	股票名称	现价	一致预期	PE	低估-合理PE	低估-合理价格	高估PE	高估价格	长线	价格	收益
金融类	招商银行	25.20	3.2	8	7.5-8.5	24-27	10	32	20171009	25.24	-0.2%
	工商银行	5.29	0.85	6	5.5-6.5	4.7-5.5	8	6.8			
	中国平安	56.10	6.03	9	8.5-9.5	51-57	13	78	20171009	53.56	4.7%
白酒	贵州茅台	590.01	27.1	22	19-22	515-596	30	813	20170913	480.6	22.8%
家电	格力电器	35.69	4.77	7	7-8	33-38	12	57	20170602	32	11.5%
	美的集团	36.86	3.12	12	10-11	32-35	18	56	20171211	53.62	-31.3%
医药	恒瑞医药	52.75	1.07	49	45-51	48-55	75	80	20170901	42.73	23.4%
	爱尔眼科	26.30	0.43	61	56-60	24-26	75	32			
旅游	中国国旅	60.20	1.87	32	25-29	47-54	35	65	20180201	50.2	19.9%
机场	上海机场	50.76	2.2	23	20-22	44-49	28	62			
	腾讯控股	309.60	8.4	37	33-38	278-319	50	420	20180919	367.3	-15.7%
房地产	万科	23.82	3.24	7	6-7	20-22	10	32	20171020	26.3	-9.4%
5G	中兴通讯	19.59	1.02	20	14-17	14.3-17.3					

价值20之巴菲特模型

20190228	股票名称	现价	一致预期	PE	低估-合理PE	低估-合理价格	高估PE	高估价格	长线	价格	收益	中线	价格	收益	加仓次数	累积收益	2019收益
金融类	招商银行	31.74	3.62	9	7-8	25-28	10	36	20171009	25.24	25.8%					10.2%+2.6%	8.4%(1.18日)
	工商银行	5.75	0.89	6	5-6	4.5-5.3	8	89				20181106	5.5	4.5%			
	中国平安	70.01	7.50	9	8-9	59-66	12	89	20171009	53.56	30.7%					-1.7%	
白酒	贵州茅台	755.01	31.98	24	19-21	604-668	28	891	20170913	480.6	57.1%					14%-2.9%+13%	
	洋河股份	111.05	6.43	17	15-17	96-109	22	141				20190225	106	4.8%			
家电	格力电器	44.8	5.05	9	7-8	35-40	11	55	20170602	32	40.0%					25%-3.9%	
	美的集团	47.78	3.51	14	10-11	35-39	17	60	20171211	53.62	-10.9%					26%+3.4%	
医药	恒瑞医药	71.9	1.35	53	40-46	54-62	60	81	20170901	42.73	68.3%					5.7%+19.2%+7.8%	
	爱尔眼科	32.17	0.57	56	43-50	25-28	64	36	20190115	26	23.7%					20.3%+60.4%+9.5%22.4%(2.19)	
旅游	中国国旅	63.8	2.10	30	25-29	52-60	35	73	20180201	50.2	27.1%					(-7%)+2.6%	
机场	上海机场	57.26	2.61	22	19-20	47-52	25	66	20190111	54	18.1%					4.4%+5%+2.6%	15.9%(2.21)
科技	腾讯控股	335.8	11.72	29	24	281-316	36	422	20180919	367.3	-8.6%					(-15%)+6.4%	
	海康威视	34.5	1.51	23	17-21	25-31	29	43									
房地产	万科	27.99	3.94	7	6-7	23-27	10	39	20170120	26.3	6.4%	20180306	28.76	-2.7%	25%		

今日新增跟踪个股（长线）
今日结束跟踪个股（长线）
今日结束加仓个股（中线）
今日波段减仓个股（中线）

新增跟踪：低估估值区间附近的买入　　加仓：最新一次的买入
结束：涨幅过大或基本面发生变化　　减仓结束：达到25%或高估价格

长线做组合　中线做波段　根据自己的情况做选择

第二，中线波段。中线波段交易统计了累积收益，比如爱尔眼科累积起来有100%的收益，但是2019年中期，由于波动原因以32元的价格被卖掉了一次。由此我们可以得出结论，波段操作容易出现卖早了还继续涨的问题，又或者买早了还继续跌的问题。在这里，投资者需要遵循一个原则，即好企业越跌越买，而不是越涨越买。另外，越涨越卖是在企业每年业绩持续增长20%的前提下，今年的增长超过20%～30%，甚至40%的时候，才会考虑卖出。如果企业本身每年保持持续增长20%，而股价也只涨了20%，就没必要卖出了。上述操作策略的核心思维是除了业绩上的收益，还要关注情绪上的超额收益，比如外资的大幅入场就给市场中的股民带来了情绪上的巨大波动，而价值投资者要做的就是利用市场情绪，取得超额收益。

巴菲特模型所展示的估值波段操作，其实更倾向于低估值买入、高估值卖出，更加适合机构投资者，也包括性格比较激进的人。有的人总是拿不住，一是性格问题，二是想发大财。贝索斯曾经问巴菲特："你的投资体系那么简单，为什么你是全世界第二富有的人，别人不做和你一样的事情？"巴菲特回答说："因为没有人愿意慢慢变富。"

　　谁不想买个东方通信，短时间内翻10倍，一年干完一辈子的事儿，但又有几个人能做到？所以静下心来，踏踏实实的。每年能持续获利15%已经是一件很了不起的事情了。价值投资者经常会说追逐涨停板从本质上说并不好，究其原因就是缺乏持续性。在这场零和游戏中，操控涨停板的庄家并不是不赚钱，只是赚完这笔钱之后，又在下一笔交易中亏回去了而已。

　　波段操作的理想状态，当然是在低估的时候逆向买入，在高估的时候卖出。但波段操作令人遗憾的就是买了有可能还跌，有时候股票即使到了合理价格，也还是会跌到低估价之下，这就需要拉开差价补仓。有时候又会遇到卖了还会继续涨的情况，要知道市场疯狂起来，连物理学家牛顿也无法预测。在团队中线波段操作的过程中，也遇到过很多次这样的情况，本意是想回避波动，但必然错过一些上涨。所以清楚自己的资金性质，并选择适合资金性质的操作方法同样很重要。这里需要特别提醒投资者的是，在操作方法上同样需要有舍有得的抉择，不能眉毛胡子一把抓。

　　巴菲特模型到此就介绍完毕了，这里总结一下：模型分为两部分，即长线组合和中线波段，投资者需要结合自身的情况参考和选择。当大盘见底的时候，没有人选择长线，都想着做波段。然而后视镜告诉我们股市风险其实很大。当大盘涨上来之后，会不断地卖丢，这时散户心里会十分苦恼，后悔当初没有做长线。所以在不同的时间段采用后视镜得出的反思结果往往都是不一样的。

　　对于本书的课程可以反复地看一看，读一读。过3个月、半年或一年，再回头看一看、读一读本书，你的感受一定会升华并上升到另外一个认知层面。因为本书的课件和文字从2019年3月开始写，到2020年2月才写完初稿，我在思考和完善的过程中也得到了升华，也会倒过去体会当时的想法，再加以反思和推敲，最终形成了这套完整的训练营体系。

　　除了价值20巴菲特模型，还有一个双突破模型，它采用的是价值成长的思路，也就是寻找企业利润爆发的阶段。操作思路依然是价值围绕着企业的业绩波动，这也是国内机构的主要思路。这个模型将带领我们寻找短期业绩增速最快的板块和机会。

　　在介绍双突破模型之前，首先要了解什么是净利润断层。

　　净利润断层是净利润增长超预期产生的向上超预期，其实就是预期差，企业的发展超过了市场机构的一致预期。

当这样的事情出现后，机构就会在确定之后坚决地追高买入。一般的超预期有两种：一种是超过了机构的一致预期，另一种是超过了公司之前的公告。所以对应的要求是不仅要超预期，还要能够在次日使用大量资金进行买入。当然并不是超预期就一定能成功，有的你认为它是超预期，但市场不认可也不行。这个思路最早来自《股票魔法师》，在国内陶博士的推广下得到了大家的认同。很多企业在发展的过程中，都会出现这样的加速成长期。我们的双突破模型股票池，就是在符合条件的成长型企业中进行筛选。只是与一般投资者不同的是，模型筛选条件更为严格，因为我们希望找到那些长期的，可以持续上涨的好企业。

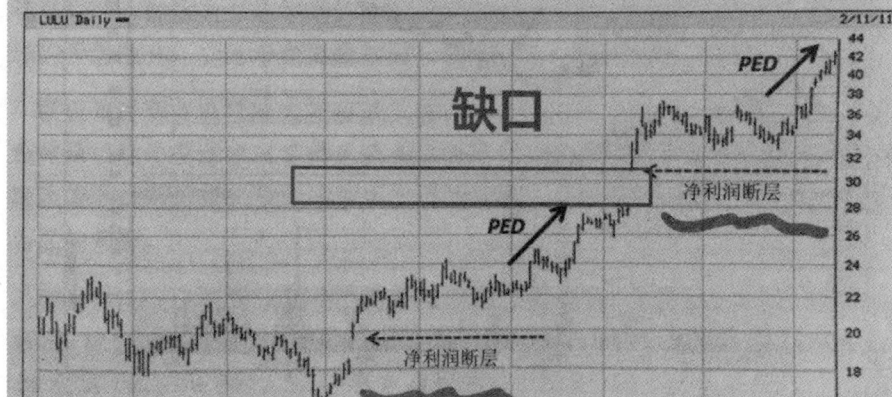

公司公布净利润后，我的注意力将会转向寻找"盈余余波"（PED，post-ear drift）。盈余余波告诉我们在公司报告出惊喜后买入股票可能为时未晚。即使过了报告公布后的第一轮上涨，重大惊喜后的余波可能还会持续一段时间。重大利好消息或者净利润惊喜，股价在马上做出反应之后，仍会有较长的调整很多研究都显示这种余波现象可以持续几个月。

比如团队于2019年1月选择了东方财富。这家软件公司互联网基因比较强大，既然互联网都可以开户了，那么就省去了专程去证券公司开户的麻烦。它具备了互联网的优势，团队给这家企业的合理估值是12元左右并进行买入，只不过当时认为涨到15%差不多了，结果一下猛涨50%多，而且没涨完。行情好了股市就好，而对东方财富来说，软件和证券交易业绩都是要增长的，所以说它是有很大优势的企业。

下面来总结一下，首先了解企业基本面并锁定一家好企业，然后在合理的价格买入，比如东方财富以12元的价格买入，当它已经涨到20元的时候，再回头看12元买和13元买并没有太大区别，但买入动作在进行的时候，心态上的区别可就大了。东方财富这家公司，在全行业亏损的时候它仍然赚钱。为什么? 因为它还卖股票软件。现在全行业都赚钱的时候，它在不断赚佣金的同时还赚着卖股票软件的钱。回顾东方财富的筛选流程，首先就是锁定企业基本面，然后寻找该企业的爆发阶段，最终2019年2月这家公司爆发了。从12元到19元的上涨幅度，仅在2个月内便爆发式完成，这就是典型的双突破。

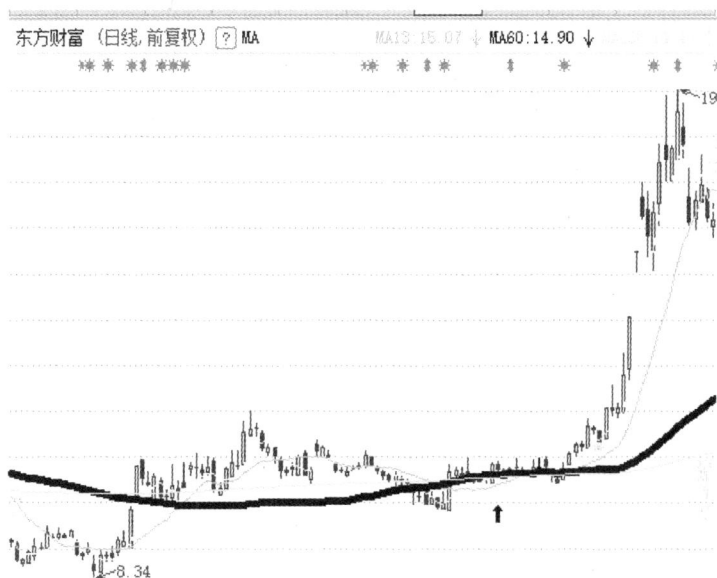

东方财富的双突破走势，包含了净利润断层，它的核心就是戴维斯双击的过程，唯一遗憾的是它所在的券商行业持续性比科技、医药要差一些。

再来看2019年年初的亿纬锂能，也是一个连续利润断层的企业。作为一只被持续跟踪的电池股，业绩出现了转折，随后电子烟、无线耳机、ETC、疫情现场等多个场景都出现了企业的身影。也就是说，它顺利地从一个单纯的电动车电池公司转型成为消费电子类电池公司。这样的基本面转变，就是我们所期待的双突破。无论是业绩还是估值上!

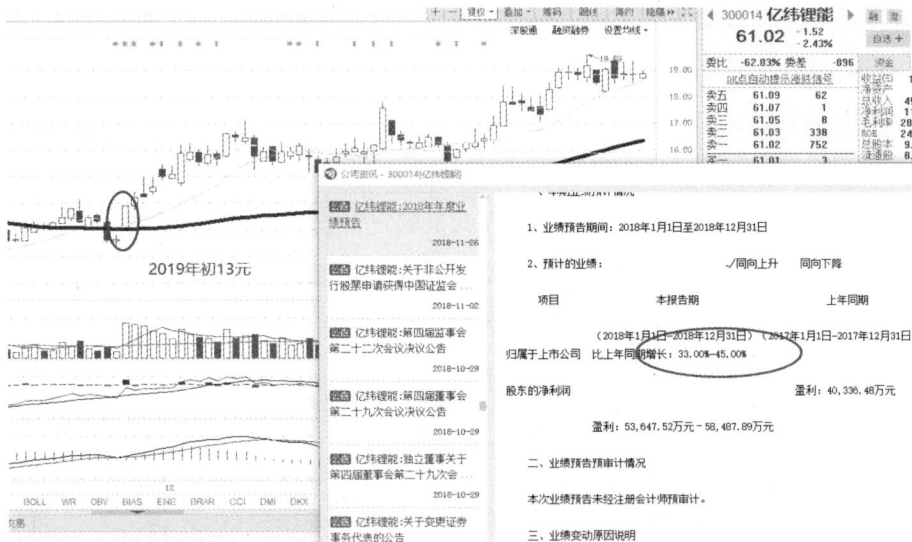

那么，亿纬锂能后期的走势是什么样子的呢？参看下图。

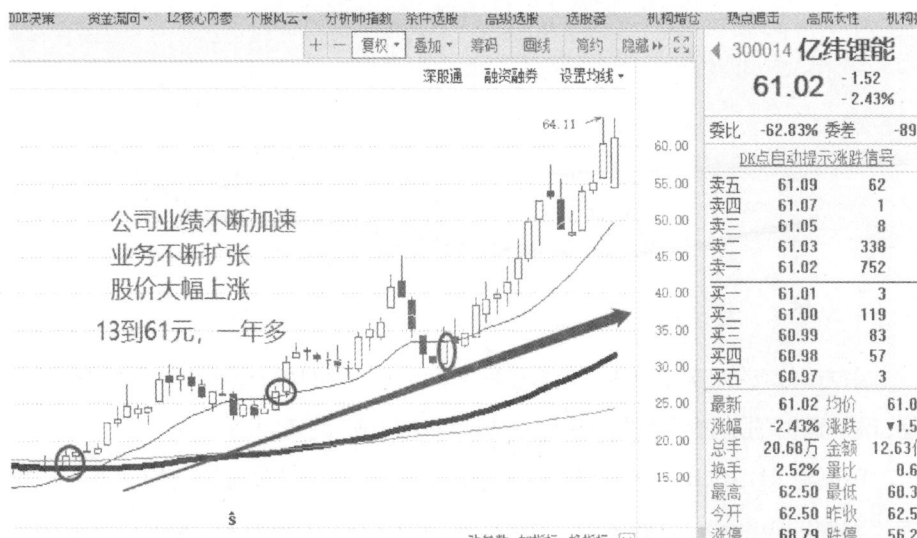

　　双突破的特征是什么？第一，基本面有质变，大盘好了，行业利润上升了。第二，技术面上长期横盘开始突破。核心增加的是基本面变点，这将极大减少技术面失败率高的问题。茅台2018年其实也有利润加速和断层的情况，也就是说，净利润断层是一种市场现象。基本面与技术面同时突破形成双保险，更能提高双突破的成功概率。

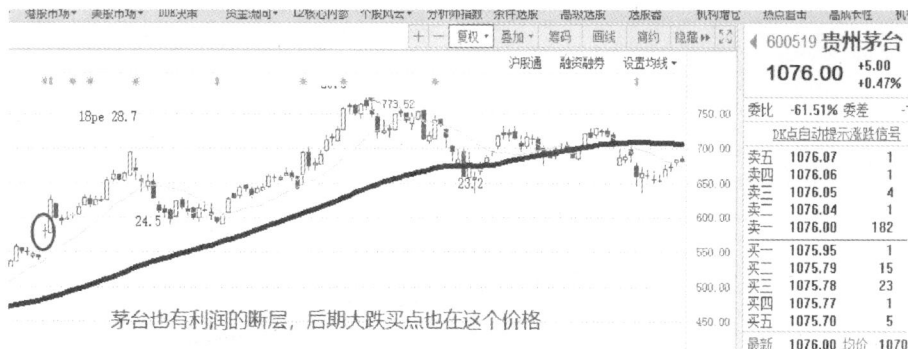

茅台也有利润的断层，后期大跌买点也在这个价格

　　东方财富以前比较便宜，没有人关心它，它从牛市的38元跌到了2019年年初的12元。此时具备双突破形态，从12元买入，持股2个月达到20元。采用双突破的方法买入之后，成功率与增长速度都是比较可观的。这里还有一个很重要的原因是它主要做上涨的波段。当然缺点也有，就是会有买错的概率。比如在2018年熊市的时候，双突破股票基本上横盘之后不会再次向上。原因是大盘差，PE值下降，公司不赚钱，本来是双保险向上的，结果变成惨烈的戴维斯双杀。由此可以得出结论，在市场行情好的时候，适合做双突破股票。比如团队当时筛选的中兴通讯、亿纬锂能都是基本面与技术面有了突出的变化。中兴通讯更为标准，它是基本面困境反转的公司。当时遭受美国禁令，但后续自己发展得非常好，于是在基本面与技术面的双突破下，它也爆发了。

　　下图所示为双突破股票池，全年一共精心筛选了约20家企业。它们的业绩增长都非常不错，只不过基本面的护城河与巴菲特模型所选的伟大企业相比，还是差一点，但道理都是相似的。价值投资并不是只有茅台，只要我们站在企业的角度去发掘机会，就脱离了纯粹的投机。企业为什么好？好在哪里？读者可以参考本书给出的案例摸索学习，同时也可以采用笔者的双突破模板，在实践中体会其爆发式上涨的魅力。

　　本课的含金量很高，需要反复学习，它将为你形成独立的个人投资系统提供重要的选择与帮助。建议读者在课后把这两个模型过去的数据与实际进行对比，这将会极大地提升你的分析水平。最后总结一下本章的知识点。

财易帮双突破--股票池2.2

行业	细分	企业	价值（好不好）		博弈（贵不贵）		利润断层日	业绩增速 主营-净利	下季度 三季报	年报	波段买入区间	获利目标	机构持股比例 外资+内资
			好	坏	好	坏							
医药	CRO	泰格医药	临床CRO	财务存疑	业绩增长龙头	短期涨幅大	2019.6.26+10.10	半年报29-61%	三季报63-70	68-91	64	83	15.2%--17.27%
	创新	贝达药业	创新药	过往业绩	净利润断层		2019.10.14	34-34	净利润预增30-41		65		2.17-9.35
	疫苗	沃森生物	疫苗			长牛	管理层瑕疵	无	39-32		30		3.86-4.38
		康泰生物	疫苗		净利润断层		2020.1.9		三季度-7%-14%	26-35	88	110	1.36-16.49
生长激素		长春高新	大牛股	价格不便宜	市场错杀		2019.3.7 2020.1.3	23-32	无		435	600	3.23--23.43%
券商		东方财富	互联网金融	随大盘波动	牛市必涨	熊市大跌		30-74			15	19	2.13-7.26
电子	消费电子	立讯精密	龙头	护城河低			2019.6.19+10.22	70-81%	三季报50-60%		30	46	5.22--15.38%
	芯片	汇顶科技	芯片		高价格，散户少		2019.8.19 2020.1.22		97-457	203-230	215	284	2.61-7.37
电池		亿纬锂能	多品种		业绩断层		2019.10.8	133-151%			45	63	2.99%-10.56
		宁德时代	龙头	行业利润释放需要等待	业绩增速不错		2019.11.22	71-45%			95	145	2.03--3.39%

医疗	通化东宝	12.1	20	20	
案例		买入时间	区间涨幅	累	
5G	中兴通讯	20190101	36.1%+2.3%		
食品	恒顺醋业	20190101	11.9%		
电动车	亿纬锂能	20190101	78.5%+5.5%		
食品	洽洽食品	20190228			
医疗	欧普康视	20190225	23.9%+41.6%		
肉鸡	圣农发展	20190527			
医疗	通策医疗	20190224			
食品饮料	伊利股份	20190610			
	绝味食品	20190626			
医疗	华兰生物	20190228	23.9%+27.1%		
食品	桃李面包	20190626			
医疗	凯莱英	20190429			

知识点一：长持和波段的区别。

巴菲特模式的两种操作方式：长持和波段，它们各具优缺点。长线持股好企业，可以享受到企业持续成长的复利收益，但前提条件必须是使用自己闲置的自有资金，否则就会有持股压力。而波段持股，则更偏重于利用市场情绪，获取市场的超额收益，缺点是可能会踏空市场节奏。根据资金性质不同以及市场所处的阶段不同，选择的操作方式也就有所区别。

知识点二：双突破用在企业加速的阶段，你将享受公司加速的业绩增长和情绪提升带来的戴维斯双击效应。

双突破模式非常适合市场上升阶段使用，当企业基本面发生质的转变，同时技术面出现净利润断层，并在长期横盘的基础上向上突破时，我们就在突破或回踩的时候抓住它。这里需要强调的是，双突破的核心思维是基本面变化在前，因为它才是引爆企业加速成长的内因。

本章作业

（1）价值20股票池，我们收获最多的公司，感想。

（2）双突破股票池，买入收获最多的公司，感想。

第十七章

交易计划的制订步骤

买股权,什么时候买? 芒格说,伟大企业,合理价格。下面就顺着这个思路来讲解,前面的章节已经详细解决了伟大企业如何选的问题,本章将落实到制订详细的买卖计划上。

投资者应首先问自己如下4个问题:

(1)为什么现在买?

(2)估值合理吗?

(3)计划是什么?

(4)是股权还是波段?

初期研究价值投资,我们也买过欧菲科技、赣锋锂业这样的成长型企业股,一度也想过跟随消费电子和电动车企业不断成长。后来发现对周期股、科技股不太好做股权投资,因为波动太大。企业本身的护城河低,利润增长受到行业供需格局的变化影响也很大。成长股投资本来就属于费雪的价值投资类型,所以也没必要那么刻板,认为只有买茅台、恒瑞这样的明星白马股才是价值投资,做成长股就不是价值投资。因为每个投资者在人生的不同阶段,对投资的理解不一样,同时自己的资金性质也不一样。

《孙子兵法·计篇》,第一篇"计篇"中的"计"是计算,而不是计谋。很多人理解为奇谋巧计,是因为人性的弱点,贪巧求速。股市也如此,很多人都希望学习一个神奇的方法,走捷径。孙子的"计"类似于现在管理学中的SWOT分析法,比较敌我双方的优势、劣势、机会和威胁。投资也是一样,也需要制订交易计划,例如什么时候买,买多少,如何持有,等等。

然后,我们就可以行动起来了。记住,行动计划没有执行力,一切都是空谈。

交易计划步骤的制订——实战表格

如下图所示,列举的是上海机场(2019年2月11日),这是笔者内部实战交易的表格。作为机构资金,每一次的交易都应该制订相应的交易计划,但是做事必须一步一步来。只要你违反计划,冲动了,最后就会受到惩罚。下图这份买入核对清单,就以上海机场为示范,制订交易计划。

为什么现在买？2月11日大盘起涨的第二天，即春节之后的第一个交易日，为什么要在这个地方买入上海机场？一是市场整体有望上涨，PE会提升。二是它的价格是合理的。投资者不用去追热点，只需锁定一直跟踪的股票即可。当它价格合理，而且外资购买的比较多（买了28%）时，就很适合买入。实际上在那个时间，上海机场是既便宜且时机又合适。经过评估，给出的合理估值在48~49元的位置，所以那时买会更合理（团队最先一批建仓就在48元），在49元则开始加仓上海机场，因为大盘起来了，明显需要加仓股票。当然，在恐慌的时候买股票更好，但作为机构进行波段交易就会在该位置上下手（好企业+好价格，适当择时）。

估值情况：今年估计在44~49元，明年增速是18%，那么预计明年合理估值是47~52元，也就是说，52元以下的价格对比股票来说都是便宜的。当时股价只有49元多，所以选择在49元买入股票。

	买入核对清单			上海机场--2019-2.11							
2	1.为啥现在买？			市场整体有望上涨。买入估值合理的，外资购买多的。							
3	2.估值情况，合理吗？			今年估值44-49，明年增速18%，预计47-52。选择49元买入							
4	3.是否逆向思维吗？			大周期还是逆向的，下跌了20%。短期没有买跌还差点劲。							
5	4.是重大机会吗？放弃小仓位，短线和纯技术选股			是稳定机会							
6	5.大势如何？过热吗？			大周期发出买入阶段							
8	博弈层面										
10	6.板块情况如何，是否配合			无板块，参考国旅一点							
11	7.技术验证 高60日线远吗？中枢的位置										
13	制订交易计划										
14	50以下买入20%。计划50到56这波行情。大的目标是66。			25倍市盈率应该是市场亢奋一点。短期业绩加速迹象不明显，属于稳定类							
16	计划不止损，下跌到44再加仓										
18	切换19年eps		一致预期（朝阳永续）				按19年eps预期				
		现价	2018	18增速	2019	19增速	当前PE	低估-合理PE	低估-合理价格	高估PE	高估价格	年报公布时间
19	旅游 中国国旅	54.50	1.66	28.4%	2.10	26.5%	26	25-29	52-60	35	73	4.27
	机场 上海机场	49.55	2.21	15.5%	2.61	18.1%	19	19-20	47-52	25	66	3.23

是不是逆向？这时的大周期还是逆向的，毕竟它跌了20%。短期没有买跌，如果能买在48元那么当然更好。

这里是不是重大机会？团队认为这是一个比较大的机会。策略上可以放弃小仓位，放弃短线和纯技术选股。对于该模板，投资者可以模仿写一写，每次交易时提前计划一下，放弃短线交易，只关注和预判重大机会是否到来。

大势如何，过热吗？这里处于大周期发出买入信号的阶段，不过热。

博弈层面。从基本面包括博弈层面来看板块情况如何，是否相互配合。这只股票没有太强的板块效应，可以参照国旅。虽然有白云机场等几个兄弟，但它们联动性差。

制订交易计划。以50元以下的价格买入20%。短期看企业从50元到56元这波小行情是大概率。中期的目标是66元。25倍市盈率应该是市场亢奋一点。短期业绩加速不明显。属于稳定类。

计划不止损。下跌到44元再加仓。这属于典型的价值投资思路，对于心仪的企业跌多了是要继续买入的。那么大概率的赔率，向上从49元到66元，有17元的上升空间，向下有5元的下跌空间。

当时的买点处于持续的下跌状态。2018年的低估价格为44元，2019年的低估价格为47元。假如买早需要时间的等待和一次跌停极限的下跌。

该企业之后的走势如何呢？达到66元的高估价格了吗？如下图所示。

66元很快到达，并且最终超过了，2019年最高达到88.90元，为什么会这样呢？

（1）企业随后出现业绩增长加速，EPS继续超预期。

（2）大盘从2 600点到3 288点，市场情绪PE大幅提升。

看过实战表格,投资者在交易的时候就要反问自己。

第一,为什么现在买?股价低且大盘要起来了。如果大盘不涨,那么你对买入位置判断错误将会承受多大的风险?价值投资的核心是聚焦于企业,大盘的波动更多是投资者情绪的反映。即使大盘不涨,也不会跌多少。

第二,便宜吗?买的企业这个价格低吗?

第三,计划是什么?计划是选择在这只股票上做波段,还是做股权。在上海机场的这次买入,并没有按照长期股权来计划。因为我们的资金性质并不适合做长期股权,但我真心希望投资者可以做股权,我也会努力把我们的资金调整到将来可以做长期股权。我的客户如果都能认同股权投资,就很好,这样我就敢在跌的时候承受波动,坚持做股权。通过本书,希望能传递正确的股权投资理念,找到更多志同道合的投资者。

股权是什么思路?参考未来3年的估值,团队在熊市给的25倍市盈率保守了,最终2019年到了32倍市盈率,也达到了2020年的高估价86元。如果你是股权投资者,买了机场,并没有拿着计算器精确计算,那么恭喜你,你将比机构赚得还多,这就是个人投资者投资股权的优势。

展望国旅,2020年因为成本摊销,所以利润增长放缓,但是未来到100元依然是大概率事件。这就是价值投资,随着企业利润的增长,股价不断创新高是大概率事件。投资者选哪种思路适合自己,在上一讲中也讲过,各有利弊,适合你资金的投资方式才是最好的。对成熟的个人投资者建议以股权为主。国内的机构大部分是估值波段,也恰好给投资者提供了机会。

		上海机场		
		2019	2020	
EPS		2.75	3.07	3.5
增速		25.0%	11.6%	14.0%
低估	20	55.0	61.4	70.0
合理	22	60.5	67.5	77.0
高估	28	77.0	86.0	98.0
	32	89	98	112

人容易冲动，冲动是魔鬼。做对9次，最后一次的冲动就可能毁掉你，这也说明了计划的重要性。

实战案例之洋河

"为什么现在买？"2019年2月，当时为什么买洋河？第一是价格处于合理区间，第二是因为市场涨（PE提升），尤其是龙头贵州茅台已经大涨。第三是外资买得多，持股比例达到7%以上。

1	买入核对清单	洋河股份
2	1.为啥现在买？	市场整体有望上涨，pe。买入估值合理的，外资购买多的。
3	2.估值情况，合理吗？	今年估值94合理，目前市盈率低于其他的白酒股，补涨
4	3.是否逆向思维？	逆向，99开始买入.94未再次加仓
5	4是重大机会吗？放弃小仓位，短线和纯技术	这是大机会
6	5.大势如何？ 过热吗？	大周期发出买入阶段
8	博弈层面	
10	6。板块情况如何，是否配合	白酒股普遍大涨
11	7.技术验证 离60日线远吗？中枢的位置	不远离60日线
13	制定交易计划	
14	99一线买入，103有加仓。目标118，前个中枢上沿	
16	计划不止损	

为什么现在买？因为择时。巴菲特的价值投资不是不择时，否则现在他不会手里还大量持有现金，他的择时是等待合理价格乃至低估价格。在实战中私募基金择时比公募基金更多，因为私募基金没有强行仓位限制，这样的结果是上涨的时候会慢，下跌也会慢。2019年私募的平均收益是22%，公募基金达到45%。择

时，放弃了下跌，在上涨过程中也会比较早地走掉。

估值情况，合理吗？洋河今年的合理估值是94元，2019年年初的市盈率低于其他白酒股，它会补涨。茅台当时动态20倍，五粮液18倍。虽然洋河在15倍左右更低，但它不是领涨的，领涨的是茅台和五粮液。当时的估值算法，2019年业绩是5.4元，按照17倍市盈率92元是合理值，目标价是25倍市盈率135元，阶段先看到118元。

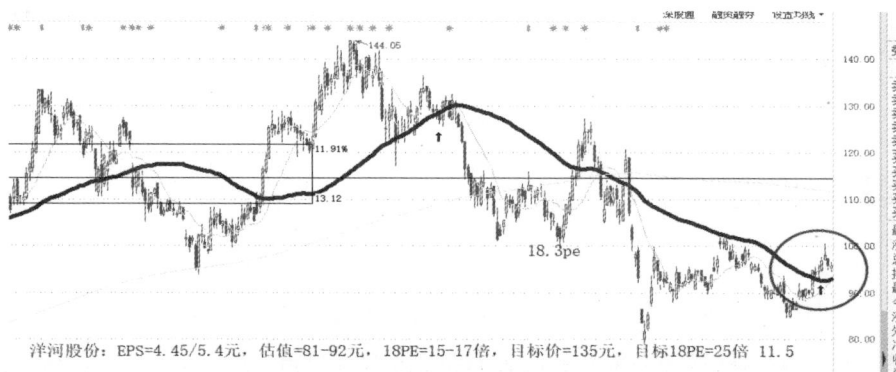

洋河股份：EPS=4.45/5.4元，估值=81-92元，18PE=15-17倍，目标价=135元，目标18PE=25倍 11.5

是否是逆向思维？当然逆向。团队在99元开始执行买入，而到了94元的时候却没有再次加仓。为什么没有再次加仓呢？因为按照最初的计划价格应该再往下一点，即拉开价差到92元左右再加仓，此时的94元，其实也比较合理。但有时候真的到了买点位置，投资者却又不敢买了，要么是因为仓位重了，要么怕继续跌，或者有其他的原因。下跌本身就会让人恐惧，而且那个位置利空消息多于利好。人在这种时候会产生很多想法，有些客观的东西，即使计算出来，也不一定执行得了。所以，投资真的是一个系统化的过程。计划和执行就像科学和艺术，即使计算出来的结果是科学的，执行的时候也是艺术的。

是重大机会吗？洋河在99元和94元的时候，当然是大机会。

大势如何，过热吗？大周期刚发出买入信号。

博弈层面。白酒普遍大涨。洋河刚上60日线，好企业，99元一线买入，103元加仓，中期目标118元，长期目标135元。后来的2019年呢？118元到过，135元到过，就没有再上去了，最高涨到25倍市盈率，茅台则涨到了32倍市盈率，茅台翻倍，五粮液涨幅为140%。投资当时的老三洋河却成为2019年很多价值投资者不舒服的经历。这样看，好企业还是首选龙头，短期看不出来，长期差别就会很大。

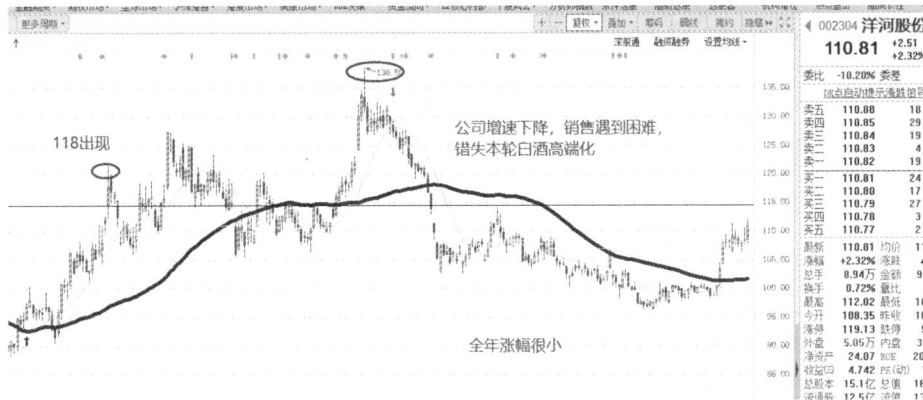

计划不止损。对于这里的不止损，有必要探讨一下。买优秀企业，尤其是买在便宜的位置，就不要轻易止损，如果跌到90元，那么可以继续买入，即使不买入，也不要卖出，好企业应该是越跌越买。因为企业的成长会不断抬高企业的估值，所以价值投资有些地方和技术投资是有冲突的。技术投资是越涨越买、越高越买，不管价格和价值，重势。而基本面投资是越跌越买、越便宜越买，重价值。巴菲特说，最愚蠢的思路就是觉得这只股票要涨才去买。再看上海机场，当时提出的计划也是不止损，下跌到44元再加仓。结果它没跌到，那么赚已经持仓的这部分钱就可以了。赚到一定程度再逐步减仓，56元卖了一半，58元卖完了，波段操作结束，再轮换其他更好的标的。而团队提供的表格，其目的就是解决文章开篇提出的4个问题。

最后强调一下，所有的机会在未来都面对着未知的变化，大盘的超预期，比如上海机场业绩超预期，而洋河业绩低于预期，最终市场是有效的。业绩加速的继续上涨，业绩下滑的大跌。作为行业第三名的洋河大幅跑输市场，也在提醒投资者"贵不贵"并不是第一位，首先考虑的应该是"好不好"。茅台和五粮液明显护城河和业绩增长等都好于洋河，只因为价格低才选择洋河，结果走势却很一般，这表明深入研究企业是非常重要的，对企业的变化也是要随时跟踪的。

至此本课内容交易计划的制订步骤讲解完毕，下一讲将探讨风险防范的策略。

本章作业

交易计划的制订步骤。

第十八章

风险防范必不可少

回顾前面学习的内容，入门课程更多是价值投资之"道"，晋级课程则更多是价值投资之"术"。巴菲特提到，投资中最重要的两件事情：第一，学会对企业估值；第二，如何正确看待波动。晋级课程遵循的也是这两个核心思想：一是计算估值，二是利用波动。

企业篇一共三讲，解决了如何分辨好企业的问题。

第一讲，两点判断企业，（1）好不好；（2）贵不贵。（这是必须明确的两个点）

第二讲，好生意如何判断——八大定性分析标准，分类归纳优秀企业的特征（找出谁是好生意，你愿意当谁的股东）。

第三讲，好生意如何判断——财务分析（属于数据的体检量化）。

随后的估值篇，也分为三讲，包括年度的EPS测算、一致预期和历史PE的确定，以及合理价格区间的测算，这是目前主流机构采用的估值方法，也被大众称为季度价投者，其根据企业的增长速度和预期差进行交易。

第七讲，如何看待股价波动？利用市场先生。总归一句话：疯狂下跌的时候是买点，疯狂上涨的时候是卖点。芒格提到的买入的条件是，伟大企业+合理价格，而卖出的3个条件则包括：公司出问题了；估值太高了；有更好的选择。

其中有更好的选择不是必须要卖，因为更好不代表一定比你之前的股权更好。很多人卖了茅台买其他企业，长期投资下来发现最后跑不赢茅台。茅台成为市场的机会成本，主要是因为它的确定性强于大部分企业。

第八讲，买卖时机如何把握。讲了两个经典交易模型，一是巴菲特交易模型，二是双突破模型。巴菲特模型又分为长线组合投资和中线波段交易。双突破模式是我个人比较喜欢的思路，它结合了美国投资大师威廉·欧奈尔的投资策略，寻找爆发阶段的企业。

第九讲，交易计划的制订步骤。讲的是如何制订步骤实战交易计划。当情绪冲动的时候，冷静地反问自己几个问题，再制订步骤客观的作战计划。重点将机构化的波段操作思维与个人投资者的股权思维进行比较，引导投资者找到最适合自己的思维方式。

第十讲，风险防范必不可少。投资者不想承担风险是不可能的。如果总是担心风险就不要进股市。既然无法完全避免风险，那么只能做到聪明地承担风险。它的意义在于让投资者规避小概率事件给投资带来的毁灭性打击。

芒格说:"如果我知道我会死在哪里,那么我永远不会去那个地方。"谨记"不为"将让你在投资市场上活得更长久。下面将详细介绍哪些风险是必须要规避的。

第一,企业迅速衰败的风险,不能承担

公司前景不行。以传媒行业来举例,一些传统的传媒行业已经逐渐被时代淘汰。当我们站在2020年的时间点上,选择投资一家报社就不行。一是传统纸媒前景并不看好。二是手机已经抢占取代了人们大部分的休息时间。那么,投资广告行业又如何呢?比如电视台投广告,现在看电视的人越来越少。还有一种类似乐视网和暴风集团的网络传媒,该公司的董事长都被抓了,高管都辞职了。在资本市场中这样的例子太多了,很多人买股票根本就不看基本面。在企业走向衰败,在注册制的大背景下,一些企业的价值会越来越接近于零。

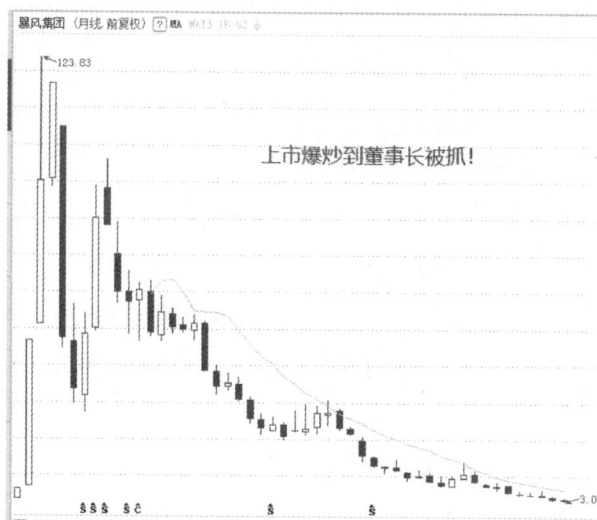

第二,高估值的风险,不能承担

有人不顾价格,在市盈率60倍的时候买入茅台,这是不理性的,殊不知茅台也曾经遭遇过9年不涨。中国平安在2007年牛市高点的时候，估值很高，过了十年才回到当时的高点。这些事实都告诉我们：即使伟大的企业买入点也不能太高。更何况，伟大对有些企业来说只是阶段性的，大部分行业是有周期的，比如曾经的云南白药、老板电器等。

2007年茅台最高市盈率为75倍，但2020年年初茅台32倍市盈率却仍然在跌，如下图所示。

贵州茅台 年度	收入	增速	净利润	增速	年涨幅	年终市值	年终PE	最低市值	最低PE	最高市值	最高PE
2001年	16	45%	3.3	32%		96	30	82	25	98	30
2002年	18	14%	3.8	15%	-34%	70	19	70	19	99	26
2003年	24	31%	5.9	56%	0%	77	13	63	11	78	13
2004年	30	25%	8.2	40%	44%	144	18	76	9	160	19
2005年	39	31%	11	36%	25%	215	19	141	13	246	22
2006年	49	25%	15	38%	93%	829	54	208	13	869	56
2007年	72	48%	28	83%	162%	2171	77	807	29	2126	75
2008年	82	14%	38	34%	-53%	1026	27	795	21	2176	57
2009年	97	17%	43	14%	56%	1603	37	934	22	1709	40
2010年	116	20%	51	17%	8%	1736	34	1176	23	2095	41
2011年	184	58%	87	73%	5%	2007	23	1600	18	2245	26
2012年	265	44%	133	52%	8%	2170	16	1774	13	2762	21
2013年	311	17%	151	14%	-39%	1333	9	1272	8	2151	14
2014年	322	4%	154	1%	48%	2165	14	1225	8	1865	12
2015年	334	4%	155	1%	15%	2741	18	1958	13	3312	21
2016年	402	20%	167	8%	53%	4198	25	2456	15	4271	26
2017年	611	52%	271	62%	109%	8762	32	4181	15	9126	34
2018年	772	26%	352	30%	-15%	7412	21	6394	18	10093	29
2019年	880	14%	441	25%	99%	14742	33	7311	17	15597	35

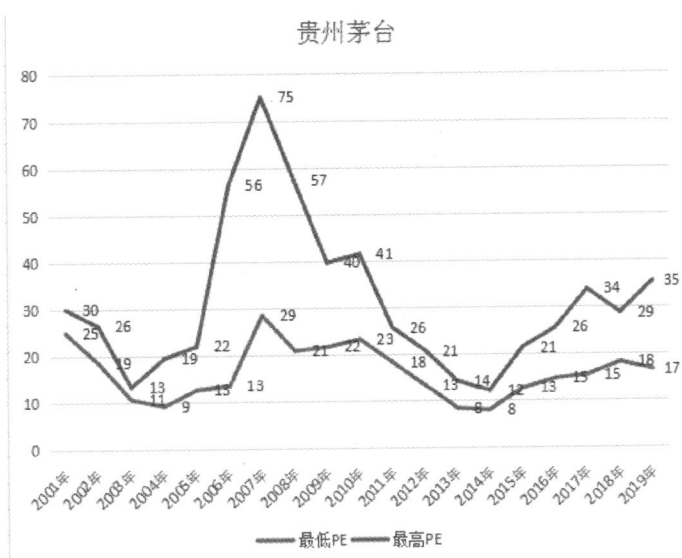

贵州茅台

第三，系统性风险，不能承担

比如2008年和2018年这两年，系统性风险导致股市都跌得挺惨。回顾巴菲特的投资历史，企业在短时间内跌幅在30%～50%都很正常。茅台、腾讯、伯克希尔哈撒韦、苹果公司都出现过这样的状况。也就是说，系统风险主要针对机构投资资金影响较大，因为钱不是它的。普通投资者却可以回避系统性风险，长期看每次系统风险的尾部同时也是最佳的买入点。这就要求投资者使用闲置的自有资金来投资，才能在心态上承担得起这么巨大的波动。

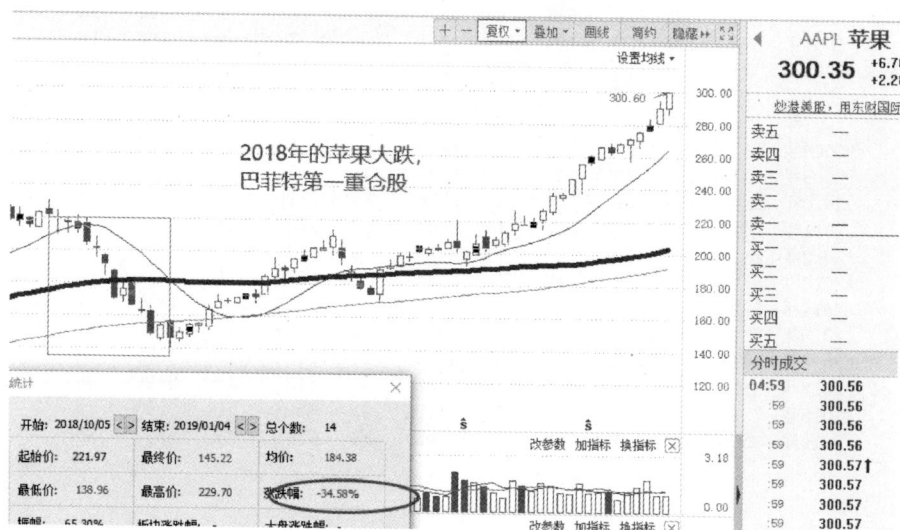

第四，本金永久丧失的风险，不能承担

如果借别人的钱炒股，假如茅台在700元的时候买入，跌到500元的时候，别人让你还钱，这时如果没有其他的办法归还，那么本金就会遇到问题。如果买到了垃圾公司，退市了，那么钱也没有了。从这里就可以看出，借的钱和委托的钱都不大适合承担风险，这也是机构投资者不愿意当股权投资者的原因。投资者也要结合自身的情况选择合理的投资方式，初期投资者如果恰逢疯狂牛市，千万不要把你的运气当成了你的能力。

要想规避本金永久丧失的风险，奉劝投资者做投资尽量使用闲钱，尽量少用杠杆。这是笔者发自内心的提醒。下面是核心理念，读者仔细阅读，细细品味并牢记于心。

【智慧投资者的投资理念】
理念一：坚持买企业就是买股权，做投资，不投机。用自有的闲置资金，买入少数自己看得懂的伟大企业尽量多的股权份额，并动态跟踪和调整，打造稳健增值的组合。
理念二：规划好家庭资产配置，用房产、保险、现金其他资产为辅，构成双重稳健资产组合。耐心持有伴随其尽量长的时间，享受溢价和分红，实现财务自由，养家、养老双无忧！！！

闲置自有资金　自己看得懂　优质股权组合　耐心长期陪伴

贝索斯问巴菲特："你的投资体系那么简单，为什么你是全世界第二富有的人，别人不做和你一样的事情？"
巴菲特回答说："因为没人愿意慢慢变富"

下面这一点可能会让你感到意外，因为这里要讲的是还有一些风险是可以承担，却无法避免的，比如股价短期波动其实不是风险。今天、明天的涨跌也并不重要，市场在短期内是股民情绪的投票器。

除了股价的波动，财务数据波动也是可以承担的风险，比如茅台业绩下滑跌停，但长期来看，又涨了回来。那些真正把股票当成股权，长期投资的投资者，不会因一时的业绩变化而卖出企业的股权。再如，2019年的中国国旅也出现过业绩下滑，股价从60元跌到了54元，但后来又涨了回来。如果我们站在股权的角度，从30元投资国旅到未来的120元，这个波动其实是很小的一朵浪花，而站在当时就是10%的亏损，这便是短期和长期的不同之处，如果紧盯股价那么是无法进行价值投资的，更会导致买企业就是买股权的价值初衷发生变化。关键是对于短期的股价谁都无法长期准确地预测。股价从75元跌到60元，业绩大幅下滑，再次盘中跌停，到了54元，如下图所示。你懂技术分析吗？破60日线，成交量放大，资金离场，MACD死叉。这是要卖的节奏。

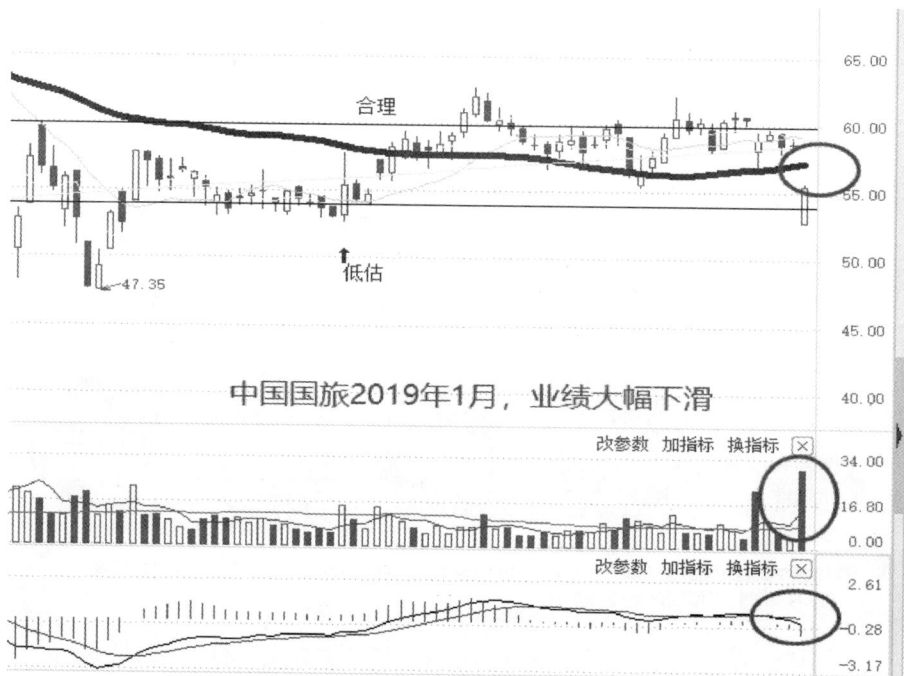

中国国旅2019年1月，业绩大幅下滑

然而换一个角度来看，把企业的价值放在心中。在前面的课程中讲过两条线，一条是合理价格线，另一条是低估价格线。这些价格是如何测算的？还记得之前的内容吗？这里不再展开计算。2018年的高估值60元到了2019年就变成了低估值。这就是企业的业绩成长带来的股价上涨。那么在2019年年初，还能以2018年的合理价格55.6元买入国旅，这可称得上不错的机会了。站在2020年的价格角度来看，出现84元以下的价格都是合理的。未来团队测算了市场的一致预测，推测到2021年，国旅按照目前的增长速度，未来达到140元也不是没有可能。这也就是价值投资者口中常说的，好企业持有的时间长了便有了好价格。好价格不一定是择时而来的，也可能是随着企业的成长匹配的，而当初的合理及其以下的价格将不再出现。

EPS	2018	2019	2020一致预测	2020推算	2021
	1.59	2.41	2.65	3.01	3.76
增长速度	40%	52%	11%	25%	25%
中国国旅					
低估25	39.75	60.25	66.3	75	94
合理35	55.6	84.35	93	105	131
高估38	60.4	91.6	101	114	143

　　短期波动就像房价，你买了房子之后，不会天天在意周边的人出价。十年前有人买了房子之后频繁买卖，和那些长期持有的人比起来谁赚得更多呢? 道理很简单，但是房子的交易周期长、资金大，人就慎重一点。因为在股市中很多散户投的钱很少，交易也很方便，所以就更加随意了。

　　上述提到企业财务的短期波动也会对股价造成影响，但长期持股时因为太在意短期波动就容易把股票做丢。绝大多数国内机构的钱是募集的，所以它总是会利用这些数据来进行波段交易。反过来个人投资者资金是自己的，60元不买国旅，等跌到54元价格低了再果断买入，而此时别人疯狂卖出，你别管他。下图所示为国旅在随后半年的表现情况，涨幅为50%。一直涨到了2019年我们给出的高估区域。最高到了98元，半年横盘在91元附近。从国旅的波动中可以得出结论: 股价增长需要等待业绩增长跟上，这是最好的。

　　传统的投资书籍会强调市场有效理论，认为股价决定一切。投资者的观点认为股价下跌总是有坏事发生，上涨肯定有好事。其实不是这样的，跌有时候是散户在卖，涨也有可能是散户在买。还记得市场先生吗? 大部分资金情绪随着市场的短期波动而波动，投资者关注的核心应该是企业，股价本身很难被预测得准，所以它更多的是干扰项。

比如，2018年年底大盘2400点的时候，国内某大型券商分析师就说圣诞节跌、元旦跌，春节还得跌，至少跌到2000点。国内机构疯狂卖出招商银行和中国平安，低估值区域资金却恐慌性卖出。大的券商分析师尚且如此，但谁又能准确地预测大盘呢？更别说预测大盘2009年的高点3200点，十年之后又会高出多少。

再列举一家好企业：华兰生物，其主营业务是血液制品和流感疫苗。有人列了一幅图，回望十几年的企业发展，一会儿业绩好，大涨一轮，一会儿业绩不好，大跌一波，一会炒流感概念猛涨，一会血站关闭大跌。虽然一路涨涨跌跌，但是拉长十年来看，这些波动都是小事，企业最终不断地创出新高。财务变化影响的是一时，公司主营业务的持续发展才是最为重要的核心。

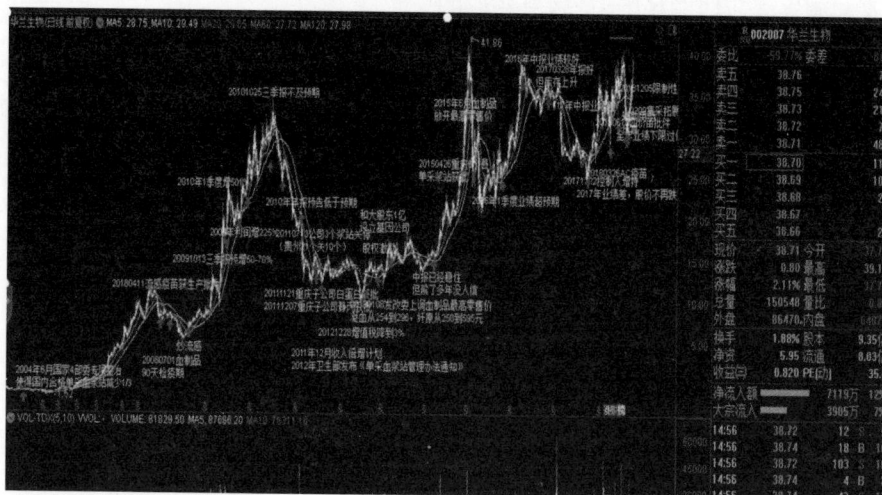

2018年三季报贵州茅台把业绩藏了一部分，业绩下滑引起跌停。同样中国国旅也把业绩藏了一部分，业绩下滑，股价也是大跌。单凭这次大跌，就能确定公司不行了？不，那只是人家赚得太多不想告诉你罢了。2018年年底，很多企业都隐藏了利润，等2019年再拿出来。茅台在2019年年初预期15%，年中预期25%，最后实际是15%。这种现象值得投资者理性思考。

投资，一种人玩的是预期差，一种人是笨笨地当股东，谁赚得多呢？2019年很多茅台粉丝晒业绩，100%成为标配。不用天天追涨杀跌，当成股权很轻松。看着结果很轻松，但茅粉们所经历的心路历程呢？想明白，就能承担波动，心甘情愿坐着电梯上上下下最终到达目标。想不明白，股价涨跌对其也是折磨。所以有一篇文章说得很好，幸福的婚姻要做的有两点：一是找一个好老公或者好老婆，二是你也要做一个好老婆或者好老公。

成功的投资也要做到如下两点：选择几个好企业，做一个好股东。择善固执！如果仅仅只做到择善，那么同样无法走向成功。

芒格说过一句话，凡事反过来想想。做股权投资，首先要考虑清楚一个问题：如果你买的企业跌50%，那么你受得了吗？如果受不了，就别做股权投资。为什么这样讲？巴菲特的基金跌过50%，茅台跌过40%，在这轮行情中伊利和格力都跌了将近50%，腾讯也跌了50%。如果你做股权投资，一不小心买到最高点，那么你能承受得了吗？如果承受不了，你就不要这样做。这就好比，你拿50万元闲钱做股票投资，暂时浮亏25万元，但对家庭生活不影响，那么是可以承受股价巨大波动的。但假设把孩子上学的学费挪用了，炒一把再说，就不适合了。

这也是本书多次强调的资金的属性，纯粹的价值投资门槛其实还是很高的，除了投资的钱是闲钱，不影响生活，最好还有源源不断的现金进账。尤其是一些初来股市的年轻人，在经历、能力、积累不足的时候，就抢着做全职股民，其实是一件很麻烦的事情。因为你想用少量的钱投资却希望每年翻一倍，这样的心态很容易摔跟头。芒格说40岁之前无法真正做价值投资，大致就是这个道理。

在跌的时候要拿得住，拿不住也不行。基金就遇到过这种问题，越跌越得卖，为的是降低仓位，对0.8的警惕线、0.7的清盘线都需要防范。仓位降低越跌越卖，机构为了不清盘，只能采取这样的策略。反过来对普通投资者来说，自有的闲置资金反而是投资者的优势。当普通投资者理解了买企业就是买股权，那么在下跌的时候，就能慢慢拿得住了。

除了理念，资金也需要承受这种巨大的起伏和波动。比如之前提到的2018年上海机场走势，如果投资者以49元的价格买入，在跌到44元的时候情绪失控，无法承担，那么就不要采用这种方法。这时候，还有预备部队补仓吗？资金已经用光了该怎么办？

提前筹划并预留小概率事件的备用金，目的是给自己留下容错空间。比如买的时候先买20%，再跌再买。如果总是把事情想得太好，那么当小概率事件出现了大错误的时候，将是毁灭性的打击。这就提醒了广大投资者，投资是需要特别重视风险规避的，而金融的核心就是管控风险，比如银行理财产品收益为3.7%，其原因是如果投资者都轻易发了大财，那么谁还到银行存款呢？股市不是轻易取得暴利的地方，使用正确的方法，让每年持续获利超过20％都是一件不容易达成的事情。

回顾本章观点，总结一下，哪些核心风险是不能承担且一定要防范的，哪些风险又是可以承受的。首先做投资不可能没有风险，防范是第一位，包括上述讲到的对有些股票不止损，也是基于这个企业你看懂了，而且能够确定该企业是优质资产。举例来讲，如果你买的是东方通信，对于这只已经涨了10倍的股票，还拿着做价值投资不止损，那就算了吧。将来亏你50％都是轻的，所以任何分析都是有前提条件的，如下图所示。

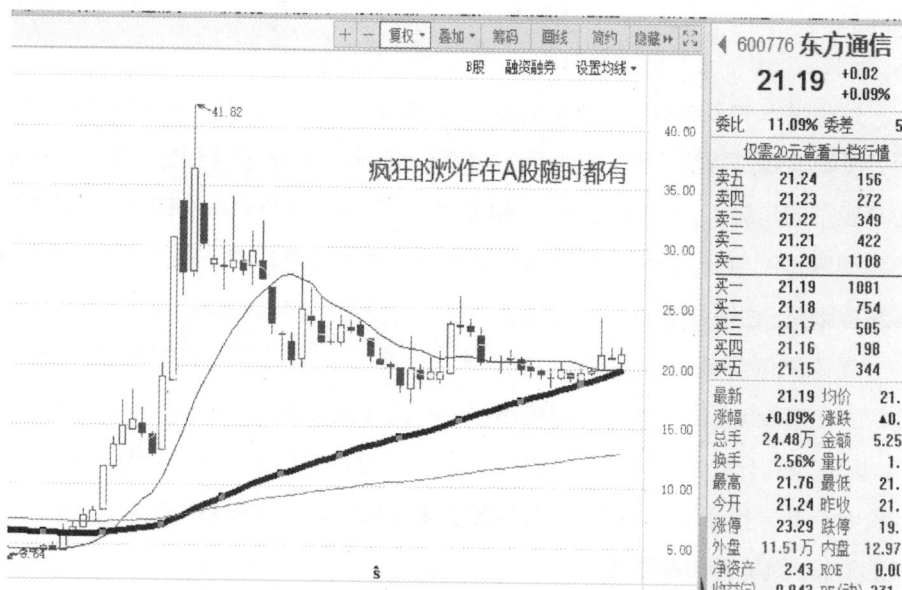

最后，笔者希望与大家一起开启价值远航。本书通过价值投资入门课程和晋级课程的十篇的内容，加上15个企业实战案例的演示，让读者对价值投资形成系统化、整体性的全局观。下面强调4个核心点。

第一，首先了解企业，先做定性分析，再做定量分析。

第二，了解市场，正确应对市场的波动。

第三，了解自己，合理地预期，不要幻想暴利。

第四，股权投资不提倡追涨杀跌。价值投资本质上是股权投资，也就是好生意买得便宜卖得贵，买跌卖涨。那么为什么股票市场上充斥着买错要止损？什么叫错？根据K线买了追了，然后跌破买入价，就叫错吗？资本市场错误的理念和书籍非常多。我是金融专业科班出身，也研究过技术分析主力筹码很多年。走过很多年弯路，吃了很多亏才明白，投资的核心思想就是：看企业，其他都是辅助。

本章作业

我教训最深刻的一次。

第三篇

开启智慧投资之旅

第十九章

智慧投资者之"股权"体系

恭喜大家完成价值投资的系列课程，希望给大家开启智慧投资的旅程。

明白做投资就是买股权。当你树立买一家优秀企业股权的理念时，你就会想办法看得远、看得长，同时通过能力的积累，最终走向一个轻松快乐的投资旅程。

我们将告别追涨杀跌，告别消息，告别技术分析，那些都只能是辅助的，最终我们选择优秀的企业。当有一天，你配置的优秀企业每年的分红远远大于你全家一年开支的时候，恭喜你，你已走上一条财务自由的道路。很高兴你能选择本书作为价值投资的入门书，你的选择将会影响你未来的投资。当然，不是说读完这本书，你就立刻完全掌握了价值投资，在课程的最后一讲提到过价值投资知易行难的问题。本书是帮助投资者"知"，最终能不能知、能不能坚持，未来还有很长的路要去走。只要路选择正确了，剩下的事情就是把路走好。

笔者在股海沉浮20年，证券专业科班出身，精研经济学各门学科，各种技术分析。作为机构投资者也接触了很多上市公司和各类公募和私募机构，却发现，只要你是投机的心态，聚焦股价，那么终难大成，无法带来持续稳定的回报。大悟之后，选择价值投资大道，以企业作为研究重点，走入稳定增值的正道。

价值投资为什么知易行难？因为价值投资不仅是一种理念的全面认知过程，也不仅是选股和买卖的问题，还是一个整体理财规划的过程。要用自有的闲置资金，同时还要有房产、保险、现金等其他资产保障，才能选好企业，做好股东。所以，正确的理财规划，必须有正确的理念作为先导。

当一个正确的重仓投资让你享受到财富的大幅增值，当优秀如茅台者给你提供了一个躺着也赚钱的栖身之所，你终于可以从"生活是为了工作"上升到"工作是为了生活"，再上升到"不工作也可以很好地生活"，这就是财富自由。

宗旨：站在人生规划的高度，帮助人们更好的用股权来实现财富的稳定增值。

创始人简介—启明

"启明"："像一盏明灯一样，希望启迪更多的朋友走向成功"

2013
● 北京启明乐投公司卓越的战绩。其观点与思想被各大重量级报刊和网址刊登，博客点击量超过5400万。同年出版《冲刺白马股》一书。

2018

● 财易帮平台启动。

2000

2009

2015

2019

● 启明从一名普通投资者蜕变为一名基金经理，并成立北京启明乐投资产管理有限公司。

● 2013年启明乐投管理几亿元的资产，启明也成功蜕变为一名阳光私募的基金经理。

● 资本市场难熬的一年，同时启明团队遇到不少投资人因理念问题而做错误的决策行为，深感理念为先导的重要性，同时也深感有责任做一些正确的事情让更多的人能获得成功。于是2018年底财易帮平台产生。

● 启明（李坚），主修证券期货投资专业，拥有经济学金管理学双学位。2001年，正式进入股市，操作股票。

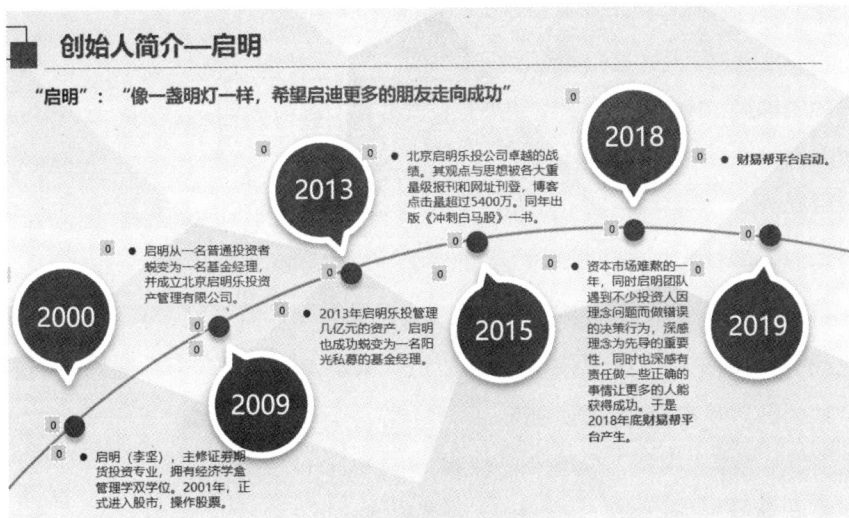

笔者曾是一名证券专业的学生，参加工作后经历了很多跌宕起伏，现在希望能够帮助读者，共同走上价值投资这条大道和正道。投资是我的主要工作，同时我们也希望通过这样的培训帮助更多的投资者，避免更多的投资者倾家荡产、股票暴跌，这是我们的努力方向。

我今天看了一个关于雏鹰农牧董事长的故事，该董事长每次都力挽狂澜，结果最后亏得一塌糊涂。即使上市公司也会出现崩盘，与其我们每次都要力挽狂澜，不如谋在先，做在后。

财者，家之大事，盈亏之地，兴衰之道，不可不察也。

在笔者投资体系中，排在首位的关键词是"闲置的自由资金"。万丈高楼平地起，它便是坚定的智慧投资者投资生涯的核心基石。矛盾的根源直指人性，因为不管是借钱炒股还是赌式炒股，高成本炒股都会导致投资者的心态失衡，所以要规划家庭的资产，该买房的钱不要用来炒股，这样就避免了关键时刻"必须卖股还钱"的危机。

譬如，原计划是长持茅台股权，可是在股价跌到500元的时候却被要求必须还钱，此时不管你的能力多好，心态上都会大受打击。这里引出"资产配置"的概念，为长持股权扫清道路。资金经过分配，不同的属性也就诞生了。有的放在房产中，有的放在保险中，有的是生活费……总之，有了后方的保障，就可以抵御小概率给股权投资带来的风险。从这里可以看出，提升家庭财富的股权投资需要整体化的布局安全，投资者需要将眼界再扩大到理财的全局观，重新自省对家庭财富的观念,以全局观的视角重新规划人生目标。

首先自问,何谓财富?何谓财务自由?

简单地说,财富,就是支撑一个人生存多长时间的能力,或者说,如果今天停止工作,我还能活多久?

财务自由,就是你每月(年)的被动收入覆盖每月(年)的支出后,还有结余。

实现财务自由需要经历如下3个阶段:

首先是财务保障,简单来说,如果今天你被突然炒鱿鱼或者紧急需要一笔医疗费,能够有钱立刻支出,帮家庭暂时渡过难关。

其次是财务安全,也即你目前的财务状况能足以应对未来所有的财务支出和其他生活目标得以实现,不会出现大的财务危机。

最后是财务自由阶段,当你每月(年)的被动收入超过了每月(年)支出时,就达到了财务自由。

这里将财务自由的定义说得很清楚明白了,被动收入大于支出,此时好好审视一下我们的财务状况,为家庭的理财做一个全面体检(这也是为坚定股权投资做好财务排查)。

这里涉及很多零碎却与生活息息相关的支出情况。

与房相关的:房贷、房租、物业费、取暖费等。

与车相关的:车贷、油费、过路费、停车费、保养费、保险费等。

与日常生活相关的:通信费、宽带费、水费、电费、天然气费、油米盐酱醋、菜肉等。

与抚养子女相关的,与赡养老人相关的以及与个人提升相关的其他费用。

与之相对的是你有哪些被动收入。

与房相关的:房子产生的房租。

与投资相关的:优质企业股权股息分红、基金分红、投资咖啡店股权分红。

还有银行的固定利息、活期利息、版税等收入。

在你的收入项中,是否也有这样的被动收入呢?

理财,对我们每个人来说都是一件很重要的事情,你不理财,财不理你,只有真正从全局观来统筹规划家庭财富,才能真正实现钱生钱的人生目标。

下图所示为"家庭日常资产管理"的两张表。

家庭资产负债表　　　　日期：

资产				负债			
种类		现值	收益率	种类	余额	利率	剩余年限
流动资产	现金			信用卡贷款			
	活期存款			消费贷款			
	货币基金			汽车贷款			
	定期存款			商业贷款			
金融资产	股票			公积金贷款			
	股权						
	基金						
	债券						
	保单现值						
	公积金						
固定资产	投资	黄金					
		房产					
		收藏					
	自用	房产					
		汽车					
		珠宝首饰					
资产总计：				负债总计：			
净资产总计（资产-负债）：							

家庭年度收支表　　　　年份：

每年收入				每年支出		
种类		金额	占比	种类	金额	占比
主动收入	工资			房贷		
	奖金			房租		
	兼职收入			其他贷款		
	兼职奖金			养车费用		
被动收入	房租			医疗费用		
	股息股利			抚养子女		
	股权分红			赡养老人		
	理财分红			电水气等		
	利息			日常开支		
	版税					
稳定年收入总计：				稳定年支出总计：		
稳定年盈余总计（稳定年收入-稳定年支出）：						
投资收入	股票损益			其他投资		
	基金损益			意外损失		
其他收入	红包					
所有年收入总计：				所有年支出总计：		
年盈余总计（年收入-年支出）：						

　　看到这里，你应该明白了吧？投资只是理财规划中的一小部分，家庭财富安全就是保障股权投资的安全边际，只有在确定家庭财富安全的情况下，投资才是财富升值的利器。如果本末倒置，孤注一掷，那么便是赌博无疑，切记。